D1667588

Zwarte leugens

LINDA JANSMA

Zwarte leugens

DE CRIME COMPAGNIE
Crème de la Crime

© 2023 Linda Jansma
Omslagontwerp: Margo Togni
Foto omslag: © Natasza Fiedotjew, Arcangel
Boekverzorging: Michiel Niesen, ZetProducties, Haarlem

ISBN 978 94 6109 631 9
NUR 305

Meer informatie over De Crime Compagnie op www.crimecompagnie.nl

'And then there was the black lie.
That's the worst of all. A black lie was
when I told you the truth.'

-STEVE MARTIN-

-6 JULI 1987-

Dit warme weer op de eerste dag van de zomervakantie was genieten met een grote g. Alexandra Palmer duwde met één hand de dubbele kinderwagen voor zich uit, terwijl ze met de andere het handje van haar vierjarige zoon Collin vasthield. Haar andere zoon, Donnell van drie, stond op het meerijdplankje dat aan de wagen gemonteerd was. De twee oudste jongens waren bij vriendjes aan het spelen en ze herinnerde zichzelf eraan dat ze de tijd in de gaten moest houden dat ze hen moest gaan ophalen.

Haar blik ging naar de tweeling in de kinderwagen. Zes maanden waren ze nu. Matthias en Tess. Hoewel ze van geslacht verschilden, leken ze sprekend op elkaar. Een diep geluksgevoel overspoelde Alexandra. Vier jongens hadden ze al toen ze onverwacht, maar niet ongewenst zwanger raakte. Dat het een tweeling zou zijn, daar hadden ze absoluut nooit aan gedacht.

Haar echtgenoot Taylor was eerst helemaal overdonderd geweest en had zich hardop afgevraagd of ze dat wel zouden trekken. Zes kinderen was toch wel even wat anders dan vier. Maar toen het nieuws kwam dat de ene helft van de tweeling een meisje was, was hij omgeslagen als een blad aan de boom. Een dochter! Niet alleen Alexandra's wens, maar ook de zijne. En die van haar vader.

O, haar vader was dolgelukkig met zijn kleinzoons. Alexandra was enig kind en de jongens waren dan ook zijn enige kleinkinderen. Maar een meisje… hij was de koning te rijk.

Toch had ze niet gewild dat hij onderscheid ging maken. Al

was ze nog zo gelukkig dat ze uiteindelijk een dochter hadden gekregen, haar jongens waren net zo belangrijk. Er was dus ook geen sprake van voorkeur en dat verwachtte ze ook van haar ouders. Ze kwam uit een nest waar geld geen probleem was – haar vader bezat een reeks warenhuizen die hem behoorlijk bemiddeld hadden gemaakt – en voorzag al wat er ging gebeuren: veel dure en grote cadeaus voor Tess. Maar dat had ze mooi de kop ingedrukt.

Ze duwde de kinderwagen het Julianapark in en wandelde over de paden naar het speeltuintje aan de andere kant. Er zaten al meer moeders op de bankjes terwijl hun kroost rondrende tussen de grote zandbak, de schommels, wip en het draaimolentje. De weide naast de speeltuin was ook behoorlijk vol en in de hertenkamp zag ze ook mensen lopen.

Het was natuurlijk logisch dat het zo druk was – de temperatuur liep tegen de dertig graden en wat was er dan fijner om met je kleintje naar buiten te gaan?

'Hé, Xandra,' zei een kleine, mollige vrouw op een van de bankjes. Ze droeg een hoofddoek en een lang gewaad, wat volgens Alexandra ontzettend warm moest zijn. De vrouw zelf leek er geen last van te hebben; ze schoof een stukje op zodat Alexandra naast haar kon komen zitten.

Alexandra zei tegen Donnell en Collin dat ze konden gaan spelen, parkeerde de kinderwagen naast het bankje en keek even of de tweeling nog sliep. Met een zucht liet ze zich naast de vrouw met de hoofddoek zakken.

'Pfff,' pufte ze. 'Het is toch wel warm in de zon, hoor.'

'Wij hebben geen klagen,' zei een jonge vrouw die aan de andere kant van de vrouw met de hoofddoek zat. 'Amira hier zei net dat die lange jurk precies een oven is.'

Amira grinnikte. 'Dat zei ik helemaal niet.'

'Maar je dacht het wel.'

'Ik leg me neer bij het onvermijdelijke,' declameerde Amira.

Alexandra boog zich wat naar voren en zei: 'Serieus, Amira. Heb je het nou niet heet?'

'Natuurlijk wel. Maar niet meer dan jullie. Vergeet niet dat er ook sprake is van een zekere isolatie.' Ze keek opzij naar de andere vrouw. 'Ik denk dat jij het een stuk warmer hebt in dat zwarte truitje, Petra.'

Petra gebaarde dat dat wel meeviel. 'Ik heb het niet zo gauw heet. Dat ligt niet in mijn aard. Ik ben een ijskonijn, zoals mijn alter ego altijd zegt.'

Er viel een korte stilte, maar toen barstten ze alle drie in lachen uit.

'IJskonijn!' gierde Amira. 'Hoe verzint ie het!'

'Het slaat nergens op,' zei Alexandra nadat ze bekomen was van het lachen. 'Een ijskonijn wil zeggen dat je geen gevoelens hebt. Niet dat je het altijd koud hebt.'

'Ach,' zei Petra laconiek. 'Wie weet víndt Marco wel dat ik geen gevoelens heb.'

Alexandra staarde haar aan. 'Meen je dat nou, of maak je een grapje?'

Heel even keek Petra heel serieus terug, maar toen lachte ze breeduit. 'Natuurlijk is dat een grapje! En ook dat ijskonijn bedoelt hij als grapje. Hij weet best wat het betekent, maar hij gebruikt het voor mij omdat ik het altijd koud heb.'

'De jeugd, Xandra,' zei Amira. 'Die gaat zo met elkaar om. Wij zijn daar te oud voor.'

'Zeg, ik ben drieëntwintig, hoor!' riep Petra.

'Ja, en wij al ruim halverwege de dertig,' kaatste Amira terug. Ze keek naar Alexandra. 'Wij zijn te volwassen voor zulke grapjes, toch?'

Alexandra zei maar niet dat Taylor ook nog wel van dergelijke grapjes maakte. Af en toe gedroeg hij zich als een tiener. Zo kon hij vanuit het niets ineens een naakt kussengevecht beginnen, waar zij dan gretig aan meedeed. Het eindigde dan meestal in bed waar ze stomende seks hadden. Ze vroeg zich ineens af hoe dat bij Amira thuis ging. Ze wist dat Amira's man nogal traditioneel was, vandaar ook de lange, allesbedekkende jurk en de hoofddoek. Amira had weleens aangegeven dat de hoofddoek haar niets kon schelen, dat had te maken met haar respect voor Allah en haar geloof, maar die jurk had wat haar betrof niet gehoeven. Maar ja, ze had dat niet voor het kiezen, had ze verzucht.

Een luid gekrijs deed hen alle drie opkijken. Een groepje kinderen stond bij de schommel en tussen hen in zag Alexandra Collin liggen. Hij huilde alsof hij al zijn botten gebroken had.

Ze sprong overeind en na een korte blik in de kinderwagen, liep ze haastig naar het groepje toe, gevolgd door Amira, Petra en nog een paar moeders.

'Ach jongen toch,' suste Alexandra en ze knielde naast Collin neer. Hij hield zijn handje tegen zijn hoofd gedrukt, terwijl de tranen over zijn rood aangelopen wangen liepen.

'Hij rende tegen de schommel!' zei een meisje, dat er nogal beteuterd bij stond te kijken.

'Heel hard!' riep Zahir, Amira's zoontje van vijf.

'Jij duwde hem!' riep een jochie, dat niet ouder kon zijn dan een jaar of vier.

'Nietes!' kaatste Zahir terug.

'Ik zag het toch!'

'Jongens, even rustig,' maande Amira de kinderen tot kalmte. 'En ga een beetje achteruit zodat we Collin goed kunnen bekijken.'

Collins gekrijs werd wat minder toen Alexandra hem optilde en tegen zich aan drukte en na enkele minuten was er alleen nog wat gesnik te horen.

'Gaan jullie maar weer spelen,' zei Petra en ze gebaarde naar de wip. 'Hup.'

Terwijl Alexandra Collin troostte, kwam ook Donnell aangerend en wreef broederlijk met zijn hand over Collins blote beentje. Ze liepen terug naar het bankje waar Alexandra zich op liet neerzakken en Collin op schoot nam. Ze trok zijn handje weg en bekeek de schade. Er was weinig te zien. Geen bloed, geen buil. Nog niet, in ieder geval. 'Dat zal wel een blauwe plek worden, jongen,' zei ze zacht.

Met een trillende lip knikte Collin.

Glimlachend duwde Alexandra zijn hoofd tegen haar borst en aaide hem over zijn haar.

'Mama,' klonk Donnells stem naast haar. Hij stond op zijn tenen bij de kinderwagen, met zijn handen om de rand, zijn ogen op de baby's gericht. Toen keek hij om naar Alexandra en vervolgde: 'Mama, waar is Tess?'

- RUBY -

Augustus 2021

- STEMMEN MAAR! – VLOG #3070 -

1,3 mln. weergaven · 22 uur geleden

Hallo iedereen! Zoals ik jullie al vertelde in mijn laatste *Pathway to justice*-vlog, waarin we de zaak van de verdwenen negentienjarige Cynthia Vlaskamp afsloten, hebben we weer twee nieuwe cold cases en jullie, lieve volgers, kunnen als altijd stemmen op de zaak die jullie voorkeur heeft. De eerste betreft de moord op de zesentwintigjarige Paul Houtdijk. Hij verliet op 18 mei 2005 zijn woning om de hond uit te laten. Hij kwam niet meer thuis. Zijn vrouw waarschuwde later die avond de politie die zijn levenloze lichaam en dat van de hond, eveneens overleden, aan de rand van het industrieterrein vlak bij zijn huis aantrof. Hij was diverse keren met een stomp voorwerp op het hoofd geslagen. De politie heeft alles uit de kast gehaald om de dader van deze aanslag te vinden, maar ondanks alle inspanningen is dat niet gelukt.

De tweede zaak is de verdwijning van Tess Palmer. Op 6 juli 1987 werd de zes maanden oude baby uit een park meegenomen en elk spoor om haar te vinden liep dood.

Jullie kunnen je voorstellen dat de familie en andere nabestaanden van deze twee mensen graag meer willen weten, zoals wat er gebeurd is, wie de dader is en in het geval van Tess of ze nog leeft en waar ze dan is. Met jullie hulp ga ik proberen een van deze zaken op te lossen. Welke zaak? Dat is aan jullie. Geef je voorkeur door onder deze vlog en over vierentwintig uur maak ik bekend welke cold case we deze keer gaan ontdooien.

Vergeet niet te liken, of nog beter: abonneer je op mijn vlog en wees verzekerd van alle updates!

-1-

'Op Ruby!' Tristan hief zijn glas en keek verwachtingsvol naar Ruby en Annika met wie hij aan het tafeltje in café 't Hemeltje zat, en liet zijn blik uiteindelijk op haar rusten.

'Op óns,' verbeterde Ruby hem, terwijl ook zij haar glas hief. 'Zonder jullie zou het nooit gelukt zijn.'

Glazen tingelden toen ze tegen elkaar werden gestoten, gevolgd door een stilte waarin ze van hun champagne dronken.

Tristan zette zijn glas neer en leunde op zijn armen naar voren. 'Maar deze keer heb je het wel erg bont gemaakt,' zei hij tegen haar.

Ruby zag de glinstering in zijn ogen en wist dat hij het goed bedoelde. En ook dat hij gelijk had.

'Mee eens,' zei Annika, haar beste vriendin zolang ze zich kon herinneren. Annika had haar glas alweer leeg en zette het demonstratief met een klap neer. 'Je had wel dood kunnen zijn,' vulde ze aan.

'Welnee,' zei Ruby met een afwijzend gebaar. 'Ik had alles onder controle.'

'Tuurlijk,' reageerde Annika. 'Vandaar dat hij dat mes...'

'Ja ja,' onderbrak ze haar met een lach. 'Ik begrijp je punt. Maar het was de enige manier om hem aan het praten te krijgen.'

'Door in je eentje naar een man toe te gaan van wie we inmiddels wisten dat hij een vrouw had vermoord,' stelde Tristan. 'Ik had toch liever dat je voor een andere manier had gekozen.'

Ruby zweeg en dacht aan de zaak die ze zojuist hadden afgerond. Cynthia Vlaskamp, negentien jaar, verdween zes jaar geleden na een avondje stappen. Haar ouders en zusje waren ervan overtuigd geweest dat ze niet was weggelopen, zoals de politie was blijven volhouden. Dat laatste was namelijk gebaseerd op de niet al te beste verhouding tussen Cynthia en haar ouders, de ruzie die ze vlak voor haar vertrek met haar vader had, en het missen van een koffertje met wat kleding. En omdat Cynthia meerderjarig was, werd er dus niet uitgebreid naar haar gezocht en belandde de zaak uiteindelijk als cold case in het archief. En juist cold cases waren Ruby's specialiteit.

Een jaar of zeven geleden was ze een vlog begonnen nadat ze met succes een verdwenen kat had opgespoord en daarover dagelijks vertelde in haar persoonlijke vlog. Ze had op dat moment geen werk en wat eerst als tijdverdrijf begon met het terugvinden van verdwenen huisdieren, eindigde uiteindelijk in een goedbekeken vlog over zaken die door de politie als cold case waren bestempeld. Omdat ze haar kijkers met regelmaat te hulp riep, kreeg haar kanaal steeds meer abonnees en dat werden er nog meer nadat ze met succes een aantal zaken had opgelost. Inmiddels had ze meer dan twee miljoen volgers en was ze sinds twee jaar een van de meest succesvolle YouTubers van Nederland, met een inkomen dat ver boven modaal lag. Met af en toe wat hulp van Tristan en Annika vond ze regelmatig vermiste mensen terug die door de maatschappij en de politie allang waren opgegeven.

Ook Cynthia Vlaskamp had ze teruggevonden, al was het een stuk moeilijker gebleken dan haar eerdere zaken. Uiteindelijk had ze geen andere mogelijkheid gezien dan de dader uit zijn tent te lokken. Dat hij haar in dat proces aanviel met een mes had ze niet kunnen voorzien, maar gelukkig waren Tristan en Annika bijtijds ter plekke geweest. Ze was zichzelf nog steeds dankbaar dat ze hun een berichtje in de groepsapp had gestuurd om te vertellen wat ze ging doen.

Cynthia werd gevonden in de tuin van een leegstaand sloop-pand in Amsterdam, waar de dader, een man die haar had over-gehaald van huis weg te lopen na de ruzie met haar ouders, haar had begraven. Ze was in goed vertrouwen met hem meegegaan en had dat met de dood moeten bekopen. En Ruby ook, bijna. Ze had drie weken in het ziekenhuis gelegen met een steekwond die haar op het randje van de dood had gebracht.

'Aarde aan Ruby,' klonk het ineens.

Ze schrok op. 'Wat?'

'Je was een beetje ver weg,' lichtte Annika toe.

'Ik dacht aan Cynthia,' zei ze zacht.

Tristan legde zijn hand op haar arm. 'Je hebt voor haar gedaan wat je kon,' zei hij. 'Je hebt haar rust en een fatsoenlijk graf ge-geven.'

'En haar ouders zekerheid,' vulde Annika aan.

'Dat weet ik ook wel,' zei ze. 'Maar toch…' Ze maakte haar zin niet af, simpelweg omdat ze niet onder woorden kon brengen wat die 'maar' precies inhield.

'Hier,' zei Annika, terwijl ze hun glazen weer vulden. 'Neem nog een slokje. Dan voel je je zo weer beter.'

'Als ik dronken ben, bedoel je?' vroeg ze lachend.

'Bijvoorbeeld.' Annika grijnsde en hief haar glas. 'Op Pathway to justice,' zei ze.

'En onze volgende zaak,' vulde Tristan aan.

Krap twee uur later kwam een serveerster van 't Hemeltje hun vertellen dat de zaak over een kwartiertje zou sluiten. Ruby keek op haar horloge en zag dat het inmiddels kwart voor elf was. Ze voelde zich rozig, ongetwijfeld door de twee flessen champagne die ze soldaat hadden gemaakt, aangevuld met drie porties bit-terballen.

Ze vroeg zich net af hoe ze in deze staat haar hond Pip, die thuis op haar wachtte, zou moeten uitlaten voor zijn laatste rondje van vandaag, toen haar mobiel overging. Ze wierp een blik op het display en zuchtte. Casper. Haar ex. Ze waren dertien maanden geleden gescheiden na een huwelijk van negen jaar en sindsdien schepte hij er een duidelijk genoegen in haar dwars te zitten, op welke manier dan ook.

'Neem je niet op?' vroeg Tristan.

'Het is Casper,' antwoordde ze, alsof dat alles verklaarde.

'En daar heb je geen zin in?'

Ze haalde haar schouders op. Het liefst nam ze gewoon niet op, maar ze wist dat hij dan de hele verdere avond zou blijven bellen, tot vannacht aan toe, en daar had ze geen zin in. Dus nam ze het gesprek aan.

'Dat duurde lang,' klonk Caspers ietwat lijzige stem aan de andere kant van de lijn. 'Lag je al in bed?'

'Wat wil je, Casper?' vroeg ze.

Het bleef even stil. Toen zei hij: 'Ik vroeg me af of je de alimentatiebetaling voor de volgende drie maanden in één keer kan doen.'

'In één keer?' herhaalde ze. Het was al erg genoeg dat ze hem elke maand moest betalen. Ze zag de echtscheidingspapieren weer voor zich en dan voornamelijk de extra 'echtelijke alimentatie clausule' waarin melding werd gedaan van haar 'verplichting' om als hoogste verdiener een vast bedrag te betalen aan Casper voor de duur van ten hoogste drie jaar. 'Om zijn leven weer op de rit te krijgen conform de standaard waaraan hij gewend was te leven tijdens hun huwelijk.' Haar advocaat had gezegd dat ze daar totaal niets tegen in te brengen had. Maar inmiddels had Casper nog steeds geen baan en hokte hij samen met een negentienjarig tutje dat de chique naam Claire droeg.

'Ja, dat je het bedrag voor september, oktober en november volgende week naar me overmaakt,' vervolgde Casper. 'De eerstvolgende betaling zou dan weer in december zijn.'

'En de reden daarvoor is…?'

Het bleef even stil aan de andere kant van de lijn. 'Nou…'

klonk het toen, voordat er een nieuwe stilte viel.

Vanuit haar ooghoeken zag ze Annika met haar hand naar haar wapperen en ze maakte ongeduldig een afwerend gebaar, voordat ze zich van haar wegdraaide. 'Nou?' zei ze nu ook.

Ze hoorde hem snuiven. 'Leg me uit waarom ik jou dat moet vertellen?' vroeg hij met een kribbige ondertoon in zijn stem.

'Misschien omdat ik recht heb op een verklaring?' zei ze. 'Het is míjn geld, Casper. En ík kan er niets aan doen dat jullie op zwart zaad zitten. Dan moeten jullie maar zuiniger zijn of een baan zoeken.'

'Dat is helemaal de reden niet!' Caspers stem nam wat in kracht toe, maar blijkbaar wist hij zich te beheersen.

'Weet je, Casper,' zei ze. 'Je zoekt het maar uit. De eerstvolgende betaling is op de eerste september. Over zes dagen dus. En voor één maand. Doe je de groeten aan Claire?'

'Ze is zwanger,' hoorde ze net voordat ze de verbinding wilde verbreken.

Meteen bracht ze haar mobiel weer naar haar oor. 'Wát?' hijgde ze.

'Claire. Ze is zwanger. We… we hebben dat geld nodig. Voor een babykamer.'

Ruby was zo overdonderd dat ze even niets wist te zeggen. Negen jaar lang had ze hem gesmeekt om een kind. Ze wilde een gezin, net zoals haar zus Marta en haar man. Zij hadden inmiddels al drie kinderen, drie meisjes. Maar Casper had nooit iets van een baby willen weten, was vol blijven houden dat hij er nog niet aan toe was, en nu was die… die Claire zwanger?

Haar keel voelde ineens hinderlijk droog en ze slikte. En nog een keer. Toen ademde ze diep in en zei: 'Je hebt nog negen maanden de tijd om te sparen. Die baby komt heus volgende week nog niet.'

'Jij werkt ook altijd tegen, hè?' klonk het geïrriteerd. 'Nooit eens iets doen zónder verzet of commentaar. Claire is al zeven maanden op weg, Ruby. Die babykamer moet in orde worden gemaakt en daar is geld voor nodig.'

Zeven maanden?

Nou, hij had er geen gras over laten groeien sinds hij bij haar weg was. Maar als hij verwachtte dat zij zijn geldprobleem ging oplossen, had hij het mis.

'Dan had je eerder moeten beginnen met geld opzij te leggen,' snauwde ze. 'Daar heb je alle tijd voor gehad, nietwaar?'

'Ruby, wees redelijk.'

Redelijk *my ass.*

'Dag Casper. Doe de groeten aan Claire.'

'Ruby, luister! Ik...'

Waar ze naar moest luisteren hoorde Ruby niet meer. Ze verbrak de verbinding en legde met een klap haar mobiel op de tafel.

'Ruub, heb je die reactie onder je vlog al gezien?' vroeg Annika meteen.

Geërgerd draaide ze zich naar haar toe. 'Ik heb nog niks gezien. Casper vertelt me net dat Claire zwanger is. Nou vraag ik je!'

'Zwanger?' vroeg Tristan. 'Maar het is nog een kind!'

'Een kind van negentien,' zei Ruby schamper. 'Meneer was nog niet aan kinderen toe, riep hij altijd. Nee, totdat hij een nieuw speeltje kreeg. Toen was hij er in één klap aan toe om papa te worden. De klootzak.' Verontwaardigd keek ze naar Tristan. 'Ik had al acht kinderen kunnen hebben!'

Hij grinnikte. 'Alsof je dat zou willen.'

'Nou ja, bij wijze van spreken.' Ze ademde diep in, voelde de woede wegzakken. Wat kon Casper haar ook schelen. En zijn Clairetje kon helemaal op het dak gaan zitten. Haar blik ging naar Annika, die nog steeds op haar mobiel zat te scrollen. 'Wat zei je nou over mijn vlog?' vroeg ze.

'Of je die reactie gezien hebt,' herhaalde Annika.

'Welke van de tienduizend?' wilde Ruby lichtelijk sarcastisch weten.

Annika draaide haar mobiel zodat Ruby op haar scherm kon kijken. En daar zag ze het staan, tussen de reacties van een paar van haar trouwe volgers:

Anoniem zegt
25 AUGUSTUS 2021 OM 20:21
Ze is niet dood!

-2-

Terwijl ze met een handdoek haar haren droogde, liep Ruby in haar badjas de trap af. Pip stond beneden op haar te wachten en blafte zacht, danste om haar heen. Die had waarschijnlijk honger, zoals altijd 's ochtends vroeg. Nou ja, hij had ook honger als ze thuiskwam en hij een uurtje alleen was geweest. Of als Annika langskwam. Kortweg: Pip had altijd honger. En een minimum aan geduld, zoals het een goede jack russell betaamde.

Ruby liep de keuken in, legde de handdoek op tafel en trok de koelkast open. Eerst zijn eten dan maar. Met een vork schepte ze wat vlees in Pips bak en ongegeneerd gapend prakte ze het fijn. Ze had beroerd geslapen. Dat bericht onder haar vlog had haar beziggehouden. *Ze is niet dood!* Met een uitroepteken, dat een stelligheid benadrukte alsof de schrijver van de woorden boos was dat er überhaupt geopperd werd dat Tess Palmer – want het was duidelijk dat zij hiermee bedoeld werd – dood was. Maar niemand had beweerd dat ze dood zou zijn.

Ze dacht aan de e-mail die ze had ontvangen. Hij was vanaf een nietszeggend webbased adres verstuurd en de afzender had gewezen op de verdwijning van baby Tess in 1987, meer dan dertig jaar geleden. Er had geen naam onder het bericht gestaan en hoewel ze nooit zaken van zó lang geleden onderzocht, had het haar op de een of andere manier geïntrigeerd. Nazoeken op internet had weinig opgeleverd; logisch natuurlijk – in die tijd was er van het *world wide web* nog helemaal geen sprake.

Ineens vroeg ze zich af of de afzender van die e-mail dezelfde persoon kon zijn als de plaatser van het anonieme bericht onder haar vlog en ze nam zich voor straks de IP-adressen eens te vergelijken.

Ze zette Pips voerbak op de grond. Hij viel op zijn vlees aan alsof hij in weken niet had gegeten en ze keek er vermaakt naar.

Glimlachend pakte ze de handdoek weer. Ze moest nu eerst haar haren uitkammen, anders kwam ze er niet meer doorheen.

In de badkamer bekeek ze haar gezicht in de spiegel: bleke huid, sproeten, groene ogen, halflang lichtgekruld vossenrood haar. Haar moeder had weleens gezegd dat ze om haar haarkleur Ruby heette, dat zij en haar vader eigenlijk een andere naam voor haar hadden bedacht, maar dat ze die veranderd hadden zodra ze zagen dat ze roodharig was. Onzin natuurlijk, vooral ook omdat ze nooit had willen zeggen wat die andere naam dan geweest was. Inmiddels zou haar moeder het ook niet meer kunnen vertellen, al zou ze dat willen; ze zat al een aantal jaar in een verzorgingshuis. Op haar eenenvijftigste was bij haar FTD – frontotemporale dementie – vastgesteld, zeven jaar geleden alweer, en in de loop der tijd was ze van alles en iedereen vervreemd. Heel af en toe, op betere dagen, herkende ze haar kinderen nog weleens, maar dat was vaak van korte duur.

Ruby zuchtte en kamde de inmiddels ontstane klitten uit haar haar. De toestand van haar moeder maakte haar verdrietig, elke keer als ze eraan dacht. Soms wilde ze dat ze er met haar vader over kon praten, maar zelfs dat ging niet – hij overleed toen haar jongere broer Quinten een jaar oud was, nu negenentwintig jaar geleden.

'Ruub!' klonk het vanaf beneden. Annika's stem. Ruby wierp een laatste blik in de spiegel en haastte zich de trap weer af. Annika stond in de keuken met twee mokken in haar handen bij het koffiezetapparaat te wachten tot het ding was opgewarmd. Ruby was het wel gewend dat haar beste vriendin zichzelf binnenliet en deed alsof ze thuis was. Na al die jaren vriendschap voelde

Annika dus ook meer als familie dan als vriendin. Hun ouders kwamen al bij elkaar over de vloer sinds de geboorte van Ruby's oudere zus Marta. Totdat Ruby's vader overleed en die van Annika niet lang daarna vertrok en nooit meer iets had laten horen. En nu zat Ruby's moeder in een tehuis en was Annika's moeder twee maanden geleden overleden.

'Goeiemorgen,' zei Ruby, terwijl ze Annika vermaakt bekeek.

'Ja, goeiemorgen,' reageerde Annika zonder zich om te draaien. 'Wat duurt het toch altijd belachelijk lang voordat dat kreng warm is,' ging ze driftig verder.

'Jij hebt gewoon geen geduld,' merkte Ruby op. Annika was nog steeds niet helemaal zichzelf nadat haar moeder overleed. Die laatste weken had ze intensief voor haar moeder gezorgd en haar overlijden was voor Annika een enorme klap geweest.

Het lampje op het apparaat stopte met knipperen. Snel zette Annika de bekers onder de uitstroompijp en drukte op de knop voor cappuccino. Daarna draaide ze zich weer naar Ruby toe en zei: 'Wat ben je laat.'

'Laat?' vroeg ze. 'Hoezo?'

'Je bent nog niet eens aangekleed.'

Ruby ging aan tafel zitten en haalde haar schouders op. 'Slecht geslapen.'

'Heeft Casper soms weer gebeld?'

'Sinds gisteravond?' Ruby schudde haar hoofd.

Annika zweeg, wachtte tot de twee cappuccino's klaar waren en maakte toen uit gewoonte een prachtig figuurtje in de opgeklopte melk. Die kunst had ze van haar vader geërfd, zei ze altijd. Ze zette de bekers op tafel en kwam toen tegenover Ruby zitten. 'Het is een klootzak,' zei ze hartgrondig. 'Hoelang moet je hem nog betalen?'

'Drie jaar.'

Annika snoof. 'Belachelijk. Hij ging bij je weg vanwege je werk, maar hij profiteert wel van je inkomsten.'

Dat hoefde ze Ruby niet te vertellen. Hij had haar vlog nooit wat gevonden, vond het maar 'een stom iets' en doordat ze regelmatig lang van huis was, voelde hij zich 'verwaarloosd'. Het waren allemaal smoesjes geweest. En nu? Nu kreeg zijn kersverse vriendin een kind. Ging hij ook bij haar weg als ze haar aandacht straks te veel op die baby richtte? Voelde hij zich dan weer 'verwaarloosd'?

'Gelukkig heb ik geen geldzorgen,' zei ze.

'Nee, en dat weet meneer best,' sneerde Annika. 'Kun je er niks tegen inbrengen?'

'Zoals wat?' vroeg ze. 'Ik verdien ruim een half miljoen per jaar, An. Ik kan moeilijk zeggen dat ik het niet kan betalen.'

Annika rolde met haar ogen.

'En kunnen we Casper nu alsjeblieft virtueel naar de maan verbannen?' ging Ruby meteen verder. 'Die vent geeft me hoofdpijn, zelfs als hij er niet is.'

Nu grinnikte Annika. 'Dat kan ik begrijpen,' zei ze. Ze roerde driftig in haar koffie en nam een slokje. 'Ander onderwerp. Ik neem aan dat je volgende zaak die van de verdwenen baby wordt?'

Ruby knikte. 'Die heeft de meeste stemmen. Had ik ook wel verwacht. Als ze moeten kiezen tussen een dode volwassen man en een gestolen kind...'

'Mee eens, die heeft ook mijn voorkeur.'

Als Ruby eerlijk was ook die van haar. Al vanaf het moment dat ze die e-mail over de zaak had gelezen. En diep vanbinnen gaf haar dat een gevoel van schuld. Omdat ze de zaak die niet door haar onderzocht zou worden aan de kant moest schuiven. Wie was zij tenslotte om te bepalen wie belangrijker was?

Een kort blafje van Pip bracht haar terug op aarde. Annika praatte zachtjes tegen hem terwijl ze voorovergebogen op haar stoel zat. 'Jij bent altijd blij me te zien, hè?' kirde ze.

'Ja, omdat je hem altijd volpropt met koekjes,' zei Ruby met een misprijzende blik op het mergpijpkoekje dat Annika de hond voorhield. 'De hoeveelste is dat inmiddels, de vijfde?'

'Vierde,' verbeterde Annika. Ze gaf Pip het koekje en veegde toen haar handen af aan haar broek. 'Maar vertel,' ging ze in een adem door. 'Hoe zit het met die vreemde reactie onder je vlog?'

'Geen idee,' reageerde Ruby. 'Iemand heeft dat anoniem geplaatst en daar moeten we het mee doen.'

'Ik vind het maar raar,' zei Annika.

Ruby nam een slokje koffie en knikte. 'Iemand wil blijkbaar heel graag dat ik de zaak van de verdwenen baby onderzoek.'

'Dat is niet zo gek. Zowat al je volgers hebben ervoor gekozen.'

'Ja, dat weet ik ook wel. Alleen...'

'Alleen wat?'

'Ik zit met die e-mail.' Ruby trok hem tevoorschijn uit de map die op tafel lag en las voor de zoveelste keer de geprinte woorden:

Heb je weleens gehoord van de vermissing van Tess Palmer? Zij was zes maanden oud toen ze in 1987 uit een park verdween. Tot nu toe liep elk spoor dood. De ouders zullen vast willen weten wat er met hun kind is gebeurd. De politieman die het onderzoek leidde was inspecteur Jonathan Visser, je zou bij hem kunnen beginnen. Hij woont nog steeds in Utrecht, aan de Bemuurde Weerd.

Ze keek op. 'Waarom is dit anoniem verstuurd?'

'Misschien wil diegene om bepaalde redenen niet gelinkt worden aan de zaak?' opperde Annika.

'Een getuige, bedoel je? Maar die had dan toch wel eerder aan de bel getrokken?'

'Dat zeg ik, hij kan een reden hebben dat hij niet naar voren is gekomen. Misschien heeft hij daar nu wel spijt van.'

Ruby schudde haar hoofd. 'Maar in de e-mail oppert hij de vermissing van Tess te onderzoeken en onder mijn vlog zegt hij stellig dat ze niet dood is. Dat is toch tegenstrijdig? Want strikt genomen wijst dat laatste erop dat de schrijver weet wat er met haar is gebeurd en misschien zelfs waar ze nu is.'

'Als dat zo is, hoef je alleen maar de schrijver van die vier woorden te vinden om deze zaak op te lossen,' stelde Annika. 'Maar omdat we niet zeker weten of het hier om dezelfde persoon gaat als van de e-mail, tasten we nog steeds in het duister.'

Ruby zweeg. Daar had Annika gelijk in. Maar de vraag bleef waarom de schrijver van die vier woorden onder haar vlog de politie niet had getipt. Tegenwoordig kon dat zo goed als anoniem. Nee, er stak meer achter, dat voelde ze.

-EERDER-

Er waren veel mensen in het park. Veel meer dan anders. Maar dat kwam vast door de zon. Als de zon scheen, gingen veel mensen naar buiten. Met hun kinderen.

Wiebe hield van kinderen. Of eigenlijk: hij voelde zich thuis bij kinderen. Hij hield vooral van baby's. Zo klein. En zo zacht. Ze roken zo lekker. Naar... naar... naar wat eigenlijk? Shampoo! Die uit de gele fles. Hij kon er wel uren aan blijven ruiken. Mama had ook zo'n fles thuis staan, in de badkamer, en soms waste ze zijn haren ermee. Dan werd hij helemaal blij en was het alsof er een kaarsje in zijn buik brandde. Warm en tevreden. En dat was hij dan ook.

Hij keek omhoog naar de zon en sloot zijn ogen. Ook de zon was warm, hij voelde het op zijn gezicht. Het maakte hem zo blij, dat hij als vanzelf begon te huppelen. Langs al die wandelende mensen die hem nastaarden alsof hij een bekende filmster was.

Wiebe grinnikte. Een filmster. Dat zou mooi zijn. Maar hij wist dat dat nooit zou gebeuren. Omdat hij anders was, had zijn moeder gezegd. En mensen begrepen dat niet altijd. Mensen voelden zich fijner bij mensen zoals ze zelf waren – dan herkenden ze zichzelf daarin. En hij was zo niet, hij was anders. En daarom keken de mensen hem na, vooral als hij huppelde.

De kinderwagen stond helemaal alleen naast het bankje. Wiebe stopte met huppelen en keek rond. Verderop speelden kinderen en er waren ook grote mensen bij. Een kind huilde. Niet die in de kinderwagen. Die was stil.

Langzaam liep hij naar het bankje en bleef een klein stukje ervandaan staan. Hij rekte zijn nek om in de kinderwagen te kijken. Hij hield van baby's. Altijd moest hij ze even aanraken. Zo zacht. Hij keek weer om. Waar was de mama van de baby? Een kindje alleen, dat kon toch niet?

Hij deed een stapje naar de kinderwagen toe. En nog een stapje. Totdat hij er vlak naast stond. De mama was er nog steeds niet. Hij strekte zijn arm uit en stak zijn hand in de kinderwagen.

Voorzichtig Wiebe!

Teder aaide hij over het wangetje. Zo zacht. Net als een perzik. Wiebe was gek op perziken. Zoet en sappig. De baby begon te pruttelen. Gesmoorde kreetjes rezen op uit de wagen. Voor de tweede keer keek hij rond. Geen mama. Kon hij de baby even oppakken? Van vasthouden werden ze rustig. Maar dat mocht hij niet.

Geen baby'tjes oppakken, Wiebe!

De kreetjes werden wat luider. Nog even en het begon echt te huilen. Daar kon Wiebe niet tegen. Huilen maakte hem zenuwachtig. Dan moest hij zijn oren dichtdrukken.

Niet huilen, baby'tje!

Hij sloeg het lakentje terug, pakte de baby en drukte het tegen zich aan.

Sst. Stil maar. Alles is goed.

-3-

'Ik kan niks vinden over de huidige verblijfplaats van Tess' ouders,' was het eerste wat Tristan zei toen hij die middag Ruby's studio in het souterrain van haar huis binnenstapte in het uniform van de koeriersdienst waar hij voor werkte. Hij gooide zijn petje naast haar laptop, haalde zijn hand door zijn korte, blonde krullen en ging op de hoek van haar bureau zitten.

'Het is ook wel erg lang geleden,' zei ze. 'Ik betwijfel of ze nog op hetzelfde adres wonen.'

Tristan haalde zijn schouders op. 'Daar ging ik ook niet van uit, maar meestal is er op internet wel een spoor dat ik kan volgen.'

Daar had hij gelijk in. Ruby had zelf ook het hele internet afgespeurd, maar had weinig gevonden over de verdwijningszaak, op een enkele zijdelingse melding op een onduidelijke website na. Hoewel ze wist dat Tristan vrij handig was in het zoeken op internet, had ze niet verwacht dat hij iets zou vinden, laat staan het adres van de ouders van Tess Palmer. En dat was jammer; Ruby lichtte altijd graag voordat ze met een zaak begon de familie van het slachtoffer in door hen een bezoek te brengen en te vertellen wat haar plannen waren, zodat die mensen niet voor verrassingen kwamen te staan. Toen Tess verdween woonden de ouders in Utrecht, dat was het enige wat Ruby wist. Er moest toch ergens te vinden zijn waar ze naartoe waren verhuisd?

'Hé Tris,' klonk Annika's stem. Ze kwam binnen met een bord met daarop een stapel sandwiches die ze boven in de keuken had klaargemaakt. 'Ook eentje?' Ze hield Tristan het bord voor en hij pakte gretig de bovenste boterham. Ze zagen er superlekker uit en dat zei alles over het werk dat Annika deed: catering op feesten en partijen. Haar bedrijf liep enorm goed, maar stond op het moment nog op een laag pitje, omdat Annika veel tijd had gestoken in het mantelzorgen.

'Misschien kunnen we beginnen bij die rechercheur,' opperde Ruby, terwijl ze ook een broodje pakte. 'Wie weet kan híj ons vertellen waar Tess' ouders nu wonen.'

'Na dertig jaar?' wilde Tristan weten, voordat hij zijn tanden in zijn sandwich zette.

'We moeten toch ergens beginnen, Tris,' zei Ruby. 'Vooral omdat die IP-adressen van de e-mail en het bericht onder mijn vlog niet te achterhalen zijn. Ze komen dan wel allebei van dezelfde provider vandaan, maar dat zegt niks. En wat ik ook apart vind, is dat de anonieme tipgever de woonplaats van die rechercheur noemt.'

Tristan gromde. 'Woonplaats? Zijn huisadres! En waarom trouwens niet het huisnummer? Ik heb online gekeken en de Bemuurde Weerd is best wel lang. En dan heb je ook nog eens een Oost- en een Westzijde.'

'Ik weet zeker dat jij het nummer kunt vinden,' zei Ruby.

Tristan reageerde daar niet op. Ze wist dat Tristan wel van een uitdaging hield en ze rekende erop dat hij tegen de avond het huisnummer van Jonathan Visser zou hebben uitgevogeld. Wat zou ze toch zonder hem en Annika moeten? Ze waren een team, haar klankbord. Haar sparringpartners.

'En ik ga proberen de hand te leggen op het politiedossier van toen,' meldde Annika.

'Goed plan,' zei Ruby. 'Je weet de procedure inmiddels. Ik verwacht op dat punt nauwelijks problemen – tot nu toe kreeg ik altijd alles waar ik om verzocht.'

'En wat nou als de ouders helemaal niet willen dat je de verdwijning van hun dochter gaat onderzoeken?' vroeg Tristan.

Ruby lachte fijntjes. 'Niet zo pessimistisch, vriend.'

'Elke ouder zou toch willen weten waar hun kind is gebleven?' vulde Annika aan.

'Eens,' gaf Tristan toe. Hij keek naar Ruby en vervolgde: 'En wat ga jij doen?'

'M'n moeder een bezoek brengen,' zei ze. 'Want ik vermoed dat ik daar voorlopig weinig tijd voor zal krijgen.'

Ruby parkeerde haar Mini Electric op het parkeerterrein voor Duinzicht, het verzorgingshuis waar haar moeder woonde. Ze bruiste van de energie. Altijd als ze aan het begin van een zaak stond; daarom dat ze nu ook bij haar moeder langsging. Ze kende zichzelf – als ze eenmaal bezig was, stelde ze het bezoek steeds uit. En nog een keer. En weer. Totdat het uiteindelijk veel te lang geleden was en ze zich schuldig voelde omdat ze alles overliet aan haar zus Marta, die het zelf ook onnoemelijk druk had met drie jonge kinderen.

Gelukkig was Marta niet moeilijk, al had haar zus nooit begrepen wat Ruby bezielde om een vlog te beginnen en had ze liever gezien dat ze haar studie Communicatiewetenschappen had afgemaakt.

Haar moeder gaf er niet om. Niet meer. Niet nu ze totaal in haar eigen wereldje leefde, ver weg van de realiteit. Haar betere dagen werden steeds minder en stapsgewijs ging ze verder achteruit. Wat dat betrof volgde ze precies het verloop van de ziekte en Ruby wist dat ze er rekening mee moest houden dat hun moeder binnen een jaar zou kunnen komen te overlijden.

Met een diepe zucht duwde ze de deuren van het complex open en stak haar hand op naar Petra, de receptioniste die ze inmiddels goed kende. Vervolgens liep ze de gang door naar de huiskamer waar haar moeder altijd zat. Ze hadden er hier zeven, maar nooit zat ze ergens anders dan in die ene. Of ze zwierf rond, iets wat hier zonder gevaar kon vanwege de leefcirkels, een technologie waardoor mensen met dementie vrijer konden bewegen. De cirkels waren persoonsafhankelijk en konden individueel worden aangepast waardoor deuren voor de een gesloten bleven terwijl ze voor anderen opengingen.

Haar moeder zat aan een van de tafels in de huiskamer, op de plek waar ze eigenlijk altijd zat: bij het raam. Ze zag er oud en breekbaar uit, hoewel ze pas achtenvijftig was geworden. Het deed Ruby pijn, vooral als ze terugdacht aan hoe haar moeder vroeger was: vrolijk, tevreden, gezellig, met een kleine neiging tot melancholie die zich soms uitte in licht depressieve buien. Soms vroeg Ruby zich af of dat al een voorbode was geweest van de dementie die haar nu in zijn greep hield.

'Hé mam,' zei ze, terwijl ze naast haar moeder ging zitten. Haar moeder keek haar recht aan, maar antwoordde niet, richtte haar blik weer op het grasveldje buiten.

'Wat heb je gegeten?' vroeg Ruby met een blik op het leeg gelepelde schaaltje op tafel.

Weer keek haar moeder haar aan, voordat haar ogen naar het schaaltje gingen en vervolgens weer naar buiten.

Ruby zuchtte zachtjes. Er was amper herkenning en het enige wat haar moeder nog deed was naar buiten staren, naar God mocht weten wat. Maar wegblijven kon Ruby niet. Echt niet. Deze vrouw was haar moeder. De vrouw die haar en haar broer en zus had grootgebracht; tranen had gedroogd, kapotte knieën had verzorgd en pleisters had geplakt; die vader en moeder tegelijk was geweest. Hen getroost, gestimuleerd en geadviseerd had. En nu was zíj het kind geworden en Ruby de vrouw die voor háár moest zorgen.

Haar blik ging ineens naar de kleine roos die haar moeder vasthield. Een rode, de knop was halfgeopend en niet groter dan een hazelnoot. 'Wat heb je daar?' vroeg ze, terwijl ze opstond.

Haar moeder keek op en stak vervolgens met haar trillende hand de roos omhoog. 'Gekregen,' zei ze.

'Van wie?'

Ze zag de onpeilbare mist in haar moeders blik. Dat wist ze dus niet meer.

'Van Jurre?' probeerde haar moeder.

Het klonk als een vraag en Ruby glimlachte terwijl ze knikte. 'Vast,' zei ze. Ze vertelde maar niet dat Jurre, Ruby's vader, al jaren geleden was overleden. Ze zou het toch niet oppikken. Waarschijnlijk was Marta langs geweest. 'Je hebt dus bezoek gehad?' vroeg ze.

'Eh...' begon haar moeder. Meer zei ze niet, richtte haar blik weer naar buiten.

Ruby slikte. Het diepe verdriet om het steeds verder afdrijven van de vrouw die haar had grootgebracht knaagde aan haar. Ze was er nog wel, maar ook weer niet en het was moeilijk om daar mee om te gaan.

Ze bleef nog een halfuurtje zitten, probeerde af en toe een gesprekje te voeren, dat voornamelijk eenzijdig bleef. Haar moeder keek de meeste tijd naar buiten en rook af en toe voorzichtig aan de roos die ze stevig in haar hand geklemd hield. Uiteindelijk gaf Ruby haar een zoen op haar wang, aaide nog even over het al grijzende haar en vertrok, terwijl de tranen achter haar ogen brandden.

-4-

Proestend kwam Ruby boven en zwiepte in één beweging haar haren over haar hoofd naar achteren. Met haar hand wreef ze het zilte zeewater van haar gezicht en keek toen rond. Achter haar kleurde de lucht rood, een teken dat de dag ten einde liep. Op het strand in de verte zaten nog wat dagjesmensen, maar het waren er minder dan toen ze het water in ging.

Ze deed dat vaak: zwemmen in zee – tenslotte was het niet ver van haar huis in Bloemendaal. Vooral als ze bij haar moeder was geweest, alsof ze daarmee de herinnering aan vroeger, de tijd dat haar moeder altijd met hen naar het strand ging en veel met hen zwom, wilde koesteren. Maar het hielp haar ook om haar gedachten te ordenen, vooral als ze met een zaak bezig was. Zoals nu. Ze hield ervan in de golven te duiken en ondertussen alles te overdenken wat haar bezighield terwijl ze steeds verder en met soepele slagen richting de vijfhonderdmeterboei zwom. Mensen vonden haar soms te overmoedig, maar aangezien ze in deze contreien was opgegroeid, kende ze de zee en al haar grilligheden als geen ander.

Kalmpjes liet ze zich door de golven naar de kustlijn voeren en liep niet veel later het strand op. Ze zocht haar handdoek en terwijl ze zich afdroogde, zette ze koers naar Beachclub Bloomingdale.

'Lekker gezwommen?' vroeg Karl, de eigenaar van de tent al zolang ze er kwam.

Ze knikte en droogde haar haren. Altijd als ze ging zwemmen

liet ze haar spullen bij Karl achter; zo wist ze zeker dat er niemand in de verleiding zou komen ze ongeoorloofd mee te nemen. 'Het water is nog warm,' zei ze.

'Voor jou wel, ja,' zei Karl lachend. 'Maar jij zwemt zelfs met kerst nog in zee.'

'Alleen als het mooi weer is,' reageerde Ruby. Ze hing haar handdoek over een stoel en pakte haar tas aan die Karl haar aanreikte.

'Ik heb respect voor je,' zei Karl, terwijl hij wat gevulde glazen op een dienblad zette en het doorschoof naar zijn dochter Lize, die de bestelling wegbracht.

'Hoeft niet,' wierp Ruby tegen. 'Het is een kwestie van wennen. Ik doe het al jaren en ben dus redelijk gehard. Maar dat wil niet zeggen dat ik het soms niet koud vind. Af en toe vraag ik mezelf af of ik soms niet goed snik ben.'

Karl grinnikte. 'Dat vraag ik me al af sinds je er op je zestiende mee begon.'

Met een ruk trok Ruby haar handdoek van de kruk en sloeg ermee in zijn richting. 'Vervelend ventje,' beschuldigde ze hem, terwijl ze haar jurk over haar hoofd trok. 'Het is dat ik je al zo lang ken, maar anders...'

'Anders wat?'

Ze wierp hem een geheimzinnige blik toe, voordat ze haar handdoek in haar tas propte, haar slippers aandeed en zich omdraaide naar de uitgang.

'Nou?' riep hij haar na.

Haar enige antwoord was een zwierige zwaai met haar hand voordat ze de tent verliet. Ze mocht Karl graag. Hij had de beachclub van zijn ouders overgenomen toen zij nog klein was en hij had het inmiddels volledig gemoderniseerd. Het tentje waar je friet en cola kon kopen was allang passé. Ze keek nog even om. Hoe oud zou Karl inmiddels zijn, halverwege de vijftig? Zeker niet jonger.

Ze zwierde haar strandtas over haar schouder en zette koers naar huis. Pip zou wel blij zijn als ze weer thuis was. In het hoogseizoen mocht hij nooit mee naar het strand en daar was meneer bepaald gepikeerd over. Hij had het altijd meteen door als ze haar strandtas met handdoek pakte.

In gedachten liep ze over het duinpad richting Bloemendaal. De situatie van haar moeder had zijn plekje in een hoekje van haar brein weer ingenomen en bleef daar sluimerend wachten tot de volgende keer en ze opnieuw overspoeld zou worden door melancholie.

Ze verliet het duinpad om een stuk af te steken via de Konijnenberg en Het Wed – een groot meer met een strandje. Op de paden in de verte zag ze af en toe mensen lopen, niet veel, waarschijnlijk omdat het al tegen de avond liep en dat vond ze helemaal niet erg. Heerlijk rustig en er was niemand die op haar lette. Alhoewel…

Ze wierp een blik om zich heen. Waarom had ze dan nu het gevoel dat iemand haar in de gaten hield? Langzaam liet ze haar ogen rondgaan. Ze zag niets. Verbeelding zeker.

Automatisch ging ze wat sneller lopen, maar werd toen toch weer overvallen door dat vreemde gevoel. Ze bleef staan en draaide zich om; haar ogen volgden de lijnen van de duinen totdat ze bleven hangen op het topje van de klokkentoren van de Erebegraafplaats. Ze kwam daar als donateur regelmatig. Ze vond het een prachtige plek, vredig en triest tegelijk. Maar hoe kwam het dan dat het haar nu zo'n onbehaaglijk gevoel gaf?

Nogmaals keek ze rond, maar zag niets. Het beeld van Cynthia's moordenaar met een mes in zijn hand en een krankzinnige blik in zijn ogen schoot ineens door haar heen.

Hij is niet hier! Hij zit vast, nog heel lang!

Het kon haar niet geruststellen. Ze draaide zich om en sprintte naar huis.

Langzaam scrolde Ruby door de lijst met aangestipte kranten-artikelen terwijl de printer naast haar op het bureau overuren draaide. Op Delpher, een website waarop gezocht kon worden in gedigitaliseerde kranten die waren verschenen tussen 1618 en 2005, had ze tientallen artikelen gevonden over de verdwijning van baby Tess en die had ze allemaal naar de printer doorgestuurd.

Ze was blij dat ze een groot deel van de artikelen online kon vinden; het bespaarde haar een ritje naar de Koninklijke Bibliotheek.

Haar blik viel op de kop van een grote landelijke krant: SPOOR IN ONTVOERINGSDRAMA. Ze stopte met scrollen en vergrootte het artikel.

SPOOR IN ONTVOERINGSDRAMA
Mogelijk verband met familieruzies

Van onze verslaggevers

Utrecht – Waarschijnlijk vormt ruzie in de familie de achtergrond van de ontvoering van baby Tess Palmer uit Utrecht, die – als zij nog leeft – iets meer dan zes maanden oud is. De moeder van Tess is eerder getrouwd geweest. De recherche onderzoekt of familieleden uit haar vorige huwelijk achter de kidnap zitten.

Ruby fronste haar wenkbrauwen. Familieruzies? En dan ontvoeren ze een baby die daarna nooit meer wordt teruggevonden? Dat leek haar nogal onwaarschijnlijk. Niet het feit dat familie, of eigenlijk ex-familie, daartoe in staat was, maar wel dat het kind dan nooit was gevonden. Als je zoiets deed uit boosheid, of misschien jaloezie, dan was dat tijdelijk. Want wat moesten ze met dat kind doen?

Tenzij...

Tenzij Tess' moeder geen kind had gewild met haar ex-man en hij wel. Kijk naar Casper en haar: al negen jaar wilde ze een baby, maar Casper had altijd tegengewerkt. En nu kregen hij en dat tutjehola een kind. Moeilijk te verteren. Maar zou zij daarom die baby straks stelen? En als ze dat al deed, dan zou het vrienden en buren toch opvallen?

Ze keek weer naar het artikel. Het was van donderdag 9 juli 1987, drie dagen na de verdwijning van Tess. Het riekte een beetje naar wanhoop. Alsof de politie geen enkel aanknopingspunt had. Maar inmiddels wist ze dat je berichtgevingen van kranten met een korrel zout moest nemen.

Naast haar klonk een zacht piepje en ze keek opzij. Pip zat met een van zijn voorpootjes omhoog zielig naar haar te kijken en een blik op de klok vertelde Ruby dat hij nodig naar buiten moest. Ze bekeek nog even de map van haar printer die aangaf dat er nog zestien pagina's volgden, en besloot toen dat het ding ook wel doorwerkte zonder haar.

'Kom op dan maar,' zei ze tegen Pip, die zich direct omdraaide en de kamer uit rende. Ze hoorde zijn nagels op de houten trap naar boven en glimlachte. Ooit zou hij in zijn haast nog eens van die trap glijden, daarvan was ze overtuigd.

Ze liep de smalle gang van de kelder door. Haar werkkamer zat in het souterrain, waar ze alles had staan wat ze voor haar werk nodig had. Al bij de eerste bezichtiging van het huis, net nadat ze van Casper gescheiden was, was ze verliefd geworden op de

43

oude portierswoning aan de rand van Bloemendaal, waar ze vanuit haar tuin zo de duinen in liep. Het witte huisje was niet groot, maar beschikte wel over een enorm souterrain waarin een grote kamer was gerealiseerd en ze had meteen geweten dat dit haar plek zou worden. Het hele huis, maar de kelder in het bijzonder.

Boven deed ze haar wandelschoenen aan, pakte de riem van Pip en trok even later de achterdeur achter zich dicht.

Terwijl ze haar rondje liep dacht ze aan Tess Palmer. Ze wist niet zo goed wat ze moest denken van die ontvoering. Was het wel een ontvoering? Alle krantenartikelen spraken dan wel van een kidnap, maar was dat werkelijk het gevolg van een familieruzie? Ze schudde haar hoofd. Dat geloofde ze niet. Was er trouwens losgeld gevraagd? Dat had ze tot nu toe nergens gelezen. Misschien wist oud-rechercheur Jonathan Visser daar het antwoord op. Tristan had zijn huisnummer kunnen achterhalen en morgen zou ze hem een bezoekje brengen.

Ze keek rond op zoek naar Pip, die ergens in de verte tussen helmgras aan het scharrelen was. 'Pip!' riep ze. 'Ga je mee?'

Dat had ze net zo goed tegen een strandpaal kunnen roepen. Hij wist heel goed dat ze naar huis moesten en bleef juist daarom ver uit haar buurt. Gewoon voor het geval ze het in haar hoofd haalde hem aan te lijnen.

'Pip!' riep ze nogmaals.

Natuurlijk kwam er ook nu geen braaf luisterende hond naar haar toe. Hij keek niet eens op en na nog even gewacht te hebben gaf ze het op. Hij bekeek het maar. Hij wist waar ze woonden en hoefde alleen maar de duinen door om thuis te komen.

'Ik ga, hoor!' riep ze naar hem en ze draaide zich demonstratief om. Resoluut zette ze koers naar huis. Inmiddels was de schemer overgegaan in mistige zonnestralen. De lucht kleurde lichtblauw, met zilvergrijze wolken die omgeven werden door rozerode randjes. Ze was een echt ochtendmens – dat had ze van haar vader. Die was altijd voor dag en dauw opgestaan, vaak om nog voor zijn werk vogels te spotten in de duinen. Dat herinnerde ze zich niet meer, maar haar moeder had dat vaak genoeg verteld. Als kind was ze zelf ook gek geweest op vogels kijken en gek genoeg gaf het haar altijd een goed gevoel, te weten dat ze ten minste iets van haar vader geërfd had.

Nadat ze aan het aanrecht een paar boterhammen had gesmeerd, liep ze met het bordje en een beker thee de trap af naar haar werkkamer. De printer was op stand-by gesprongen en in de bak ervoor lag een stapeltje papier.

Ruby zette haar ontbijt op het bureau, pakte de papieren en bekeek ze vluchtig. Ze zou de artikelen over baby Tess moeten markeren zag ze; alle krantenpagina's waren in zijn geheel, maar de helft verkleind afgedrukt, in tegenstelling tot de online afbeeldingen waarop haar zoekwoorden al waren aangegeven.

Ze liet zich op haar bureaustoel zakken en bladerde door de artikelen. Haar oog viel op het woordje 'losgeld' en meteen was haar nieuwsgierigheid gewekt.

UTRECHTSE POLITIE VERWACHT EIS OM LOSGELD BABY TESS

Van onze verslaggevers

Utrecht – De politie van Utrecht houdt er ernstig rekening mee dat er losgeld geëist gaat worden voor de ontvoerde baby Tess. Een aanwijzing daartoe is een brief die gisteravond laat zou zijn bezorgd bij de ouders van de zes maanden oude baby, kleindochter van Victor van Rede. Van Rede, directeur van warenhuisketen Vintex, heeft een aanzienlijk vermogen en zijn naam zou zijn genoemd in de losgeldbrief.

Er was dus geld geëist. En betaald, als de opa van Tess inderdaad zo vermogend was. Ruby kende de naam niet, Van Rede. En Vintex klonk haar slechts vaag bekend in de oren. Waarschijnlijk was het een warenhuisketen geweest die de tand des tijds niet had overleefd. Hoe dan ook, als er betaald was, waarom was Tess dan niet weer thuisgekomen?

Ze wekte haar computer tot leven en typte 'Vintex' in de zoekbalk. De eerste hit was al raak: op Wikipedia bleek een hele lijst te staan van supermarkt- en warenhuisketens. Ze klikte op de link en zag diverse bedrijfsnamen die allang niet meer bestonden. Van veel ervan had ze nog nooit gehoord, maar ze zag ook v&d, Free Record Shop en supermarkt C1000. En Vintex. Er bleek een tweede link achter te zitten en nadat ze daarop had geklikt kwam ze op een andere pagina van Wikipedia die alleen over Vintex ging. Behalve de naam van de directeur, Victor van Rede, stond er niet zo heel veel op, alleen dat het een exclusieve warenhuisketen en hofleverancier was geweest en dat de winkels in 1991 hun deuren hadden gesloten.

Ruby staarde een poosje voor zich uit. Dat was niet zo heel lang na de ontvoering. Was het daar een gevolg van geweest of was het gewoon omdat de mensen geen behoefte meer hadden gehad aan luxe warenhuizen?

Ze richtte zich weer op de krantenartikelen en bladerde erdoorheen. Veel van hetzelfde kwam voorbij, maar dat was logisch – de artikelen kwamen uit verschillende grote dagbladen van die tijd, ze moest ze eigenlijk allemaal even schiften, want op deze manier zag ze door de bomen het bos niet meer.

Als eerste legde ze de artikelen op datum, de oudste bovenop zodat ze een soort reis door de tijd kon maken vanaf het begin. De artikelen die grofweg hetzelfde vertelden niette ze aan elkaar. Uiteindelijk kwam ze bij een bericht dat een pijnlijke steek bij haar teweegbracht.

OUDERS ONTVOERDE BABY SMEKEN OM TEKEN VAN LEVEN
"Het is ondraaglijk zonder Tess"

Van onze verslaggevers

Utrecht – De ouders van de inmiddels vijf dagen geleden ontvoerde Tess P. hebben een dramatische oproep gedaan aan de ontvoerders van hun kind. Ze smeekten hun om een teken van leven. "Het is ondraaglijk niet te weten hoe het met ons kleine meisje gaat. Alsjeblieft, laat ons wat weten, ook als Tess niet meer leeft." De ouders zijn inmiddels de wanhoop nabij. Ook hun andere kinderen, vijf broertjes, zijn door alle spanningen ernstig geschaad. Zij kunnen zich niet voorstellen dat zij hun zusje wellicht nooit meer zien. De ouders smeken de ontvoerders die angst niet waarheid te laten worden en hun baby op zo kort mogelijke termijn bij hen terug te brengen.

Ruby slikte. De ouders moesten door een hel zijn gegaan. Niet weten of hun kind nog leefde, of ze haar ooit nog zouden terugzien. En nu? Al meer dan dertig jaar leefden ze in onwetendheid. Wat zou het mooi zijn als zij daar verandering in kon brengen. Want wat de uiteindelijke uitkomst ook zou zijn, zelfs weten dat je kind niet meer leeft is beter dan helemaal niets weten.

Haar blik ging naar de boterhammen op het bordje. Ze had ineens helemaal geen trek meer.

-EERDER-

Eén, twee, drie... negen, tien! Wiebe haalde zijn handen voor zijn ogen vandaan en draaide zich weg van de boom waartegen hij tot tien had staan tellen. Iedereen was weg, alle kinderen hadden zich verstopt. En hij moest ze vinden.

Langzaam speurde hij rond. Hij zag niemand. Alleen wat moeders die op een bankje naar hem keken en een beetje lachten. Wisten ze waar iedereen zich verstopt had? Dat moest wel, zij hadden niet tot tien geteld met hun ogen dicht.

Hij liep bij de boom weg en zocht. Tussen de struiken, onder de glijbaan, achter de dikke eik waar je soms eekhoorntjes kon zien. Boven zijn hoofd floot een vogeltje en Wiebe keek omhoog. Daar zat hij, op een tak. Wiebe hield van vogeltjes. Ze maakten hem blij met hun gefluit en aandachtig bleef hij naar boven kijken.

Vlakbij blafte een hond. Het vogeltje schrok en vloog weg. Wiebe vond honden eng. Poezen niet, die gaven kopjes en knorden. Honden hadden grote tanden en maakten veel lawaai. Wiebe hield niet van lawaai. Dan drukte hij zijn vuisten tegen zijn oren en soms ging hij dan hard zingen om maar niets te horen.

Nog een laatste blik naar de tak boven hem. Het vogeltje was niet meer teruggekomen. Dat was jammer. Maar nu kon hij wel verder met zoeken. Hij moest iedereen vinden!

Wiebe keek weer rond en kneep zijn ogen iets toe. Zo kon hij beter zien. Daar zat iemand, achter het bankje met de moeders. Snel rende hij terug naar de boom en sloeg er met zijn hand tegenaan. Buut, Fleur! Buut, Mark!

Hij glunderde. Twee gevonden. Nu de rest nog. Voorzichtig liep hij weer bij de boom weg. Geritsel in de struiken verderop. Had iemand zich daar verstopt? Hij wurmde zich tussen de takken door, maar vond niemand. Wel zag hij verderop een kinderwagen staan. Een baby?

Zijn adem versnelde. Een baby! Zo lief. Zo klein. Zo zacht. Hij vergat de andere kinderen die hij nog moest zoeken en werkte zich tussen de struiken door naar het andere pad. De kinderwagen stond daar maar. De mama was met een klein meisje bezig, een klein stukje verderop. De baby pruttelde in de wagen. Dat was zo lief, Wiebe moest erom lachen. Zachtjes natuurlijk, anders werd het kindje wakker.

Wiebe liep op zijn tenen naar de kinderwagen en keek erin. Een slapende baby. Rozige wangetjes, gesloten ogen. Een handje kwam onder de lakentjes vandaan, de vingertjes bewogen.

Lief baby'tje!

Liefdevol aaide Wiebe over het handje. Het baby'tje werd niet wakker. Het mondje bewoog, belletjes verschenen op de lipjes. Maar het bleef slapen. Wiebes vinger ging naar het wangetje van de baby en hij raakte het zachtjes aan.

Nu gingen de oogjes open en Wiebe lachte naar het baby'tje. Het staarde hem verwonderd, maar ook nieuwsgierig aan. Toen lachte het ook. Wiebe werd er blij van. Hij keek langs de wagen. De mama zat nu gehurkt bij het meisje en maakte een schoenveter vast. Ze zou het toch niet erg vinden als hij héél even…?

Voorzichtig tilde hij de baby uit de wagen. Het pruttelde in zijn oor, maakte geluidjes die het kaarsje in Wiebes buik weer deed oplaaien. Hij hield van dit baby'tje. Kon hij het maar houden.

-6-

Het was rustig in café 't Hemeltje waar Ruby die avond haar lievelingsplekje had opgezocht: de bank in de hoek bij het raam. Er stond een glas IPA-bier op het tafeltje waar ze af en toe een slok uit nam terwijl ze haar notities over de zaak-Tess Palmer doornam. Dat deed ze vaker, zodat ze in stilte kon werken, zonder afleiding, zonder het risico te lopen dat iemand weer eens onaangekondigd haar keuken binnenliep. En van het personeel van het café had ze geen last – dat liet haar altijd met rust.

Sinds ze Pathway to justice was begonnen en ze bekender werd, kon ze amper nog in het dorp rondlopen zonder door iemand herkend te worden. Of aangestaard te worden door iemand die haar gezicht ergens van kende. Of te worden nagewezen terwijl twee mensen met elkaar discussieerden of zij nu wel of niet van de tv was. Vooral in de zomer, als er veel toeristen en dagjesmensen waren. In het begin vond ze dat wel leuk, maar nu werd ze er moe van.

Ze dronk haar glas leeg en staarde voor de zoveelste keer naar de krantenknipsels uit haar dossier. Een vreemd gevoel van onmacht kwam over haar. Het was alsof ze naar een oude zwart-witfilm keek. Misschien kwam dat wel doordat de knipsels allemaal oud waren – zo zagen ze er ook uit, je herkende meteen de jarentachtigstijl van de krantenkoppen en drukletters. En juist dat deed haar zich afvragen of ze er niet te veel van verwachtte. Ze had dan nog wel niet met de ouders of andere familie van Tess gesproken, maar zou ze hen geen valse hoop geven? Stel dat ze erop rekenden dat het haar lukte om hun verdwenen kind te vinden, omdat ze al haar vorige zaken tot een goed einde had weten te brengen? Dat was de keerzijde van de medaille: door al die opgeloste zaken had ze nu bekendheid en verdiende ze een dik belegde boterham, maar het wekte ook hoge verwachtingen. Maar wat nou als het haar niet lukte? Als die ouders wéér met niets achterbleven?

Nee. Daar moest ze niet aan denken. Ze was bovendien pas begonnen, er kon nog van alles gebeuren. Een diepe zucht bij haar voeten deed haar automatisch haar hand onder de tafel steken om Pip te aaien.

Toen ze weer rechtop ging zitten zag ze hem: de man aan de andere kant van het café, zittend aan de bar. Natuurlijk was hij niet de enige die daar zat – er waren nog genoeg mensen in het café rond deze tijd – maar wat opviel was dat hij elke keer naar haar keek. Zoals nu dus. Ze ving zijn blik en een kort moment hielden haar ogen hem vast, totdat hij wegkeek. Ze fronste haar wenkbrauwen. Het was gek, maar ze had het gevoel dat ze hem kende. Alleen wist ze niet waarvan.

Weer keek de man haar richting uit. Het kon natuurlijk ook iemand zijn die haar herkende van haar vlog en twijfelde of ze het wel of niet was. Maar waarom kwam hij háár dan bekend voor? En waarvan? Hij was een aardig eindje in de zestig, schatte ze. Zat hij daar al de hele tijd?

Haar blik ging naar het glas whisky dat voor hem op de bar stond. Aan de hoeveelheid te zien had hij er nog weinig van gedronken, maar dat zei niets, natuurlijk. Het kon inmiddels zijn tweede glas zijn. Of het derde.

Onwillekeurig drukte ze haar hand tegen haar buik, ze voelde de scherpe pijn weer. Ze huiverde en merkte dat haar ademhaling versnelde. Ze kreeg het warm, haar oren begonnen te suizen en terwijl ze naar adem hapte, kneep ze haar ogen dicht.

'Gaat het?' klonk een stem.

Meteen opende ze haar ogen en keek recht in het gezicht van Eelco, de barjongen die blijkbaar zojuist de rekening had gebracht bij een tafeltje in haar buurt.

Ze knikte, voelde de paniek net zo snel wegzakken als hij was opgekomen. Ze ademde diep in en weer uit.

'Met de zaak van die vermiste baby bezig?' vroeg Eelco, terwijl hij naar de krantenartikelen keek. 'Dat moet heftig zijn.'

'Ja,' zei ze schor. Ze schraapte haar keel en herhaalde: 'Ja, dat klopt. Het is geen fijne zaak.'

'Dat zijn jouw zaken nooit,' merkte Eelco bijdehand op. 'Moord, doodslag. En dan nu een vermiste baby. Denk je dat ze nog leeft?'

'Dat weet ik niet,' antwoordde ze. 'Maar ik ga er wel van uit – er is nooit een lichaampje gevonden.'

Eelco rilde. 'Gatver,' zei hij hartgrondig. 'Je zou het maar vinden!'

'Maar dat is dus niet gebeurd,' reageerde ze fijntjes. 'En dat is ook de reden dat ik het van de positieve kant wil blijven bekijken.'

Eelco pakte haar lege glas van tafel. 'Nou, ik vind het knap van je. Alleen net leek je wel even onderuit te gaan, je werd zó bleek. Kwam je iets naars tegen tussen die...' Hij knikte naar de kopieën van de krantenknipsels en vervolgde: '... artikelen?'

Ze glimlachte. 'Nee hoor. Ik, eh...' Ze keek langs hem heen naar de bar, maar de man was verdwenen. Haar blik schoot rond maar ze zag hem nergens meer.

'Je hebt gewoon te weinig gegeten,' stelde Eelco vast. 'Ik haal nog wat te drinken voor je, met een portie bitterballen. Van de zaak.'

Ze kon haar gedachten er niet meer bijhouden, iets waar zelfs de bitterballen van Eelco geen verandering in konden brengen. Die onbekende man had iets bij haar losgemaakt wat vooral haar angst voor Youri Stegeman, de moordenaar van Cynthia, aanwakkerde. Tenslotte had hij Ruby ook bijna vermoord. Misschien had ze het advies van haar arts om een psychotherapeut te consulteren om het gebeurde te verwerken niet zo snel moeten afslaan. Maar ze was nou eenmaal geen type dat lang stilstond bij wat haar was aangedaan – doorgaan was het beste medicijn. Toch sluimerde Stegeman sinds die dag constant in haar gedachten. Was dit dan het resultaat? Dat elke man die naar haar keek paniek in haar opriep? Dat was helemaal niets voor haar. En ook niet nodig – Stegeman zat vast, voor lange tijd – ze had niets meer van hem te vrezen.

Het getril van haar telefoon deed haar opschrikken en meteen fronste ze geërgerd haar wenkbrauwen. Er was er maar eentje die haar zo laat nog belde.

'Casper,' zei ze meteen nadat ze opnam. 'Het is helemaal niet laat, hoor.'

'Je neemt toch nog op?' klonk het korzelig.

'Omdat je anders blijft bellen,' reageerde ze ad rem. Gelijk sloot ze heel even haar ogen. Waarom joeg hij haar altijd meteen op de kast? Nee, waarom liet zij zich altijd zo door hem op de kast jagen? Hij irriteerde haar. En nu ze wist dat Claire zwanger was, kon ze al helemaal geen geduld meer voor hem opbrengen. Ze voelde zich verraden. Aan de kant gezet. Hij had haar nooit serieus genomen, dat bleek nu wel.

'Wat is er, Casper?' vroeg ze.

'Ik wil het nog even hebben over de uitbetaling van...'

'Nee,' onderbrak ze hem.

'We hebben dat geld nodig, Ruby,' zei Casper. 'Echt!'

'Dan had je daar eerder aan moeten denken, voordat je...'

... je snikkel er bij kleine Claire in duwde, had ze willen zeggen, maar ze wist de woorden bijtijds in te slikken.

'Voordat jullie aan een kind begonnen,' maakte ze haar zin af.

Het bleef even stil. Toen klonk zijn stem, ijzig. 'Dit is vergelding, hè? Omdat ik tegen jou altijd nee zei als je over een baby begon.'

Ze zweeg, omdat ze wist dat als ze nu zou antwoorden, het niet al te vriendelijk zou zijn.

'Zie je nou niet dat dit juist de reden is waarom ik dat deed?' ging Casper verder.

'O, echt?' zei ze spottend. 'Vertel.'

'Die kinderachtige reacties van jou. Je was helemaal nog niet toe aan een kind, Ruby. Word volwassen!'

Het was alsof ze de rook uit haar oren voelde komen. Dit was dus typisch Casper. Als hij zijn zin niet kreeg, werd hij gemeen.

'Zo te horen zijn jullie er zelf ook nog niet aan toe,' zei ze liefjes.

'Hoezo? Als je daarmee Claires leeftijd bedoelt, dan...'

'Ik bedoel dat jullie er het geld niet voor hebben,' viel ze hem in de rede. 'Als jullie eraan toe waren geweest, dan hadden jullie er wel voor gezorgd dat het financieel haalbaar was.'

'Wie denk je...'

Maar Ruby liet hem niet uitpraten. 'Ik ben niet van plan om jullie buffer te zijn, Casper. Om een kind groot te brengen heb je geld nodig, zorg daar dan ook voor. Maar niet via mij, begrepen?'

'Ruby...'

'We zijn uitgepraat. Over een paar dagen krijg je je geld. Het normale bedrag.'

'Ruby, luister nou even.'

'Fijne avond nog.'

Ruby verbrak de verbinding en bleef met haar mobiel in haar handen zitten. Ze voelde de tranen achter haar ogen prikken. Had ze echt van die man gehouden? Die... die egocentrische hufter die alleen aan zichzelf dacht? Liefde maakt blind, dat bleek maar weer.

Haar mobiel ging weer over. Casper, stond er op het display. Die arrogante klootzak. Wat dacht hij nou? Dat ze zou opnemen? No way. Nijdig drukte ze de oproep weg. Hij bekeek het maar met z'n Claire.

'Kom,' zei ze tegen Pip, terwijl ze met een ruk opstond. 'We gaan naar huis.'

De volgende ochtend reed Ruby al vroeg naar Utrecht voor een bezoek aan oud-rechercheur Jonathan Visser. Vlak voordat ze vertrok had Annika haar gebeld dat het politiedossier over Tess zoek was. Waarschijnlijk had iemand het verkeerd opgeborgen, tenslotte werd het geregistreerd als iemand het dossier uit het archief haalde, en Annika had beloofd er achterheen te blijven zitten. Toch zat het Ruby dwars – ze had graag dat dossier op korte termijn doorgenomen zodat ze meer inzicht had in het toenmalige onderzoek.

Vanuit haar ooghoeken zag ze ineens een parkeerplekje en snel stuurde ze haar auto erin. Voordat ze uitstapte, pakte ze haar camera, richtte die op zichzelf en vertelde wat ze ging doen. Daarna zette ze de parkeerapp aan, stapte uit en liep vervolgens langs het water naar het adres waar Jonathan Visser woonde. Ze had hem kunnen bellen voor een afspraak, maar haar ervaring was dat als mensen zonder aankondiging voor het blok werden gezet, ze makkelijker praatten dan wanneer ze er van tevoren over hadden kunnen nadenken.

Terwijl ze wachtte tot er werd opengedaan, bekeek ze via haar camera de gevel van het monumentale pand. Nou ja, pand… het was eerder een pandje, smal, opgetrokken uit rode bakstenen met boven de eerste verdieping een mooie klokgevel. Na een paar laatste woorden tegen haar camera, zette ze die uit en stopte hem in haar tas. Ze wilde de oud-inspecteur niet meteen bij het eerste contact al afschrikken.

Met een zware klik ging de deur open en Ruby toverde een glimlach op haar gezicht om de oude, fragiele man die ze verwachtte te zien al meteen voor zich te winnen. De man die in de deuropening verscheen was echter wel oud, maar daar was ook alles mee gezegd. Sterker nog, als ze niet wist dat hij nu zo ongeveer vijfenzeventig moest zijn, had ze hem geschat op zeker vijftien jaar jonger. Hij was lang en pezig, met een gebruind gezicht, een haarkleur die het midden liet tussen grijs en blond, en hij had donkergroene ogen die haar nieuwsgierig opnamen.

'Meneer Visser?' vroeg ze.

- EERSTE GESPREK – VLOG #3071 -

585K weergaven · 2 uur geleden

Hallo allemaal, fijn dat jullie weer kijken naar deze gloednieuwe Pathway to justice-vlog. Mijn naam is Ruby van Wageningen en vandaag geef ik jullie een update over wat we tot nu toe weten over de verdwijning van Tess Palmer.

<foto baby Tess>

Jullie weten dat ik normaal gesproken altijd eerst de betrokken familie inlicht over mijn onderzoek, maar tot nu toe heb ik hen nog niet kunnen lokaliseren. Hopelijk kan ik daar morgen anders over berichten en mocht iemand informatie hebben over de huidige woonplaats van de familie Palmer, *by all means* geef het aan me door!

Omdat ik het politiedossier momenteel nog niet in mijn bezit heb, leek het me zinvol om alvast wat meer informatie te verzamelen. Tenslotte is deze zaak al meer dan dertig jaar oud, wat het gevaar met zich meebrengt dat herinneringen vervaagd zijn. Ook bij directe familieleden, lijkt mij. Ik bedoel, ik zou zelf allerlei doemscenario's bedenken als mijn kind verdwenen was en uiteindelijk niet meer weten wat nou wel en wat nou niet echt was gebeurd. Of denken jullie daar anders over? Laat het me weten onder deze vlog.

Een van de personen die nauw betrokken was bij de zaak is

hoofdinspecteur in ruste Jonathan Visser. Hij was degene die het team naar de verdwenen Tess aanstuurde. Ik zocht hem op voor een gesprek en hij gaf mij toestemming mijn gesprek met hem op te nemen en te gebruiken in mijn vlog.

<beelden huis Jonathan Visser en eerste kennismaking>

Jonathan Visser komt op mij over als een integere, meelevende en betrokken man, zowel privé als in zijn vroegere beroep. Ik kan me zo voorstellen dat hij en zijn team een moeilijke tijd hadden tijdens het onderzoek, vooral omdat heel Nederland hen op de vingers keek. Voor Jonathan zelf was het een extra zware tijd; zijn vrouw was ernstig ziek ten tijde van het onderzoek en overleed vlak daarna.

<ikzelf in beeld>

Voor de volgers die nog niet precies weten waar het allemaal om draait, is dit wat er gebeurd is. Op maandag 6 juli 1987 gaat Alexandra Palmer met haar twee zoons van drie en vier, en met de ruim zes maanden oude tweeling Tess en Matthias naar het Julianapark in Utrecht.

<foto's Julianapark>

Het is prachtig weer, erg warm met zo'n zevenentwintig graden. Na een korte wandeling strijkt Alexandra met de kinderen neer in het speeltuintje in het park. Er zijn meer moeders met kinderen en terwijl de twee jongens zich vermaken bij de schommels, raakt Alexandra in gesprek met de andere vrouwen. De kinderwagen met daarin de tweeling Tess en Matthias staat schuin achter het bankje waarop ze zitten. Af en toe kijkt Alexandra om, maar de baby's liggen rustig onder een dun lakentje te slapen. Dan krijgt de jongste van de twee spelende zoons van Alexandra een schommel tegen zijn hoofd en bezeert zich dusdanig dat alle aandacht van de aanwezige vrouwen op het kind gericht is. Als Alexandra zich even later naar de kinderwagen keert, is de plek waar Tess lag leeg. Een zoektocht in het park door alle moeders levert niets op. Tess wordt niet gevonden, er is niemand in de buurt die iets heeft gezien. De politie wordt ingeschakeld en algauw volgt er een losgeldeis die betaald wordt door de ouders van moeder Alexandra. Maar ondanks de betaling komt Tess niet terug. Ze wordt niet gevonden op de plek waar de ontvoerders hadden toegezegd haar achter te laten. Er is geen spoor van haar te bekennen.

Jonathan Visser kan zich de zaak nog herinneren als de dag van gisteren. Hij noemde de zaak 'intens', omdat de baby nog zo jong was en de ouders gebroken waren.

<compilatie foto's familie Palmer>

Het gezin van de toen tweeënveertigjarige uit Engeland geïmmigreerde Taylor Palmer bestond uit de zevenendertigjarige moeder Alexandra en de zes kinderen Aidan, Brody, Collin, Donnell en de tweeling Matthias en Tess. Vader Taylor was eigenaar van een restaurant in Utrecht, Puur Vegetarisch, waar hij zes dagen per week te vinden was. Alexandra Palmer was moeder en huisvrouw en daarnaast de dochter van Vincent van Rede, directeur van de enorme warenhuisketen Vintex. Niet onbemiddeld dus, iets wat de ontvoerders geweten moeten hebben.

Nadat Tess niet gevonden werd op de plek waar ze zou worden achtergelaten, bleef het stil van de kant van de ontvoerders en na weken onderzoek werd de zaak gesloten.

'Geloof me, we hebben alles gedaan wat maar mogelijk was om Tess te vinden,' zei Jonathan Visser. 'We konden ook niet anders, het hele land keek over onze schouders mee; steken laten vallen was er echt niet bij. Maar er was helemaal niets waarmee we verder konden. Het team werd uitgedund en werd uiteindelijk helemaal ontbonden. De zaak belandde als onopgelost in het archief.'

<beelden interview>

Een erg koude cold case, beste mensen. We zullen alles uit de kast moeten halen om deze op te lossen, want er zijn veel vragen. Zo vermeldde Jonathan Visser dat de knuffelbeer van Tess eveneens verdween. Op zich niet gek, behalve dat de knuffel pas láter verdween, toen Alexandra Palmer met Matthias boodschappen ging doen. Het beertje lag naast het knuffelkonijn van Matthias en werd op de een of andere manier uit de kinderwagen gehaald zonder dat Alexandra het opmerkte. De chefs van Jonathan Visser wimpelden het af en zeiden dat de ouders zich in hun radeloosheid vergist moesten hebben. Maar was dat zo? Op mijn vraag aan Jonathan wat zijn eigen conclusie was, antwoordde hij: 'In die tijd had ik weinig om op terug te vallen en het spoor liep volkomen dood. Wij kwamen er toen niet uit – ik hoop echt dat jij iets vindt.'

<ikzelf in beeld>

Dat hopen wij natuurlijk ook, beste volgers. We gaan er alles aan doen om deze zaak open te breken. Ofwel te ontdooien zoals ik meestal zeg. Als eerste moet ik de familie van Tess vinden om hen in te lichten dat ik de zaak van hun vermiste dochter onder de loep ga nemen. Jonathan Visser kon me niets vertellen over hun verblijfplaats. Ook over Tess' tweelingbroer Matthias wist hij niets.

En als tweede ga ik een gesprek aan met Ellie van Niehoff. Zij was net als Jonathan Visser nauw betrokken bij het onderzoek en volgens Visser zou de e-mail waarin ik op deze zaak gewezen werd mogelijk van haar komen. We gaan het uitzoeken! De resultaten zien jullie in mijn volgende vlog.

Bedankt voor het kijken en vergeet niet een duimpje omhoog te doen. Abonneer je op deze vlog als je de voortgang van het onderzoek wilt volgen. Regelmatig komt er een nieuwe online waarin ik jullie deelgenoot maak van mijn onderzoek. Dus... tot de volgende keer en als jullie informatie hebben over het lopende onderzoek, aarzel dan niet om het te melden, via een e-mail, privébericht of gewoon onder deze vlog.

Met haar koptelefoon op werkte Ruby aan de montage van haar nieuwe vlog. Het gesprek met Jonathan Visser had interessante informatie opgeleverd. De oud-rechercheur was verrast geweest toen hij de deur had geopend. Dat was niet erg, vaak was dat zelfs beter – mensen waren dan wat minder op hun hoede. In ieder geval had ze materiaal genoeg gehad voor een interessante vlog. En wie weet leverde het nog wat tips van haar abonnees op.

Ze was zo ingespannen bezig dat ze niet doorhad dat Tristan de keldertrap afkwam en hem dus pas opmerkte toen hij al naast haar bureau stond.

'Jezus, jongen, ik schrik me lens!' zei ze terwijl ze de koptelefoon van haar hoofd rukte.

'Nou, nergens voor nodig, hoor. Ik ben het maar.'

'Waarom roep je niet even als je naar beneden komt?'

'Dat heb ik gedaan, maar je hoorde me blijkbaar niet.' Hij gebaarde naar haar koptelefoon. 'Is ook niet erg veilig, hè? Je kunt beslopen worden zonder dat je het merkt.'

Ruby reageerde daar maar niet op. Een koptelefoon was nodig als ze haar vlogs monteerde, dat was nou eenmaal zo. Ze zette het beeld stil en keek weer op. 'Dat zal zo'n vaart niet lopen.'

De blik die Tristan haar toewierp gaf aan dat hij het niet met haar eens was. Ze wist best dat hij meer in haar zag dan een gewone vriendin-en-buurvrouw. Zelf voelde ze dat helemaal niet zo en bleef Tristan gewoon een vriend. Een heel dierbare, dat dan weer wel.

Tristan liep naar een van de twee grote whiteboards aan de andere kant van de ruimte. Op de linker had Ruby haar eerste bevindingen geschreven en hij bekeek ze aandachtig.

'Dus als ik het goed begrijp was het een ontvoering om losgeld maar de baby werd niet terugbezorgd nadat het geld betaald was?' vroeg hij.

Ruby knikte, terwijl ze met haar bureaustoel achteruitreed tot vlak bij het bord. 'De ontvoerders hadden gezegd dat ze Tess op een specifieke plek in het Julianapark zouden achterlaten, maar ze werd daar niet gevonden. Ze hebben daarna het hele park uitgekamd zonder resultaat.'

'Hm,' humde Tristan. Hij liet zich op de bank tegenover beide borden zakken en staarde aandachtig naar de mindmap die Ruby op het rechter whiteboard had opgestart. Hij was nog niet heel uitgebreid maar de dingen die ze wist had ze erin verweven. 'Het is gek, maar ik heb het gevoel dat we deze zaak niet gaan oplossen,' zei hij ineens.

'Waarom niet?' vroeg Ruby.

'Omdat er geen enkel spoor is. Waar moeten we beginnen?'

'Natuurlijk is er een spoor,' wierp Ruby tegen. 'Zelfs nu nog. We moeten het alleen zien te vinden. Kijk naar de zaak-Marianne Vaatstra. Daar is de dader uiteindelijk ook gepakt.'

'Ja, maar dat was na dertien jaar. Deze zaak is veel ouder. Bovendien werd Marianne in 1999 vermoord, een heel andere tijd dan 1987. Er werd toen nog amper iets met DNA gedaan.'

Ruby keek naar haar beeldscherm, naar het fotootje van Tess dat ze uit een van de krantenartikelen had gescand en in haar vlog had opgenomen als tussenscène, terwijl haar stem op de achtergrond over de baby vertelde. Tristan had gelijk. Voor zover ze wist werd DNA voor het eerst als bewijs geaccepteerd in 1987. Bij veel zaken werd het niet eens gebruikt omdat er enorm veel bloed of sperma nodig was om überhaupt een dader te vinden.

'Ik weet het,' verzuchtte ze, met haar blik nog steeds op de babyfoto. 'Maar we geven het niet op. Niet nu al. Heb jij nog iets kunnen vinden over de ouders?'

Tristan schudde zijn hoofd. 'Het zou me niks verbazen als ze uit Utrecht zijn vertrokken.'

'Er moet een broer zijn,' zei Ruby. 'Matthias.' Ze wees naar het bord. 'Tess en hij waren tweelingen.'

'Had die rechercheur geen informatie over hem?'

'Hij zei dat hij geen contact meer met hem had, maar ik betwijfel of dat zo is. Ik heb wel het mobiele nummer van Ellie van Niehoff. Zij was in 1987 eveneens betrokken bij het onderzoek en Jonathan denkt dat de e-mail die ik kreeg van haar afkomstig is.'

'Dat is een begin,' zei Tristan.

'Ja, ik heb haar al een paar keer geprobeerd te bereiken, maar ik krijg geen gehoor.' Ze keek op naar Tristan. 'Als jij nu eens probeert te achterhalen waar die broer woont. Of een van de andere kinderen, er zijn er nog vier.'

'Ik ga me op Matthias focussen,' zei Tristan. 'Gezien zijn leeftijd is er online vast wel iets over hem te vinden qua sociale media.'

'Super,' zei ze. 'Wat vind jij hier trouwens van?' ging ze in een adem verder en ze schoof een vel papier met een geprinte voorpagina van een krant in zijn richting.

AANHOUDING IN ONTVOERDE BABY-ZAAK
39-jarige Utrechter opgepakt

Van onze verslaggevers

Utrecht – De politie van Utrecht heeft gisteren een 39-jarige man aangehouden op verdenking van betrokkenheid bij de ontvoering van baby Tess P. vier weken geleden. Waaruit die betrokkenheid bestaat wilde de woordvoerder van de politie niet zeggen. Volgens een onbevestigde bron betreft het de ex-man van de moeder van de baby. Tess zelf is nog steeds niet gevonden. Of ervan uit wordt gegaan dat de baby niet meer leeft, daar wilde de woordvoerder niets over kwijt. Wel is het rechercheteam dat zich bezighoudt met het onderzoek met vijf man uitgebreid tot dertig rechercheurs.

Tristan keek op. 'De ex werd aangehouden?' Het klonk bepaald verbaasd.

Ruby knikte.

'Maar die zou het toch niet in z'n hoofd hebben gehaald om die baby te stelen?' zei Tristan. 'Ik bedoel, als ex ben je sowieso als een van de eerste verdacht.'

'Dat is wat ik ook veronderstelde. Maar blijkbaar maakte hij zichzelf verdacht.' Ruby schoof een tweede stuk papier naar hem toe met daarop een ander geprint artikel, waarin melding werd gedaan dat de moeder van Tess al eerder was lastiggevallen door haar ex. Ze zouden met ruzie uit elkaar zijn gegaan, elf jaar eerder. De ex-echtgenoot was vlak voor de verdwijning van baby Tess uit zijn huis vertrokken in zijn lichtpaars gekleurde VW-busje, dat door een getuige op de dag dat de baby uit de kinderwagen werd gehaald zou zijn gezien in de buurt van het park. Hij werd uiteindelijk opgepakt in het huis van zijn ouders.

'Maar de baby werd daar dus niet gevonden,' stelde Tristan terwijl hij opkeek.

'Nee. En de ex werd een dag later weer vrijgelaten bij gebrek aan bewijzen.'

'Maar waarom was hij dán in de buurt van het park?'

'Tja,' zei Ruby. 'Ik denk dat we hem dat moeten gaan vragen.'

'Weet je dan waar hij woont?'

Ze glimlachte fijntjes. 'Ik niet, maar ik hoop dat die Ellie me dat kan vertellen. Als ik haar tenminste te pakken krijg.'

-8-

'Dus die inspecteur wilde wel praten?' Annika laveerde tussen een paar tafeltjes door en liet zich uiteindelijk op een stoel zakken in de uiterste hoek van het terras.

Ruby volgde en nam tegenover haar plaats. De zon scheen en de temperatuur was aangenaam. Ze trok haar spijkerjack uit en hing hem over de vrije stoel naast haar.

'Hij was niet terughoudend, nee,' antwoordde ze, toen een ober hun bestelling had opgenomen. 'Al heb ik het idee dat hij dingen verzwijgt.'

'Zoals?'

Ruby haalde haar schouders op. 'Kan ik niet zeggen. Toen ik bijvoorbeeld vroeg of hij wist waar de tweelingbroer van Tess woonde, zei hij veel te snel van niet. Sorry, maar dan gaan mijn voelsprieten kriebelen.'

'Jouw voelsprieten kriebelen altijd,' meende Annika, terwijl ze haar hand naar de dichtstbijzijnde medewerker van Bartje opstak. De man nam hun bestelling op en verdween weer.

Ruby keek het terras rond dat al best druk was – de meeste tafeltjes waren bezet. Annika en zij kwamen hier vaak voor hun wekelijkse lunch, zoals vandaag, en daarnaast gewoon als ze zin hadden, of het nou mooi weer was of niet.

'Je vlog is alweer vaak bekeken,' merkte Annika op. Met haar vinger scrolde ze over het scherm van haar mobiel. 'En zoals altijd zijn er talloze reacties. Flinke klus om ze door te nemen.'

'Dat valt wel mee,' zei Ruby. 'Ik versta inmiddels de kunst van het snellezen. Ik zie algauw of er waardevolle informatie tussenstaat.'

'Nou, het kost je sowieso een paar uur. Daar gaat je middag.'

De ober arriveerde met hun cappuccino's en meldde dat de broodjes eraan kwamen.

'Hoe dan ook,' zei Ruby, toen de ober weer weg was, 'vanmiddag gaat niet lukken. Mijn nichtje Liv is jarig en ik heb beloofd vanmiddag te komen en vanavond pannenkoeken te blijven eten.'

Annika glimlachte. 'Ze zijn gek op je, hè?'

'Nogal,' beaamde Ruby. 'Maar hun tante is natuurlijk ook een wandelende cadeauwinkel.' Ze keek langs Annika heen, naar een tafeltje waaraan een gezinnetje met twee kleine kindjes zat.

'Wordt het niet eens tijd?' vroeg Annika zacht, nadat ze over haar schouder had gekeken wat Ruby's blik zo vasthield.

'Tijd waarvoor?'

'Om verder te gaan. Je bent nu een jaar bij Casper weg. Je bent single, je kunt doen wat je wilt. Zoek een vent die wél kinderen wil.'

'O, maar Casper wilde heus wel kinderen,' wierp Ruby tegen. 'Alleen niet met mij. Hij vindt me te kinderachtig. Daarom heeft ie er maar eentje bij een ander kind verwekt.'

Annika liet haar ogen onderzoekend over Ruby heengaan. 'Dat klinkt bepaald cynisch,' zei ze. 'Of nee, gekwetst. Voel je je gekrenkt, Ruub?'

'Wat denk je zelf?' snauwde ze. 'Wat kan mij die klootzak nou nog schelen? Dat ie maar heel gelukkig wordt met z'n Clairetje en hopelijk een elftal aan kinderen.'

'Yep,' zei Annika. 'Flink gekwetst.' Ze boog zich over het tafeltje heen. 'En jij laat dat gebeuren. Wees blij dat je geen kinderen met die egoïst hebt! Stel je voor dat je nu nog steeds bij hem was?'

Ruby zweeg. Als ze kinderen hadden gehad was alles misschien wel anders gelopen. Had een baby hen niet dichter bij elkaar kunnen brengen? Al hun meningsverschillen en onenigheden kunnen gladstrijken? Misschien. Maar wat als dat niet zo was geweest – dan had ze nu alleen gestaan met een of wellicht meerdere kinderen. Haar leven zou dan zó anders zijn geweest, met minder tijd om haar vlog te beheren. Ze had dan niet zomaar op stap kunnen gaan voor een interview. Niet het ene archief ingaan en het andere uit. Niet zichzelf in gevaar brengen… zoals met Youri Stegeman.

Ze kneep even haar ogen dicht. Andere dimensie. Ze had geen kinderen. En ze was niet meer met Casper samen. Ze was alleen. En ze kon doen wat ze wilde, precies wat Annika net zei.

'Ruby?' klonk Annika's stem.

'Het bevalt me wel om single te zijn,' zei ze, terwijl ze driftig in haar cappuccino roerde.

'Leugenaar,' zei Annika met een lachje. 'Maar goed, ik ken je. Ik weet zeker dat de ware nog wel langskomt.'

Hun broodjes werden voor hen op het tafeltje gezet en Ruby staarde naar die van haar. Normaal was ze dol op de broodjes hete kip van Bartje, maar nu had ze ineens geen trek meer. Ze kon er niets aan doen dat ze haar toekomst visualiseerde en ze vroeg zich af of dát was wat ze wilde: in haar eentje oud worden, dag in dag uit aan haar vlog werken, wandelen met de hond.

Had ze een keus?

Misschien wel. Ze kon ook op zoek gaan naar een partner. Alleen waar moest ze dat doen, op het strand?

Ze grinnikte bij zichzelf om die laatste gedachte en zag zichzelf al over het strand van Bloemendaal struinen om alle mannen te bekijken die daar op een handdoekje lagen, bruingebrand, zonnebril op, vochtige haren van het zwemmen in zee. Eigenlijk kon het uiterlijk haar niet zo heel veel schelen; het innerlijk was belangrijker. Al was een mooie verpakking natuurlijk nooit weg.

Haar blik ging naar Annika, die zwijgend voor zich uit staarde. Waarom zat ze Ruby eigenlijk altijd achter de vodden aan voor een partner? Ze had er zelf ook geen. Maar dat was waarschijnlijk een gevolg van de zorg voor haar moeder. Ze had jaren van haar leven opgeofferd, schakelend tussen zorg en werk. Want ook dat laatste had veel van haar tijd opgeslokt, vooral toen ze pas begon. Ruby hoopte dat Annika de draad snel weer zou oppakken – de variatie en het contact met klanten zou haar goeddoen.

Ze zag ineens de trieste blik in Annika's ogen en besefte dat zij nu niet aan partners of haar bedrijf dacht. 'Je mist haar, hè?' vroeg ze zacht.

Annika schrok op. 'Wat?' zei ze.

'Je moeder. Dat je haar mist.'

'Het ene moment meer dan het andere,' zei Annika. 'Ik overweeg om langzaamaan weer aan het werk te gaan.'

'Nou, daar dacht ik ook juist aan,' zei Ruby. 'Echt, daar ga je van opknappen!'

Annika glimlachte. 'Ik zal binnenkort de sluitingsmelding van mijn website halen, oké?'

'Helemaal goed. En tot er zich een klant meldt, help je mij gewoon.' Ruby sneed een stukje van haar brood en vervolgde: 'Heb je al iets gehoord over het politiedossier?'

Annika schudde haar hoofd. 'Niks. Ik vind het raar.'

'Misschien moeten ik er maar eens persoonlijk langsgaan,' opperde Ruby. 'Wie weet helpt het, zodat…'

De schaduw die over hun tafeltje viel deed haar midden in haar zin stoppen. Ze keek op.

'Casper,' zei ze koeltjes. Haar blik ging naar de jonge vrouw die aan zijn arm hing. Claire. Lang blond krullend haar, felblauwe ogen, gave blanke huid. Een barbiepopje. Ruby's ogen zakten tot aan de licht gezwollen buik van Claire. Maar wel een zwánger barbiepopje.

'We zagen jullie zitten,' zei Casper. Als begroeting knikte hij Annika toe, die zonder iets te zeggen terugknikte.

'Aan het lunchen?' vroeg Claire met zachte stem.

Die wilde blijkbaar ook iets zeggen en bijna had Ruby iets ge-antwoord als: nee, dit is onze tippelzone, hier wachten we op klanten. Maar ze deed het niet. Al vanaf het eerste moment dat ze over Claire hoorde, wilde ze haar haten. Alleen leek dat op de een of andere manier niet te lukken.

'We zijn net klaar,' antwoordde ze kortaf. Haar blik verplaatste zich naar Casper, die haar recht aankeek.

'Nu ik je hier toch tref,' begon hij. 'Kunnen wij nog even pra-ten?'

'Als het weer over dat geld gaat, nee, dan kunnen we niet pra-ten,' zei ze meteen.

'Casper wil zijn excuses aanbieden.'

Verrast keek Ruby op naar Claire. 'Wat?'

'Ja, ik, eh...' begon Casper.

Hij en Claire stonden nog steeds gearmd en Ruby zag dat Claire even aan zijn mouw trok.

'Ik had het niet mogen zeggen. Dat je niet aan kinderen toe zou zijn.'

Bijna zakte Ruby's mond open. Dit was niet de Casper die ze kende. Claire had blijkbaar een positieve uitwerking op zijn ka-rakter.

'Het was grof en onnodig,' ging hij verder. 'En ik meende het niet zo.'

En of hij het had gemeend.

Het liefst had Ruby hem dat gezegd ook, maar toen ze de glim-lach op Claires gezicht zag, slikte ze de woorden weer in. Wat was dat toch met dat ze niet kwaad kon worden op de nieuwe vrouw van haar ex?

Haar ogen gingen weer naar de bolling van Claires buik en een steek van jaloezie ging door haar heen. Waarom zij wel?

'Ruby?'

Ze knipperde met haar ogen. 'Ja,' zei ze. 'Oké, het is goed. Zand erover.'

'Fijn,' zei Claire, terwijl ze naar Casper opkeek. 'Er zit nog veel te veel boosheid in hem,' ging ze verder. Haar blik ging nu naar Ruby.

'Bij mij ook, wil je zeggen,' zei Ruby.

Weer glimlachte Claire. 'Ik zou gewoon zo graag zien dat jullie als vrienden met elkaar omgaan,' zei ze. 'In plaats van elkaar altijd maar in de haren te vliegen.'

'Als vrienden?' kwam Annika nu.

'Nou ja, op een normale manier dan,' verbeterde Claire. 'Het is niet zo dat ze aartsvijanden moeten zijn omdat ze uit elkaar zijn gegaan. Toch?'

Dat laatste vroeg ze aan Annika, die maar geen antwoord gaf en Ruby een sceptische blik zond.

Claire merkte het niet op. 'Wij gaan nog wat boodschappen doen,' zei ze. Ze trok Caspers arm nog wat dichter tegen zich aan, glimlachte nog even naar Ruby en Annika en trok Casper toen met zich mee.

'Waar ging dit over?' wilde Annika weten, toen Casper en Claire het terras afliepen.

Ruby ging weer zitten en schoof nijdig haar lege bordje bij zich vandaan. 'Meneer wil geld voor een babykamer,' gromde ze.

'Serieus? Wil hij dat jíj hem daar geld voor geeft?'

Ruby schudde haar hoofd. 'Hij wil drie maanden alimentatie in één keer en toen ik nee zei, werd hij gemeen.'

'Ah, oké. Nou, als dat voor hem en Claire een oplossing is...'

'O,' riep Ruby. 'Dus nu moet ik ook nog de oplossing voor hem zijn? Nou, daar bedank ik voor!' Ze keek over haar schouder, maar zag hen niet meer. Gek genoeg baalde ze ervan. Waarom was Claire altijd zo meegaand? Waarom deed ze altijd precies de dingen die Ruby niet verwachtte?

'Laat het los, Ruub,' zei Annika. 'Het is jouw probleem niet.'

Nee. Was het dat maar wel. Dan had ze tenminste een reden gehad om een hekel aan hen allebei te hebben.

-EERDER-

Hij had straf gehad. Omdat hij een kinderwagen mee het park uit had genomen. Het was niet erg geweest als de mama van het kindje had gezegd dat dat goed was. Maar Wiebe had het niet gevraagd. Dat was hij vergeten. Het kindje was ook zó lief. En dus was Wiebes eigen mama boos geworden en had hem straf gegeven. Hij mocht een week niet naar het park.

Wiebe vond het gemeen. Hij had toch niemand kwaad gedaan? Hij hield van baby'tjes. Behalve als ze veel lawaai maakten. Dat was al eens eerder gebeurd. Maar dan drukte hij zijn oren dicht. En als dat niet hielp, dan legde hij zijn hand over het mondje van de baby, zodat het geluid niet meer zo hard was. Heel even maar. Dat hielp meestal wel.

Iemand riep zijn naam en hij keek opzij. Het waren de kinderen uit het park. Ze wilden dat hij met hen kwam spelen, maar hij mocht het park niet in van mama. Ze zou nog bozer worden als hij het wel deed, dus hij ging niet met de kinderen mee. Het kaarsje in zijn buik brandde vandaag helemaal niet. Hij voelde zich verdrietig. Hij wilde spelen. Met Fleur en Mark. En Monique, en Sascha en Olivier. Waarom was mama zo streng? Ze wist toch dat hij het altijd goed bedoelde? En hij had zelfs beloofd niet meer naar baby'tjes te gaan kijken. Echt niet. Hij wilde braaf zijn. Maar soms leek iedereen hem verkeerd te begrijpen. Dan dachten ze dingen, en zeiden ze ook dingen, die helemaal niet waar waren. Of dachten ze dat hij baby'tjes pijn wilde doen.

Mama had hem gewaarschuwd, dat hij geen baby's meer mocht

vasthouden. Omdat hij zijn eigen kracht niet kende. Hij vond dat maar raar. Natuurlijk kende hij zelf zijn eigen kracht wel. Dat moest toch, want zijn kracht was van hem en van niemand anders.

Opnieuw riep iemand zijn naam. Het was Sascha. Hij vond haar leuk en ze speelden altijd samen. In de speeltuin, maar ook tussen de bomen aan de andere kant van het gras. Verstoppertje. Dat deden ze altijd met een groepje, maar soms was hij er ook alleen met haar.

Hij keek om. Mama zou het nooit te weten kunnen komen als hij toch in het park ging spelen. Wie zou het haar moeten zeggen? Hij niet in elk geval.

Wiebe!

Sascha riep weer. Hij grijnsde. Stiekem spelen was zelfs leuker.

Ik kom eraan, Sascha! riep hij terug.

Zodra Ruby de grote woonkeuken van haar zus binnenliep, wierp Liv zich met een langgerekt 'Tante Ruby!' in haar armen. Ruby ving haar op en tilde haar de lucht in. Dat kon nog net – over niet al te lange tijd zou ze vast te zwaar zijn om zo hoog op te tillen.

'Hé Livvie!' riep Ruby terwijl ze haar een knuffel gaf. 'Heb je een fijne dag?'

Liv knikte en overactief als ze was, duwde ze zich direct bij Ruby weg en rende terug naar haar twee zussen Isa van elf en Lotte van zes.

'Doe eens rustig!' klonk de stem van Marta, die bij het aanrecht koffie maakte.

Ruby ging aan de grote eettafel zitten en keek naar haar nichtjes. Ze was gek op die drie. Niet alleen omdat het heerlijke meiden waren, maar hoofdzakelijk omdat ze in hen haar grootste droom zag: kinderen.

'Gerard nog niet thuis?' vroeg ze aan Marta.

'Jawel,' zei Marta. 'Hij is even aan het douchen.' Ze zette twee bekers op tafel en keerde zich weer naar het aanrecht om de taart te pakken. Een felroze geglazuurd geval met veel slagroom bovenop en in het midden een prinses met roze jurk en kroontje. Alles zelfgemaakt door Marta.

Ruby bewonderde haar zus erom. Het gemak waarmee ze haar gezin draaiende hield en de dingen die ze deed en kon, zíj zou niet weten hoe ze dat allemaal voor elkaar zou moeten krijgen.

Soms betrapte ze zich erop dat ze een klein beetje jaloers was. Marta was alles wat zij zo graag wilde zijn.

'Tante Ruby!' klonk het stemmetje van Liv. Ze kwam op Ruby afrennen en greep haar hand. 'Kom mee naar mijn kedootjes kijken!'

'Zullen we eerst even taart eten?' vroeg Marta.

Liv aarzelde, wilde blijkbaar erg graag haar cadeaus laten zien, maar besloot toen toch dat de taart belangrijker was. Ze gilde naar haar zusjes dat ze meteen moesten komen en ging zelf aan het hoofd van de tafel zitten, op de stoel die met slingers was versierd.

'We moeten nog even op papa wachten,' zei Marta, zodra het hele stel keurig aan tafel zat. Ze keek naar de deur en vervolgde: 'Hij zal nou toch wel klaar zijn?'

Ruby stond op. 'Ik roep wel even bij de trap,' zei ze en ze verliet de keuken. Toen ze in de hal kwam, zag ze Gerard al naar beneden komen. 'Je dochter zit met smart te wachten,' meldde ze met een glimlach.

Gerard drukte een kus op haar wang. 'Zeker vanwege de taart?'

'Die is belangrijker dan het laten zien van haar cadeautjes,' beaamde Ruby.

Achter elkaar liepen ze de keuken in en meteen sprong Liv weer van haar stoel. 'Papa, ik wil de prinses!'

Gerard nam zijn jongste dochter op de arm en tikte haar op haar neus. 'Natuurlijk krijg je de prinses! Jij bent toch jarig?'

'Dus je nieuwste zaak is die van de verdwenen baby?' vroeg Gerard. Na een bepaald vermoeiende middag met veel spelletjes en heel veel pannenkoeken met stroop en jam, zaten ze in de gezellige woonkamer bij te komen met een glaasje wijn. Liv en Lotte waren inmiddels naar bed en Isa, de oudste van elf, zat met een dik boek in de oorfauteuil bij de open haard en hoorde niets van wat er om haar heen gebeurde.

Ruby knikte. Ze staarde in haar glas en liet de wijn een beetje ronddraaien. 'Het intrigeerde me,' zei ze.

'Het is wel lang geleden,' merkte Marta op. 'Wat is het, dertig jaar?'

'Vierendertig,' verbeterde Ruby.

'Toen was je nog niet eens geboren,' zei Gerard. 'Waarom denk je nog iets te kunnen achterhalen? Waarschijnlijk kun je de direct betrokkenen geeneens meer vinden. Of ze zijn dood.'

'De inspecteur die het onderzoek leidde leeft nog,' zei Ruby. 'Ik heb vanmorgen met hem gesproken. Mijn vlog daarover is vanavond online gegaan.'

'Vierendertig jaar,' mijmerde Marta. 'Die baby zou nou ongeveer net zo oud moeten zijn als ik.' Ze zweeg en keek naar het haardvuur. 'Ik moet er niet aan denken dat iemand een van mijn kinderen zou stelen. Die ouders zijn ongetwijfeld door een hel gegaan.' Nu keek ze naar Ruby. 'Heb je hen al gesproken?'

Ruby schudde haar hoofd. 'Wat Gerard al stelde: ze zijn niet gemakkelijk te vinden. Maar dat geeft niet, ik kan goed zoeken.'

'Jij, of die vriend van je?' vroeg Gerard met een lachje.

Ze nam een slokje van haar wijn en haalde haar schouders op. 'Tristan is onmisbaar geworden,' gaf ze toe. 'Hij is net een pitbull, bijt zich overal in vast.'

'Net als jij dus,' merkte Marta op. 'Wat dat betreft ben je precies Quinten. Die kan ook zo gefocust zijn.'

Ruby glimlachte. Hun broer Quinten was inderdaad een volhouder. 'Hebben we van papa,' zei ze.

'Zoals zo ongeveer alles,' stelde Marta. 'Jij en Quinten hebben allebei rood haar, ik zwart. Jullie zijn slank en lang, ik ben mollig en klein.'

'Klein.' Ruby snoof. 'Wat zal je met mij schelen, drie centimeter?'

'Nou ja, bij wijze van spreken,' zei Marta.

'En je hebt net als Quinten bruine ogen.'

Nu was het Marta die snoof.

'Ik vind jouw haar juist prachtig,' zei Ruby. 'Ik wilde dat ik het had. Toen ik jong was werd ik altijd gepest en uitgescholden voor rooie.'

Gerard keek naar Marta. 'Het kwam door je glanzende zwarte haar dat ik voor je viel,' zei hij ernstig. Hij pakte de wijnfles en schonk hun glazen nog eens vol.

'Dan hoop ik dat je je niet bezeerd hebt,' reageerde Marta lachend, terwijl ze hun de schaal met hapjes voorhield.

Er viel een korte stilte, waarin Gerard onafgebroken naar zijn vrouw keek. Ruby zag het en ze vroeg zich af of hij nog steeds net zoveel van haar hield als tijdens die eerste verliefdheid. Ze wist nog wel hoeveel zij van Casper had gehouden. Alles had ze voor hem willen doen. Maar die liefde was langzaam gedoofd. Niet door haar. Tot het einde toe had ze gehoopt dat het allemaal goed zou komen, niet wetende dat hij al maanden een relatie met een ander had. Claire. Kleine Claire, die binnenkort moeder zou worden.

'Hoe ben je eigenlijk bij die verdwenen baby uitgekomen?' hoorde ze Marta ineens vragen.

Ze keek op, knipperde even met haar ogen. 'O, door een e-mail. Iemand wees me daarin op de zaak.'

'Een familielid?'

'Geen idee. Er stond geen naam onder en ook via het e-mailadres kom ik niet verder. Die inspecteur denkt dat het bij een collega van hem vandaan komt. Zij werkte toen met hem samen en heeft de zaak nooit kunnen loslaten.'

'En wat zegt zij erover?' vroeg Gerard. 'Weet zij of die inspecteur niet waar de ouders nu wonen?'

'Ik heb haar nog niet gesproken,' zei Ruby. 'En inspecteur Visser zei het niet te weten.'

Ze zweeg, dronk van haar wijn, terwijl ze terugdacht aan het gesprek met de bejaarde politieman. Ze twijfelde nog steeds of hij het werkelijk niet wist.

'Nou, ik hoop dat je voorzichtiger te werk gaat dan bij je vorige zaak,' zei Marta. 'Je hebt me de schrik van mijn leven bezorgd met je roekeloze gedrag.'

Ruby fronste haar wenkbrauwen. De woorden van Marta irriteerden haar ineens. Ze was oud en wijs genoeg om op zichzelf te passen. Oké, het was de laatste keer een beetje uit de hand gelopen. Ze had nooit alleen naar die kerel toe moeten gaan, maar dat was geen reden om er elke keer weer op terug te komen.

'Ik pas heus wel op,' zei ze, snauweriger dan ze bedoelde.

'Oppassen is niet voldoende,' ging Marta verder. 'Je moet gewoon geen domme dingen doen.'

'Domme dingen?' herhaalde Ruby kregelig. 'Jouw definitie van dom en gevaarlijk is anders dan die van mij, dat weet je toch?'

Marta zweeg, zette met een klap haar wijnglas op tafel en stond op. Ze stapelde de schaaltjes waar de snacks op hadden gelegen op elkaar en draaide zich om.

Ruby ving een glimp op van de uitdrukking in Marta's ogen en had meteen spijt van haar reactie. 'Sorry,' zei ze. 'Ik ben gewoon moe.'

Dat is geen excuus.

Ze kon het haar zus zó horen zeggen. Maar in plaats daarvan zei Marta: 'Je bent mijn enige zus, Ruby. Papa is dood, mama zal ook niet lang meer leven, en Quinten woont niet naast de deur.' Ze draaide zich nu om en vervolgde: 'Ik wil je niet kwijt.'

Ruby sloeg haar blik neer. Ze wist precies hoe Marta zich voelde – zo voelde zij zich ook zo vaak. Maar Marta had haar gezin. Op wie kon Ruby terugvallen?

-10-

Afwezig staarde Ruby de volgende ochtend naar het scherm van haar computer waarop de kleurige pagina van de Efteling te zien was. Ze hadden haar weer eens zo gek gekregen, die nichtjes van haar. Tijdens het verhaaltje voor het slapengaan, dat zij zoals altijd als ze bij haar zus en zwager was had moeten vertellen, hadden ze haar gesmeekt met hen naar de Efteling te gaan in de herfstvakantie. Voor een heel weekend. Natuurlijk kon ze hun snoetjes niet weerstaan en had ze toegezegd. Maar de prijzen die ze voor de huisjes op het terrein van het sprookjespark vroegen, waren niet gering.

Uiteraard was het geld het probleem niet. Voor haar niet, althans – met het salaris dat ze verdiende met haar vlogs kon ze elke maand wel een lang weekend in de Efteling verblijven. Nee, het probleem was Marta. Die vond het allemaal maar geldverspilling. Niet een bezoekje aan de Efteling, maar wel om daar drie dagen te verblijven. Ze had het haar zus dus ook nog niet verteld. Het was beter om gewoon te boeken en het haar dan als iets heel onbenulligs mee te delen.

Alsof Marta dan niet zou protesteren.

Ze zou het er helemaal niet mee eens zijn en in eerste instantie proberen om Ruby alles te laten annuleren. Misschien moest ze eerst Gerard maar inlichten. Dan kon hij Marta voorzichtig voorbereiden. Bovendien hoefde haar zus echt niet mee. En zeg nou eerlijk, een weekendje alleen thuis met haar echtgenoot kon Marta toch niet afslaan?

Met een zucht klikte ze de pagina weg. Daar zou ze later nog wel even naar kijken. Ze moest nu eerst haar vlog voor vanavond voorbereiden. Ze hoopte dat Tristan iets had kunnen vinden over de ouders van Tess. Het werd echt tijd dat ze die mensen ging inlichten over haar onderzoek. Het deed haar eraan denken dat ze de collega van Jonathan Visser, Ellie van Niehoff, nogmaals moest proberen te bellen.

Ze opende haar laatste vlog en bekeek nauwkeurig alle reacties die geplaatst waren. Het waren er veel, zoals Annika al gezegd had, en zoals altijd voelde ze een verwachtingsvolle kriebel in haar maag, de hoop dat er weer een opmerking was gekomen van degene die de melding 'Ze is niet dood!' had gedaan. Dat was tegen beter weten in, dat besefte ze best, vooral als de woorden werkelijk bij Ellie van Niehoff vandaan kwamen.

Een reactie van de rechercheur was er niet. Wel van iemand anders:

Sijsje zegt
28 AUGUSTUS 2021 OM 20:21
De Palmers waren onze overburen in 1987. Ik weet nog goed dat de politie hun huis in- en uitliep. De moeder, Alexandra, kwam in die periode zelden buiten. Ik voelde zo met haar mee, onze kinderen hadden ongeveer dezelfde leeftijd maar ze wilde nooit iemand zien om mee te praten, wilde blijkbaar geen steun van de buurt. Niet lang nadat de zaak wat was bekoeld verhuisden ze naar Hilversum. Krijg het nog koud als ik eraan denk dat de baby nooit werd teruggevonden. Ik hoop dat het jou lukt!

Kijk, dat was nou eens welkome informatie. Ruby had geen flauw idee wie er achter de naam Sijsje zat, behalve dat het een vaste volger van haar vlog was. Man, vrouw, ze wist het niet, behalve misschien dat hij of zij inmiddels tegen de zestig moest lopen.

Hoe dan ook, de Palmers waren dus naar Hilversum verhuisd – misschien waren ze nu gemakkelijker op te sporen. Ze opende het online telefoonboek en typte T. Palmer in de zoekbalk gevolgd door Hilversum. Er kwam slechts één resultaat naar voren: T.M.H. Palmer, met daaronder een adres.

Haar ogen bleven een tijdje op de naam rusten terwijl ze zich afvroeg of dit dé Taylor Palmer was. Ze was geneigd te denken van wel – zo vaak zou de naam Palmer niet in Nederland voorkomen. Taylor Palmer was Engelsman van geboorte. En Alexandra? Waar had haar wieg gestaan? Ze was een dochter van die grootwarenhuisbezitter. Hoe heette die ook alweer?

Ze zocht tussen haar papieren en vond het krantenartikel waar het warenhuis in werd genoemd: Vintex. En de vader van Alexandra heette Van Rede. Klonk bepaald Hollands.

Nadat ze het krantenartikel terug in de map had geschoven, pakte ze de marker van haar bureau en schreef de informatie erbij op het linker whiteboard dat inmiddels al vol hing met krantenfoto's en -artikelen, namen, data en plaatsen. Het tweede whiteboard bevatte nog slechts de opstart van de mindmap. Die zou zich pas in de loop van het onderzoek uitbreiden, was haar ervaring.

Ze deed net de dop terug op de marker, toen ze dacht boven de deurbel te horen. Pip schoot blaffend overeind en stoof de studio uit. Hij denderde de trap op en meteen wist ze dat ze het goed had gehoord.

Ze wierp een laatste blik op het whiteboard voordat ze de marker neerlegde en haar studio uit liep. Er werd nogmaals aangebeld, nu iets langer dan de eerste keer. Wie het ook was, van geduld had hij blijkbaar nooit gehoord. Ze haastte zich de laatste paar treden naar de hal op waar Pip nog steeds op de mat stond te blaffen. Voor de derde keer werd er aangebeld.

'Hou eens op jij!' riep ze terwijl ze de deur opentrok. 'Rumoerige dwerg.'

De man die voor haar stond keek haar met een verbijsterde blik aan.

'O, sorry,' zei ze. 'Ik bedoelde de hond!'

Pip was natuurlijk juist nu zo stil als een muis; staarde met zijn tong uit zijn bek omhoog naar de onbekende man die nogal onzeker naar Ruby glimlachte.

Na een blik opzij keek hij haar weer aan en vroeg: 'Ruby van Wageningen?'

'Dat hangt ervan af wie het wil weten,' zei ze.

'O, neem me niet kwalijk.' Hij stak zijn hand uit. 'Matthias Palmer.'

Matthias Palmer? *De broer van Tess?*

Terwijl haar ogen hem niet loslieten, pakte ze automatisch zijn hand. Zijn greep was krachtig, maar niet zo stevig dat haar vingers werden samengeperst.

'Ik, eh…' stamelde ze. 'Ja. Ja, ik ben Ruby. Ik had u hier niet verwacht.'

'U was van plan me op te zoeken, vertelde Jonathan me.'

'Hij heeft u gebeld?'

Matthias Palmer knikte. 'We hebben nog steeds zo nu en dan contact.'

Geweldig. Haar gevoel was dus juist geweest dat Jonathan Visser dingen had achtergehouden. Was er soms nog meer dat hij niet verteld had?

'Neem het hem niet kwalijk,' zei Matthias Palmer.

'Wat?' vroeg ze.

'Ik zie aan u dat u zich afvraagt waarom hij u niets heeft verteld, toch?'

'Nou ja…' begon ze aarzelend.

'Om dezelfde reden dat hij u mijn adresgegevens niet heeft gegeven,' ging hij verder. 'Privacy. Zowel ik als mijn ouders zit niet te wachten op mensen die de zaak van mijn zusje weer oprakelen. En dat respecteert Jonathan, zelfs na ruim dertig jaar nog.'

Het viel haar nu pas op dat hij de rechercheur bij de voornaam noemde. Dat 'zo nu en dan' kon dus best eens een flink understatement zijn.

'En toch staat u nu bij mij voor de deur,' stelde ze vast.

'Scherp opgemerkt,' reageerde Matthias Palmer droogjes.

Het irriteerde haar, zoals hij dat zei. En blijkbaar besefte hij dat zelf ook; hij haalde zijn hand door zijn haar en zuchtte kort. 'Sorry,' zei hij. 'Dat was geen aardige opmerking. Maar het was ook niet bepaald gemakkelijk om hierheen te komen.'

Wat niet? De weg hiernaartoe of gevoelsmatig?

Ze wilde het vragen, maar deed het niet. Ergens begreep ze hem wel. Zelf was ze nogal impulsief als het ging om mensen benaderen. Maar niet iedereen ging dat zo gemakkelijk af.

'Het geeft niet,' zei ze. 'Wilt u misschien binnenkomen?'

Hij glimlachte en stapte langs haar heen de hal in. Ze wierp een snelle blik over haar oprit, waar ze achter haar eigen Mini een gloednieuwe Audi zag staan. Meneer Palmer boerde goed.

Vanuit haar ooghoeken zag ze een beweging bij de hoek van de heg die haar tuin van de openbare weg scheidde en hield even haar adem in.

Daar was die man weer!

Die uit 't Hemeltje. Wat deed hij hier? Ze stapte naar buiten en bleef naar hem kijken. Hij zag dat ze hem had opgemerkt en trok zich direct terug achter de heg. Een paar tellen later zag ze hem in de verte de weg oversteken.

'Alles goed?' klonk het achter haar.

Ze keek om. Matthias Palmer stond geduldig in de hal te wachten en nam haar peilend op.

'Eh, ja, ik dacht alleen…' Ze keek nog even om, maar wist nu al dat de man gevlogen was. Een alert gevoel nestelde zich in haar maag. Wie was die man? Hield hij haar in de gaten?

Ze keek weer naar Matthias Palmer. 'Sorry,' zei ze. 'Het is niets. Zullen we naar binnen gaan?'

Hij knikte. Ze zag hem rondkijken en vroeg zich af wat hij dacht, of hij een opmerking zou maken over haar huis – waarvan hij ongetwijfeld wist dat het vrij klein was voor iemand met haar salaris. Maar hij zei niets; draaide zich naar haar om terwijl ze de deur sloot.

'Ik kwam eigenlijk om te praten over mijn zus,' zei hij toen. 'Dat u haar zaak wilt oppakken.'

'U kunt me niet tegenhouden,' reageerde ze meteen.

'Nee nee, dat is ook helemaal niet wat ik wil.'

Niet?

'Verwachtte u dat dan?' vroeg hij.

'Je,' zei ze.

'Wat?'

'Zeg alsjeblieft "je". Ik ben mijn moeder niet.'

Hij glimlachte. 'Oké, dan zeggen we "je".'

'Prima. En ja, eigenlijk verwachtte ik min of meer dat Tess' familie er niet blij mee zou zijn dat ik de zaak weer oprakelde. Het is al zo lang geleden, misschien hebben jullie het inmiddels een plekje gegeven en haalt mijn vlog alleen maar oud zeer naar boven.'

'We weten helemaal niets,' was zijn niet al te duidelijke reactie. 'Niet waar ze is, of ze nog leeft en ook niet hoe het met haar gaat als dat laatste positief zou zijn. Waarom zouden we niet willen dat iemand – jij – probeert te achterhalen waar we al vierendertig jaar op wachten?'

Dat was waar. Zo had ze het nog niet bekeken. 'Kom verder,' zei ze, terwijl ze hem voorging naar de woonkamer.

Hij volgde haar zwijgend en toen hij op de bank had plaatsgenomen vroeg ze: 'Wil je iets drinken? Ik ging net koffiezetten.' Dat was niet helemaal waar, maar een kop koffie kon zij tenminste wel gebruiken.

'Koffie is goed,' zei hij en meteen haastte ze zich naar de keuken.

Na een minuut of tien liep ze met twee kleine bekers en een thermoskan terug de woonkamer in. Ze schonk de bekers vol en ging met eentje daarvan tegenover Matthias in haar kleurrijke patchworkdesign oorfauteuil zitten.

'Heb jij broers of zussen?' vroeg hij nog voordat ze zelf iets kon zeggen.

Ze knikte. 'Een zus en een broer.'

'En hebben jullie goed contact?'

Ze zag zijn blik, ondoorgrondelijk en een tikkeltje triest, en dacht aan Marta. Ze spraken elkaar bijna dagelijks, kwamen regelmatig bij elkaar over de vloer, in tegenstelling tot haar broer Quinten die bij de verbindingstroepen van de landmacht in Eibergen werkte en die ze graag vaker zou willen opzoeken. Maar een ritje naar de Achterhoek was niet iets wat je even deed om een bakkie te doen. Bellen wel en dat deden ze dan ook regelmatig.

'Ja,' zei ze toen. 'Best wel.'

'Ik heb nog vier oudere broers,' ging Matthias verder. 'We gaan goed met elkaar om, maar toch mis ik iets, als je begrijpt wat ik bedoel. En al heb ik Tess nooit bewust meegemaakt, ik voel diep vanbinnen dat ze er is. Ergens. Ik kan niet geloven dat ze dood is.'

Onwillekeurig moest ze aan de boodschap van Ellie van Niehoff denken. *Ze is niet dood!* 'Is dat dan ooit geopperd?' vroeg ze.

'Er is van alles geopperd,' zei hij. 'De meest gekke dingen. Mijn moeder heeft zelfs een helderziende ingeschakeld, een paar maanden na Tess' verdwijning. Zij zei dat Tess, en dan spreek ik met haar woorden, "in een benauwde omgeving zat waar ze amper kon ademhalen". Hij lachte cynisch, zonder vrolijkheid. 'Dat achterlijke mens hielp mijn moeder alleen maar nog meer de afgrond in.'

'Hoe is het nu met haar?' wilde ze weten. 'Al die jaren onzekerheid moeten hun impact hebben gehad.'

Hij pakte zijn beker koffie van tafel en nam een slok. 'Ze heeft ermee leren leven is wat er het dichtste bij komt.'

'En je vader?'

'Die overleeft op zijn eigen manier: alles opkroppen. Hij is een binnenvetter.'

Ze keek naar hem, naar zijn donkere ogen, zijn lichtgetinte huid, het korte bijna zwarte haar. *En jij*, wilde ze vragen, *hoe ga jij ermee om?*

'Niet doen,' zei hij.

Ze schrok op. 'Wat niet?'

'Vragen hoe het met mij gaat. Want dat wil je, toch?'

Hoe weet hij dat?

'Helemaal niet,' zei ze defensief. 'Ik, eh...'

'Luister,' zei hij. 'Ik ben hier alleen naartoe gekomen om je te vertellen wat ik weet, omdat ik vind dat je alle feiten moet kennen.'

'Bedoel je dat er dingen zijn die niet in het politiedossier staan?'

'Ik bedoel de feiten zoals mijn ouders ertegenaan keken.'

Ze moest even over zijn woorden nadenken. 'Denk je dat dat relevant is?' vroeg ze toen voorzichtig. 'Hun perceptie kan weleens aardig vertekend zijn.'

Hij glimlachte. 'Het gaat niet om hoe ze er nú tegenaan kijken, maar in de periode van Tess' verdwijning. Mijn vader was toen nogal bij de pinken – wist je dat hij een getuige vond?'

'Een... getuige?' Ruby staarde hem aan. Waarom had Jonathan Visser haar dat niet gemeld? En waarom stond daar niets over in de krantenknipsels? Ze greep haar camera van tafel en hield hem omhoog. 'Vind je het erg als we dit gesprek officieel maken?'

- MATTHIAS PALMER – VLOG #3072 -

705K weergaven · 1 uur geleden

Lieve volgers, welkom terug bij mijn Pathway to justice-vlog over de verdwijning van baby Tess Palmer, vierendertig jaar geleden. Deze keer doe ik verslag over het gesprek dat ik had met Matthias Palmer, de tweelingbroer van Tess, en ik ben daardoor iets heel interessants te weten gekomen.

<foto Matthias> met toestemming

Matthias vertelde mij namelijk dat er een getuige was! Daar kijken jullie van op, hè? Nou, dat deed ik ook. Want Jonathan Visser heeft daar helemaal niets over gezegd. Volgens Matthias was Jonathan een doorgewinterde rechercheur. Rechtlijnig, vertelde Matthias' oma hem. Wandelde nooit buiten de gebaande paden en ging alleen af op feiten.

Maar laat ik jullie eerst vertellen over de getuige. Isabella de Ruyter. Ze had een man met een baby gezien op de plaats waar Tess zou worden achtergelaten. Dat Tess niet op die plek werd aangetroffen wisten we al en dat was ook de reden dat Taylor Palmer, de vader van Tess, helemaal door het lint ging. Hij bleef dagenlang zoekend in het park rondlopen, rondom de bewuste plek en klampte iedereen aan of ze wat gezien hadden. En na een aantal weken kwam hij Isabella tegen. Ze vertelde over de man met de baby. Dat ze het zo raar vond dat hij zo in zijn eentje met een baby in zijn armen liep, zonder kinderwagen, draagstoel of wat voor babyspullen dan ook. Ze was naar hem toe gelopen, maar hij verdween haastig het park uit toen hij haar zag.

<foto's park en plaats van verdwijning>

Isabella de Ruyter was geen inwoner van Utrecht. Ze woonde in Portugal en kwam eens per maand naar Nederland voor overleg voor haar werk. Ze wist niets over de verdwijning van Tess, zo verklaarde ze later tegen de politie. Niet op dat moment tenminste – ze was die ochtend in Utrecht gearriveerd en zou de volgende dag al vroeg weer terug naar huis vliegen.

Hoe dan ook, er kwam een vage beschrijving van de man die op iedereen van toepassing kon zijn maar die geen aanhouding opleverde. Een nieuwe schok voor de ouders van Tess, die uiteindelijk leidde tot hun scheiding, een jaar na de verdwijning. Maar de grootste schok kwam daarna pas: er werd iemand opgepakt. Wiebe Verkerk. Hij haalde in hetzelfde park waar Tess verdween een baby uit een kinderwagen en ging ermee aan de wandel. Een anonieme tip wees in Verkerks richting. Niet lang daarna werd hij opgepakt. En omdat Wiebe Verkerk regelmatig bij zijn grootouders in Utrecht logeerde en vaak in het Julianapark kwam, leek het erop dat ze een dader hadden gevonden voor de ontvoering en verdwijning van Tess Palmer. Hij werd veroordeeld tot twaalf jaar.

En nu hoor ik jullie twijfel. Net zoals ik twijfel. Want op welke grond werd deze Wiebe veroordeeld? Aanwezig zijn in Utrecht is nou niet een geweldige reden om iemand als schuldig aan te wijzen, net zomin als het gaan wandelen met andermans baby. Oké, dat laatste is niet handig om te doen, maar daar was een reden voor. Wiebe Verkerk had namelijk, door zuurstofgebrek tijdens zijn geboorte, het verstandelijk vermogen van een kind van tien en hij was gek op baby's. Volgens de oma van Tess en

Matthias zocht de politie een zondebok en vond die in de een-entwintigjarige Wiebe.

Matthias, die ten tijde van de verdwijning van zijn zusje zelf nog een baby was natuurlijk, heeft ook twijfels. Hij vertelde nooit te hebben kunnen ontdekken wat er toentertijd precies speelde, wat de werkelijke reden was dat Wiebe werd veroordeeld. Een gevonden zondebok zou een optie zijn, maar geen rechtsgeldige reden en niemand in de familie wilde erover praten. Inmiddels zijn Matthias' grootouders overleden. Op de vraag of zij of zijn ouders Wiebe kenden kon Matthias geen antwoord geven.

In ieder geval, lieve volgers, zijn de gevolgen van de verdwijning van Tess triest. Opa die het losgeld betaalt maar op een harde manier leert dat met geld niet alles te koop is en kort daarop overlijdt. Een moeder die psychisch compleet instort. Een va-der die zich terugtrekt uit een goedlopende zaak die daardoor al snel over de kop gaat. En tot slot een broer die tot op de dag van vandaag het verlies van zijn tweelingzusje met zich meedraagt.

<oude familiefoto van het gezin Palmer> met toestemming

Beste volgers, jullie weten dat ik geen steen onomgekeerd laat en ook in deze zaak is dat aan de orde. Mijn volgende stappen zijn gesprekken met de ouders van Tess. Matthias zal me daar-bij vergezellen. Vervolgens ga ik op zoek naar de verblijfplaats van getuige Isabella de Ruyter. En probeer ik erachter te komen of Wiebe Verkerk tot een gesprek in staat is. Ik hou jullie op de hoogte! Bedankt voor het kijken, vergeet niet een duimpje om-hoog te doen en mocht je nog informatie hebben, hoe klein of onbeduidend ook, meld het dan, via een e-mail, privébericht of gewoon onder deze vlog.

11

Een uur geleden had Ruby haar nieuwste vlog online gezet en nu al was hij meer dan zevenhonderdduizend keer bekeken. Voor morgen zouden er daar nog minstens zo veel bijkomen.

Terwijl ze naar de whiteboards keek vormde zich in haar maag de knoop die ze altijd voelde als haar nieuwsgierigheid tot het uiterste geprikkeld werd. Natuurlijk was er ook een onderliggende drang naar het oplossen van de zaak – wat in dit stadium nog oneindig ver weg leek – maar ze kon enorm genieten van een onderzoek. De weg die voor haar lag, de puzzelstukjes die totaal geen samenhang leken te hebben, het vooruitzicht getuigen en andere betrokkenen te interviewen, daar hield ze van.

'Ruby?'

Met een ruk draaide ze zich om.

In de deuropening van haar studio stond Casper. Hij kriebelde Pip, die kwispelend rechtop tegen zijn been stond, achter zijn oor, terwijl hij met gefronste wenkbrauwen naar Ruby keek.

'Hoe kom jij hier?' vroeg ze vinnig.

Hij maakte een gebaar met zijn duim naar de trap. 'Via de keuken. Je deur was niet op slot.'

'En dus loop je zomaar naar binnen?'

'Wat maakt het uit?' zei hij geïrriteerd. 'We kennen elkaar toch? Bovendien zou je die deur beter op slot doen als je hier beneden bezig bent. Of eigenlijk gewoon altijd op slot houden.'

'Waarom zou ik dat doen?'

'Waarom?' Casper stak zijn armen in de lucht. 'Iedereen kan

zomaar binnenlopen, hè? En als iemand geen goede bedoelingen heeft, is er niemand die je hoort, hier in dit hok.'

'Je overdrijft,' zei ze, terwijl ze naar haar bureau liep en de marker erop neerlegde. 'Wie weet nou dat mijn achterdeur niet op slot zit?'

'Je zult versteld staan,' zei Casper alleen maar.

Ze reageerde er niet op. Als ze dat wel deed zou het zoals altijd weer tot ruzie leiden en daar had ze geen zin in. Haar blik ging naar Pip die nog altijd uitsloverig rond Casper dartelde. Bovendien zou opmerken dat ze Pip toch had in dit geval weinig indruk maken. Waarom was die hond toch altijd zo gek op hem?

'Dus je bent weer met een onderzoek begonnen?' vroeg Casper. Hij liep naar de whiteboards en liet zijn blik eroverheen gaan. 'Zou het niet beter zijn als je gewoon stopte met die onzin?'

'Onzin? Het is mijn werk!'

'O, neem me niet kwalijk,' zei hij sarcastisch. 'Ik wist niet dat jezelf overhoop laten steken een beroep was.'

'Dat was eenmalig,' wierp ze tegen. 'Niemand wist dat Youri Stegeman zo gestoord was.' Ze wist eigenlijk niet waarom ze zich zo verdedigde. Wat had Casper nog met haar en haar werk te maken?

'Eenmalig? En hoe weet je dat? Het kan zomaar weer gebeuren!' Hij kwam teruglopen en bleef vlak voor haar staan. 'Elke dader is gevaarlijk als je hem op zijn staart trapt, Ruby. Dat heet zelfbehoud. Daar moet jij ook eens wat mee doen.'

'Er is toch nooit eerder iets gebeurd?' riep ze. 'Dat met Stegeman...'

'Niet nooit. Je was bijna dood de laatste keer.' Zijn blik ging nu van nijd naar bezorgdheid. 'Ik maak me soms zorgen om je, Ruby.'

Casper die zich zorgen om haar maakte? Dat was nieuw. Of wilde hij misschien op deze manier toch zijn geld nog krijgen?

'Dat is nergens voor nodig, hoor,' zei ze koeltjes. 'Ik kan heel goed op mezelf passen.'

'Dat betwijfel ik,' mompelde hij zacht.

Het maakte haar kwaad. Waarom deed hij dat toch altijd? Haar zo… zo kleineren. Alsof ze een kind zonder verstand was.

'Had je bezoekje een reden?' vroeg ze.

Hij keek weer naar het whiteboard en zweeg. Zijn armen sloeg hij over elkaar en de wijsvinger van zijn rechterhand tikte tegen zijn lippen. 'Dat is een heel oude zaak, hè?' zei hij uiteindelijk.

'Behoorlijk,' zei ze.

'Een verdwenen baby. Toepasselijk.'

'Waar slaat dat nou weer op?' snauwde ze.

Hij maakte een beweging met zijn arm. 'Laat maar. Ik kwam eigenlijk dit terugbrengen.' Hij haalde een parelketting uit zijn jaszak en hield hem omhoog. 'Die vond ik tussen wat spullen.'

Ruby keek naar de parels in zijn hand. Ze wist nog precies hoe ze daaraan was gekomen: het was een cadeau van Casper geweest. Hij had het haar gegeven op hun eerste huwelijksverjaardag. Ze hield helemaal niet van parels, vond zo'n ketting veel te grof om te dragen, vooral om die dunne nek van haar. Heel vaak had ze ze dus ook niet gedragen, alhoewel ze het wel heel lief van hem had gevonden.

Hoe dan ook, hij kende haar toen al niet goed en deed dat dus nog steeds niet.

Casper pakte haar hand en liet de parels erin vallen.

'Wat wil je dat ik hiermee doe?' vroeg ze, nadat ze er even naar had gestaard.

'Weet ik veel? Ze zijn van jou. Dus…'

Dat was een smoes van niks. De Casper die zij kende had het collier gewoon verkocht. Blijkbaar kende zij hém toch ook niet al te best.

'Ik hoef ze niet,' zei ze, terwijl ze de parels terug in zijn hand duwde en zijn vingers eromheen sloot. 'Geef ze maar aan Claire.'

'Waar slaat dat nou weer op?' beet hij haar toe. 'Ik ga Claire toch geen spullen geven die van jou zijn?'

'Waarom niet?' snauwde ze terug. 'Ze heeft jou toch ook gekregen?' Nijdig draaide ze zich om en liep haar studio uit, naar boven. Pas toen ze in de keuken was, hoorde ze hem de trap op komen.

'Ruby,' zei hij.

'Ik denk dat je gewoon moet gaan, Casper,' zei ze, zonder zich naar hem toe te draaien. Ze zag Pip bij de tuindeur staan en liep ernaartoe om hem buiten te laten. 'Dit heeft geen enkele zin.'

Haar blik schoot ineens naar de zijkant van haar tuin, waar grote rododendrons stonden. *Daar was die man uit het café weer!* En hij verschool zich achter de struiken!

In een reflex deed ze een stap achteruit en struikelde over Pip, die rondom haar benen draaide. Casper kon haar nog net opvangen. Blijkbaar zag hij haar blik en zijn ogen kregen een bezorgde uitdrukking.

'Wat is er?' vroeg hij.

Ze wees naar het raam. 'Het is die man weer! Hij… hij bespiedt me!'

Meteen liet Casper haar los, gooide de tuindeur open en rende naar buiten, met Pip op zijn hielen.

'Verdwenen,' zei Casper, toen hij hijgend na een minuut of vijf weer terugkwam. 'Ik zag hem de tuin van je buren in rennen en daarna… foetsie.'

'Heb je hem goed kunnen zien?' vroeg Ruby. Ze had Casper in de tuin opgewacht terwijl ze zelf – hoe gek het ook klonk – alle hoeken en gaten achter de struiken en tussen de bomen inspecteerde. Natuurlijk was er niets te zien geweest.

Hij schudde zijn hoofd. 'Hij was zo snel weg dat ik daar de kans niet voor had.'

Ruby sloeg haar armen om zich heen. Ze had het ineens koud. Wat had het te betekenen dat die vent haar begluurde? En wie was het?

'Je zei net dat hij er wéér was,' zei Casper. 'Is dit al eerder gebeurd?'

'Ik heb hem bij 't Hemeltje gezien en toen keek hij steeds naar me. Ik dacht eigenlijk dat het gewoon een fan van mijn vlog was die me dacht te herkennen.' Dat ze het gevoel had gehad die man zelf ook te kennen, liet ze maar achterwege.

Casper ademde diep in. 'Die vlog van jou wordt je dood nog eens,' gromde hij. 'Het personeel wist ook niet wie hij was?'

'Dat heb ik niet gevraagd,' zei ze.

'Natuurlijk niet. Je hele leven bestaat uit rondvragen, maar die simpele vraag vond je niet nodig. Waarom werk je ook niet gewoon thuis?'

Schrik maakte plaats voor irritatie. 'Waar maak jij je nou zo druk over?' vroeg ze.

'Over jou!' riep Casper. 'Je bent al een keer eerder bijna dood geëindigd door je speurtochten, weet je wel?' En voordat Ruby kon reageren: 'En wat nou als ik er niet was geweest? Dan was je nog beneden in je studio geweest, met een onafgesloten tuindeur waardoor iedereen zomaar kan binnenlopen. Inclusief die kerel! Hij had je wel...'

'Kappen nou,' beet ze hem toe. 'Je hebt je punt gemaakt, oké?' Ze draaide zich om en liep terug haar keuken in, waar Pip inmiddels alweer naast zijn waterbak stond.

'Ruby...' klonk het achter haar.

Ze draaide zich niet om, maar bleef met haar rug naar hem toe bij het aanrecht staan.

'Ruby...' klonk het nogmaals. Hij kwam naast haar staan. 'Ik maak me gewoon zorgen om je.'

'Waarom? Ik kan heel goed op mezelf passen.'

Waartoe jij me gedwongen hebt door weg te gaan.

Dat zei ze niet hardop, maar het was wel de waarheid. Ze had er toch niet om gevraagd weer single te worden? Oké, ze gaf toe dat het uiteindelijk beter was geweest om uit elkaar te gaan, maar toch voelde ze zich af en toe door hem in de steek gelaten. Ze zuchtte. 'Ik zal in het vervolg de deur op slot doen als ik aan het werk ben, goed?'

'En dat moet ik geloven?' Hij schudde zijn hoofd. 'Twee, drie dagen. Daarna vergeet je het weer.'

Ze reageerde er niet op. Omdat ze wist dat hij gelijk had.

Twee uur later zat Ruby op de bank in haar woonkamer. Ze had een glas witte wijn in haar hand waar ze nog niets van had gedronken. Op de tafel lag de parelketting die Casper had laten liggen. Of hij hem vergeten was of het ding toch met opzet had achtergelaten wist ze niet. Wel wist ze dat Casper zich oprecht bezorgd had gemaakt. Om haar. De vrouw die hij had verlaten om met een jonger ding een gezin te stichten. Het strookte niet met elkaar. Waarom zocht hij haar steeds op? Omdat hij nog om haar gaf? Onzin. Hij was niet voor niets bij haar weggegaan. Maar zij zelf dan? Voelde zij nog iets voor hem? Je zou toch zeggen dat als dat niet zo was, ze zijn nummer allang uit haar telefoon verwijderd en geblokkeerd had. Maar in plaats daarvan nam ze elke keer op als hij haar belde.

Vanuit de gang klonk het geluid van de brievenbus en Pip stoof de gang in. Ze kon maar beter achter hem aan gaan, voordat hij het buurtkrantje of wat er ook door de bus was geduwd te pakken kreeg en zij weer de snippers bij elkaar kon zoeken.

Het was echter niet het buurtkrantje dat op de mat lag. Het was een in vieren gevouwen stuk papier, dat ze nog net tussen de tanden van Pip vandaan kon redden. En er stonden slechts vier woorden op.

12

'Bedreigd?' riep Tristan. Het klonk alsof iemand hem zojuist had verteld dat alle vier de banden van zijn koeriersauto lek waren gestoken.

'Zo vat ik het wel op, ja,' beaamde Ruby. Ze schoof het stuk papier in zijn richting. De woorden stonden er zwart op wit: *Stop met je onderzoek!* En hoewel niet vermeld werd wat de gevolgen zouden zijn als ze gewoon doorging, voelde ze zich behoorlijk geïntimideerd.

'Maar wie stuurt je dat dan?'

'Weet ik veel? Zie jij een naam staan?'

Met een woest gebaar pakte Tristan het papier en bekeek het, alsof hij verwachtte dat ze iets over het hoofd had gezien. Maar ze wist nu al dat degene die de brief door de bus had geduwd er alles aan had gedaan om niet achterhaald te worden.

Terwijl Tristan binnensmonds mompelend het stuk papier aan een grondige inspectie onderwierp, staarde zij langs hem heen naar niets in het bijzonder. Wie zou er nou baat bij hebben dat ze haar onderzoek staakte? De ontvoerder van Tess?

'Ik vind dat je naar de politie moet gaan,' zei Tristan, terwijl hij het stuk papier teruglegde op de tafel. 'Die kunnen misschien vingerafdrukken vinden.'

Ruby schudde haar hoofd. 'Denk niet dat hij zo dom is om die achter te laten.' Onwillekeurig gingen haar gedachten naar de man die ze nu al twee keer had opgemerkt. En vanmorgen was hij in de buurt; een eitje voor hem om stiekem terug te komen en ongezien die brief af te leveren. Maar wat was zijn motief om haar te laten stoppen? *Was hij de ontvoerder van Tess?*

Ze keek op en zag dat Tristan haar onderzoekend aankeek, met zijn donkere ogen die haar een ongemakkelijk gevoel gaven. Ze vroeg zich af of hij doorhad dat haar nonchalance slechts een façade was. Het zou haar niets verbazen. Maar toch weigerde ze om toe te geven aan de vier woorden in het berichtje.

Stop met je onderzoek!

Zo'n stom briefje zou haar echt niet tegenhouden.

'Jij bent veel te roekeloos,' verweet Tristan haar, terwijl hij zich van de tafel wegdraaide en naar de koelkast liep. 'Dat gaat je nog eens erger opbreken dan een messteek.' Hij trok de koelkastdeur open en bekeek de inhoud.

Het irriteerde Ruby ineens. 'Hou eens op me zo te bemoederen,' beet ze hem toe. 'Je lijkt Casper wel. En blijf uit mijn koelkast.'

'Ik bemoeder je niet,' protesteerde Tristan. 'Ik ben zuinig op je. En normaal vind je het ook niet erg als ik iets te eten pak.' Hij duwde de koelkastdeur dicht en draaide zich naar haar om. 'Slecht geslapen?'

Eerlijk gezegd had ze geen oog dicht gedaan. Dat anonieme briefje had haar klaarwakker gehouden. En toen ze uiteindelijk toch in slaap was gevallen, had ze natuurlijk weer gedroomd over Youri Stegeman. Ze had haar ontmoeting met hem echt nog niet verwerkt – hij had haar in haar nachtmerrie weer flink te grazen genomen. Ze voelde nog de stekende pijn op de plek waar hij zijn mes in haar lichaam had gestoken, in haar buik. Het gevoel van de draaiende beweging waarmee hij dat had gedaan maakte haar opnieuw misselijk.

Ze keek op naar Tristan, die zich had omgedraaid en nu een glas met water vulde. Hij had niets door, gelukkig. Ze verfoeide medelijden en wilde absoluut niet dat hij wist dat ze nog steeds worstelde met wat er nog geen drie maanden geleden gebeurd was. En wat er had kúnnen gebeuren als hij en Annika niet op tijd waren geweest.

Toen ze serieus met haar vlog aan de slag ging, had ze niet gedacht aan het gevaar dat er wellicht bij zou komen kijken. Natuurlijk niet. Alle zaken die ze onderzocht waren koud – daders al lang verdergegaan met hun leven. Maar dat was naïef geweest. Juist daders die zich lange tijd veilig waanden en nu ineens ontmaskerd dreigden te worden, waren levensgevaarlijk. Tot de zaak-Cynthia had ze nooit problemen gehad en had ze zich over haar veiligheid geen zorgen gemaakt. Ze was ook zonder angst die avond naar Stegeman toe gegaan om hem te confronteren met haar bevindingen. Dat hij zou doordraaien had ze nooit verwacht. De man had tot dan toe de grootste sul ter wereld geleken.

Ze was er inmiddels achter gekomen dat ze altijd rekening moest houden met onbekende – gevaarlijke – factoren. Ofwel: een kat in het nauw kon rare sprongen maken. Situaties konden uit de hand lopen, er kon iets knappen bij mensen die zich bedreigd voelden.

Stop met je onderzoek.

Ook dat was een bedreiging, net als het haar begluren. Intimidatie! Maar de zaak-Tess Palmer was meer dan dertig jaar oud. Wie zou zich na al die tijd nou nog in het nauw gedreven voelen door haar onderzoek?

-13-

Na een laatste kus op haar wang liet Ruby haar moeder weer achter. Soms vroeg ze zich af waarom ze eigenlijk steeds bij haar langsging. Haar moeder herkende vrijwel niemand meer. Ook nu had ze Ruby aangekeken met die vage blik in haar ogen die zo overduidelijk aangaf dat ze absoluut niet wist wie er voor haar stond. Zou het voor haar niet veel rustiger zijn als Ruby minder vaak kwam?

Rustiger voor haar of voor jou?

Ze zuchtte. Oké, voor haarzelf misschien ook. Een beetje. Het was zo verdomde moeilijk om je moeder zo te zien aftakelen. Opgesloten in haar eigen wereldje, haar eigen herinneringen, waarin geen plaats meer was voor degenen die haar zo na stonden.

Nog een keer keek ze om, maar haar moeder staarde uit het raam, met nog steeds de roos in haar hand die ze een paar dagen eerder gekregen had. De knop was nu wat verder open en Ruby vermoedde dat de verpleging hem in het water zette zodra dat kon. Want als haar moeder iets vast had, liet ze niet gauw los.

Van wie ze de roos had gekregen was haar nog steeds een raadsel. Ook vandaag had haar moeder op de vraag van wie de bloem kwam geantwoord dat ze hem van Jurre, Ruby's vader, had gekregen. En ook deze keer had Ruby geknikt en niet gezegd dat Jurre al jaren geleden was overleden. Dat had toch geen zin.

Ze stapte in haar auto en reed sneller dan de bedoeling was het terrein af. Ze voelde zich verloren en ze vroeg zich af of Marta zich ook zo voelde als ze bij hun moeder was geweest. En Quinten. Die kwam vanwege de afstand toch al niet zo heel vaak langs.

Haar gedachten dwaalden af naar haar vader. Was dood niet veel beter dan te zijn zoals mam er nu bij zat? Het schuurde af en toe tegen mensonterend aan en dat was iets wat pap nu nooit zou overkomen. Haar vader was een trots man geweest. Ze herinnerde zich nog weinig van hem – het waren meer flarden – maar ze wist nog wel dat hij lang en rijzig was. En altijd goed gekleed. Of waren dat door haarzelf gefabriceerde herinneringen? Ze zou het Marta moeten vragen, die was drie jaar ouder dan zij.

Papa.

Soms miste ze hem enorm. Kon dat eigenlijk wel? Hoelang had ze hem meegemaakt? Niet meer dan vijf jaar. Te kort waarschijnlijk om iemand werkelijk te kunnen missen. Maar toch.

'Was je er nog maar, pap,' fluisterde ze zachtjes voor zich uit. 'Ik zou zo graag eens met je willen praten. Over mam. Over vroeger, hoe ons leven toen was.' Ze slikte een brok in haar keel weg. Een vaderskindje had haar moeder haar weleens genoemd. Dat ze dat vroeger was. Marta neigde meer naar hun moeder, maar zij zou altijd meer gericht zijn geweest op hun vader. Daar wist ze zelf niets meer van en heel soms, zoals nu, voelde ze het gemis als een steen in haar maag en zaten de tranen hoog.

Haar blik ging naar het richtingsbordje van de begraafplaats en gedachteloos nam ze de afslag. Ze vond nog een parkeerplekje vlak voor de ingang en niet veel later liep ze door het ijzeren hek. Ze had het altijd een prachtige plek gevonden, zo aan de rand van de duinen. Precies de plaats waar haar vader, als geboren Bloemendaler, zijn laatste rustplaats zou willen hebben.

Ze liep het brede pad op dat naar de aula voerde en vervolgde haar weg naar het andere eind van de begraafplaats. Vlak voor ze het veld met de urnenmuur betrad, bleef ze even staan. Waarom was ze hier eigenlijk naartoe gegaan? Het maakte haar altijd zo triest. Maar weggaan zonder haar vader toch even gedag te zeggen deed ze ook niet, dus liep ze door, tot net voorbij het midden van de lange, gebogen muur met daarin zeven blokken van negen nissen. Op ooghoogte zat de nis waarin de urn van haar vader stond. Er was geen afdekplaat; zijn naam, geboorte- en sterfdatum stonden op een koperen plaatje op de urn. Ernaast stond een tweede urn, een kleintje, met eveneens een koperen plaatje waarop slechts de naam 'Lauri' gegraveerd was. Geen ge- boortedatum, geen sterfdatum. Omdat ze nooit geboren was en dus ook nooit gestorven. Dat was tenminste wat hun moeder al- tijd had gezegd.

Lauri zou hun oudste zus zijn geweest. Ze was na vier maan- den zwangerschap dood ter wereld gekomen, drie jaar voor de geboorte van Marta. Om haar te gedenken hadden Ruby's ouders een urn gekocht met een naamplaatje. Er zat waarschijnlijk niets in – het was eerder een symbool, dat na de dood van haar vader bij die van hem was geplaatst.

Ruby keek een poosje naar de twee urnen, naar het kleine bosje witte anjers dat ertussenin lag, en zuchtte toen diep. Ze kon niet zeggen dat ze Lauri miste. Hoe kon ze aan iemand denken die ze nooit gekend had?

Haar gedachten gingen nu naar Matthias. Hij miste zijn zus wel, had hij gezegd. Maar hij had haar ook nooit echt gekend. Hoe kwam het dan dat zijn gevoelens over zijn zusje zo anders waren dan die van haar over Lauri? Of was er een verschil omdat Tess en Matthias tweelingen waren?

Nee. Dat was het niet. Het was het feit dat Tess had geleefd. Ze was er geweest, had deel uitgemaakt van het leven van alle ge- zinsleden, omdat ze ook nog eens de jongste was geweest, samen met Matthias. Lauri had nooit geleefd en ze had ook alleen maar deel uitgemaakt van het leven van haar ouders.

Melancholiek staarde ze naar het naamplaatje van haar vader: Jurre Christiaan van Wageningen 5 mei 1954 – 20 juli 1992. 'Zijn jullie nu samen, pap?' fluisterde ze zacht voor zich uit. 'Jij en Lauri?'

Er kwam geen antwoord op haar vraag. Natuurlijk niet. Driftig veegde Ruby een traan weg uit haar ooghoek. Vervolgens legde ze even haar hand op de grote urn, voordat ze zich omdraaide en wegliep.

Maar nog voordat ze het veld af was gelopen, bleef ze weer stilstaan en keek om. Van wie kwamen eigenlijk die witte anjers? Ze zagen er bepaald vers uit. Was Marta soms langs geweest? Dat was mogelijk. Maar Marta legde zelden bloemen bij de urnen neer, behalve op speciale dagen. De verjaardag van hun vader, kerst, Vaderdag. De laatste tijd waren zulke dagen er helemaal niet geweest. Maar als ze niet van Marta kwamen, van wie dan wel?

Een beweging aan de andere kant van het veld deed haar blik opzij schieten. Een trap leidde daar naar het pad dat een stuk hoger lag en bovenaan, naast een met hedera overwoekerde boom zag ze hem staan. Die man weer! Hij leek te schrikken dat ze hem opmerkte, draaide zich meteen om en verdween.

Maar deze keer besloot Ruby niet passief toe te kijken. Ze rende langs de urnenmuur, de trap op. In de verte zag ze dat de man zich in de richting van de uitgang haastte.

'Hé!' riep ze. 'Wacht eens even!'

Het voelde niet goed om te schreeuwen op een begraafplaats, maar als ze meer wilde weten, kon ze niet anders. Ze sprintte achter de man aan, maar ook hij versnelde en verdween met een scherpe bocht naar rechts, een smal pad tussen de graven op. Toen Ruby daar aankwam, was hij verdwenen. Toch rende ze door, tot ze op een van de hoofdpaden uitkwam. Ze versnelde een beetje, in de hoop de man te kunnen inhalen op het pad dat maar één kant op ging: naar de uitgang.

Zonder af te remmen nam ze de bocht en botste toen vol tegen iemand op. Pijn schoot door haar schouder.

'Ruby?' klonk het.

Ze keek op, recht in de ogen van Casper. Waar kwam die nou

weer vandaan? Ze boog voorover en met haar handen op haar knieën probeerde ze op adem te komen.

'Waarom zo'n haast?' hoorde ze Casper vragen. 'Op een begraafplaats nog wel.'

Na een diepe ademteug ging ze rechtop staan. 'Heb je hem gezien?' vroeg ze.

'Wie?'

'Die man!' Ze wees naar voren. 'Dezelfde die jij laatst achternaging. Hij moet hierlangs zijn gekomen!'

Casper keek om. 'Ik heb niemand gezien,' zei hij.

'Maar dat moet!' riep ze. 'Ik zag hem zelf deze kant op gaan!'

Of niet? Ze had hem het smalle pad in zien gaan, maar daarna was ze hem kwijtgeraakt. Ze keek weer naar Casper. En wat deed hij eigenlijk hier?

'Ben jij me nou aan het stalken?' vroeg ze.

Casper lachte. 'Ik? Natuurlijk niet.'

'Wat doe je hier dan?'

'Ik weet niet of je het je nog herinnert, maar mijn ouders liggen hier ook begraven. Ik kwam hen opzoeken.'

Ze keek hem aan. Zo vaak deed hij dat niet. En juist nu zij hier was, bracht hij een bezoekje aan zijn ouders. Hoe toevallig was dat?

Het schoot ineens door haar heen. Ook Casper was in de buurt geweest toen dat briefje bezorgd werd…

'Ruby…' begon hij weer. 'Je kijkt alsof je een spook hebt gezien.'

'Ik moet gaan,' zei ze.

'Nee, wacht nou even,' begon hij. 'Viel die man je weer lastig? Ruby, je moet dit onderzoek echt…'

'Tot ziens, Casper,' onderbrak ze hem. Ze wierp hem een korte blik toe en liep toen langs hem heen naar de uitgang.

-14-

Met krachtige slagen zwom Ruby door de golven. Ze keek amper op, liet het water over zich heen komen, alsof ze daarmee alle melancholie die ze had gevoeld na haar bezoek aan haar moeder en vervolgens de begraafplaats van zich af kon spoelen.

Maar natuurlijk verdween het niet. En al helemaal niet nu ze ook nog eens te maken had met die onbekende man. Diep vanbinnen bleef ze het gevoel houden dat ze hem kende. Was hij haar naar de begraafplaats gevolgd? En waarom was ze juist op het moment dat ze hem volgde letterlijk op Casper gebotst?

Proestend kwam ze boven water en terwijl haar voeten de zanderige zeebodem zochten, wreef ze haar natte haren uit haar gezicht. De kust was een flink eindje weg.

Niet slim, Van Wageningen.

Nee, dat was het zeker niet. De zee kon verraderlijker zijn dan je verwachtte, zelfs voor haar. Ze was te diep in gedachten geweest om het op te merken en terwijl ze kort in- en uitademde, begon ze aan de terugweg.

Niet veel later liep ze het vrij drukke strand op. Meestal kwam ze hier heel vroeg in de ochtend, voordat de eerste dagjesmensen arriveerden, of 's avonds als ze alweer weg waren. Nooit zoals nu tegen het einde van de middag. Maar omdat ze met Annika bij Karl had afgesproken, was ze nog even de zee ingedoken, om alle spanningen van zich af te zwemmen.

Ze liep de beachclub in en pakte haar handdoek. Karl zelf zag ze niet – die was te druk met het bedienen van zijn klanten. Dus haalde ze zelf haar tas maar achter de bar vandaan en trok een short en T-shirt aan over haar nog vochtige badpak. Haar blik ging naar de klok, die bijna halfvijf aangaf.

'Hé Ruub!' schalde het door de tent.

Ruby keek om. Annika zat al te wachten aan een tafeltje bij het grote raam dat uitkeek over het strand. Te vroeg, zoals altijd.

'Wat wil je drinken?' vroeg Annika.

Ruby ging tegenover haar zitten. 'Een wit wijntje,' antwoordde ze, terwijl ze met haar handdoek nog even de punten van haar haren droogde.

Annika zwaaide naar Karl en riep hem haar bestelling toe. Daarna bekeek ze Ruby met een bezorgde blik. 'Je was behoorlijk ver de zee in,' merkte ze toen op.

'Niet verder dan anders,' zei Ruby zonder haar aan te kijken. Ze wilde Annika eigenlijk niets vertellen over de man die haar leek te achtervolgen. Ze zou alleen maar ongerust worden. Toch kreeg ze dat briefje maar niet uit haar hoofd.

'Waar denk je aan?' klonk Annika's stem.

Ze haalde haar schouders op en om maar geen antwoord te hoeven geven, rolde ze haar handdoek op en propte hem daarna in haar strandtas.

'Wat is dat nou voor een reactie?' zei Annika. 'Er zit je iets dwars, ik zie het aan je. Dus vertel op.'

Ruby schoot in de lach. 'Je kent me te goed,' zei ze.

'Precies.' Annika hield haar blik vast en trok vragend haar wenkbrauwen op.

'Heeft Tristan je over dat briefje verteld?' begon Ruby.

'Briefje?'

Niet dus.

'Iemand heeft me via een briefje in mijn bus vriendelijk verzocht met het onderzoek te stoppen.'

'Wat?' riep Annika. 'Wie?'

Ruby haalde haar schouders op. 'Geen idee.'

'Maar wie heeft er nou baat bij als jij stopt met je onderzoek? Het is iets van meer dan dertig jaar geleden!'

'Wat dacht je van de ontvoerder van Tess?'

Vol ongeloof schudde Annika haar hoofd. 'Die zal toch minstens vijftig zijn en misschien zelfs nog wat ouder. Denk je dat die op YouTube filmpjes bekijkt?'

'Inspecteur Visser keek ook naar mijn vlog,' wierp Ruby tegen. 'En die loopt al tegen de zeventig.'

Annika humde. 'Dat is waar. Bovendien is het de enige zinnige verklaring. Dat de dader dat briefje in je bus stopte, bedoel ik dan.'

Ruby gaf geen antwoord. Ze wist eigenlijk niet of dat wel zo was. Het was zo voor de hand liggend dat je je moest afvragen of het geen opzet was. Wilde iemand haar laten denken dat de dader haar wilde stoppen? Maar met wat voor reden dan?

Ze zuchtte diep.

'Maak je je er zorgen om?' vroeg Annika.

Ruby grijnsde flauwtjes. 'Zo gauw laat ik me niet intimideren.'

Karl zette twee glazen op tafel en vroeg of ze er nog wat bij wilden eten. Het werd voor allebei een tosti met ananas.

'Heb je trouwens al iets gehoord over dat dossier?' vroeg Ruby.

'Nee, niks. Ik zal morgen eens bellen.'

'Graag. Hopelijk hebben ze het eindelijk gevonden. Het zou fijn zijn om de officiële bevindingen van de politie eens te zien. Tot nu toe is het alleen maar van horen zeggen en persoonlijke meningen geven altijd een vertekend beeld.'

Karl kwam met twee bordjes op hun tafeltje af en zette hun bestelling met een zwierige zwaai neer. 'Uw bestelling, dames.'

Zowel Ruby als Annika wierp hem een lachje toe.

'Gezwommen?' vroeg hij aan Ruby, met een blik op haar vochtige haren.

Ze knikte.

'Afwijkende tijd,' merkte hij op, terwijl hij zijn handen aan zijn sloof afveegde. 'Moest je weer even de stress van je af zwemmen?'

Het irriteerde Ruby ineens dat iedereen haar blijkbaar zo goed kende dat ze een open boek voor hen was. Annika, Karl, Marta, Casper, ze wisten blijkbaar allemaal hoe ze in elkaar stak.

'Zo te horen hoef ik het niet uit te leggen,' zei ze enigszins zuur.

Karl lachte luid. 'Ik ken je al vanaf zó!' riep hij en hij hield zijn hand een meter boven de vloer. 'En jou ook,' zei hij tegen Annika, die direct stopte met haar gegrinnik. 'Aan de hand van jullie vaders kwamen jullie een frietje halen. Met heel veel mayonaise.' Hij zuchtte. 'Nostalgie,' vervolgde hij toen zacht.

Ruby kon het zich nog vaag herinneren dat ze met haar ouders naar het strand ging, waar ze hadden afgesproken met tante Sandra en oom Rik, de ouders van Annika. Het waren fijne herinneringen en ze leken een eeuwigheid geleden.

De stem van Karls dochter Lize klonk over het geroezemoes heen en Karl keek om. Ze wenkte hem en met een glimlach naar hen verdween hij naar de bar.

Twee uur en vier glazen wijn later zat Ruby nog in haar eentje aan het tafeltje. Annika was vertrokken en zijzelf had besloten nog even wat vragen voor te bereiden die ze morgen aan de moeder van Matthias wilde stellen.

De moeder van Matthias. Niet: de moeder van Tess. Nee, van Matthias. Sinds wanneer was hij ineens belangrijker dan Tess? Om haar draaide de zaak, het waren haar ouders met wie ze ging praten. Hij was slechts bijzaak.

Was dat zo?

Ze had Matthias pas één keer ontmoet, waarom dacht ze dan steeds aan hem? Wellicht speelde het feit dat hij zó anders was dan Casper een rol. Of haalde ze zich dingen in haar hoofd? Wílde ze hem zo zien, om zichzelf ervan te overtuigen dat er ook andere mannen bestonden dan Casper? Ze kon er niets aan doen dat ze zijn vrouw benijdde. Want hij moest wel getrouwd zijn.

En terwijl die vrouw haar leven deelde met een fatsoenlijke echtgenoot, had Ruby negen jaar verspild aan een huwelijk met een egocentrische kloothommel.

Niet doen, Van Wageningen!

Niet vergelijken. Bovendien had ze het prima naar haar zin als single. Niemand die op haar lette, niemand die klaagde dat de pindakaaspot leeg was, en niemand die het sportkanaal op de televisie opeiste.

Ze pakte haar spullen bij elkaar, schoof ze in haar tas en stond op. Bij de bar betaalde ze de rekening en terwijl ze wachtte tot het pinapparaat akkoord gaf, vroeg Lize: 'Hoe gaat het met de zaak?'

Ruby haalde haar schouders op. 'Ik ben pas begonnen.'

'Wel heftig hoor, zo'n verdwenen baby.' Lize scheurde het bonnetje af en stak het Ruby toe. 'Succes!'

Ruby propte het bonnetje in de zak van haar short en pakte haar tas op. 'Zeg je vader gedag van me,' zei ze.

Lize stak haar hand op ter afscheid. 'Doe ik.'

Met haar tas over haar schouder baande Ruby zich een weg tussen de tafeltjes door naar de uitgang.

'O, Ruby!'

Ze keek om.

'Er was hier nog iemand die naar je vroeg.'

'Naar mij?'

Lize knikte. 'Gisteravond. Een al wat oudere man.'

Ruby verstijfde. 'Wat… wat wilde hij?' vroeg ze en ze hoorde zelf hoe schor haar stem ineens klonk.

'Dat zei hij niet. Hij kende je van vroeger.'

'Vroeger?' herhaalde ze.

'Hij wist dat je hier altijd zwom en vroeg of je dat nog steeds deed.'

Even stopte haar ademhaling. Die man weer. Waarom was hij er op de begraafplaats vandoor gegaan als hij haar van vroeger kende? Tenzij…

Ze kreeg het ineens ijskoud. Tenzij iemand van vroeger, iemand die ze kende, iets te maken had met de verdwijning van Tess Palmer.

Stop met je onderzoek!

Kwam dat briefje van hem? En wat ging hij doen als ze niet stopte? Het gezicht van Youri Stegeman drong zich aan haar op. Dat was ook een gevolg geweest van haar speurtocht. En het was haar bijna fataal geworden.

'Ruby?' hoorde ze Lize vragen. 'Gaat het wel?'

Ze schrok op. 'Ja,' zei ze meteen. 'Ja, het gaat.' Ze schraapte haar keel. 'Ik probeer te bedenken wie het geweest kan zijn.'

'Hij zei dat hij terug zou komen,' zei Lize. Ze had inmiddels een aantal glazen volgeschonken en tilde het dienblad op. 'Maar niet wanneer.'

Eerlijk gezegd wilde Ruby dat ook helemaal niet weten. Voorlopig zou ze ervoor zorgen dat ze niet meer alleen op het strand was. Als ze wilde zwemmen nam ze Tristan wel mee, of zo. Ze draaide zich om en verliet de strandtent.

Terwijl ze naar haar auto liep, haalde ze haar mobiel tevoorschijn en belde Marta. Die nam vrijwel meteen op en aan de achtergrondgeluiden te horen was ze niet thuis.

'Hé Ruub,' zei Marta. 'Ik wilde jou toch al bellen.'

'Waarover?' vroeg ze.

'Lotte zei dat zij en haar zussen met jou naar de Efteling gaan. Maar daar weet ik helemaal niets van.'

Ruby zuchtte zachtjes voor zich uit. Ze had Marta er niet buiten moeten houden, zelfs niet voor even. Gelukkig had ze nog niets geboekt. 'Ik heb zoiets geopperd, ja,' zei ze vaag. 'Maar er staat nog helemaal niets vast.'

'Ik wilde dat je me er meteen bij betrokken had,' zei Marta.

'Is het niet goed dan?' vroeg Ruby. Ze probeerde het zo luchtig mogelijk te zeggen. 'Ik dacht juist dat jij en Gerard weleens een weekendje met z'n tweeën wilden hebben.'

Smoesjes!

Dat wist ze zelf heel goed. Maar ze wist ook hoe beschermend Marta soms kon zijn als het de meiden betrof.

'Nou ja,' hoorde ze Marta aarzelend zeggen. 'Dat zou best weleens fijn zijn, ja.'

'En dan ben ik de oplossing,' zei Ruby. 'Geen probleem, daarom stelde ik het ook voor. We hebben het er nog wel over, oké?'

'Prima.'

Er viel een korte stilte. Ruby wist niet goed of Marta nu een reactie verwachtte of niet. Ze kreeg soms geen hoogte van haar zus, kon haar bij tijd en wijle niet zo goed inschatten. Dan leek ze wel een vreemde. Maar in andere gevallen konden ze met elkaar lezen en schrijven. Was dat altijd zo tussen zussen?

'Waar belde jij eigenlijk voor?' verbrak Marta de stilte.

'Ik ben bij papa geweest,' gaf ze als antwoord. 'Jij ook?'

'Niet sinds Vaderdag,' zei Marta. 'Hoezo?'

'Er lagen verse anjers,' zei ze.

'Anjers?' Het bleef even stil. 'Waren dat niet zijn favoriete bloemen? Witte anjers?'

'Ja, maar als jij er niet geweest bent, wie heeft ze dan neergelegd?'

'Geen idee. Maar papa had veel vrienden.'

Zo'n antwoord had Ruby kunnen verwachten. Marta was een stuk minder sentimenteel dan zij. Nee, niet sentimenteel, achterdochtig. Ruby was een maler en bleef nadenken over dingen die ze niet begreep – en dit was zoiets. Marta liet zulke dingen los, die zat er niet mee. Maar zij… ze vond het raar. Na al die jaren zou ineens een oude vriend van haar vader bloemen bij zijn urn neerleggen. Dat ging er bij haar niet in.

'En die roos voor mama?' vroeg ze toen.

'Welke roos?' was Marta's wedervraag. En toen meteen: 'O, je bedoelt die rode? Ik dacht dat jij die voor haar had meegenomen.'

Nu wist ze zéker dat er iets niet klopte. Haar moeder die een roos kreeg – de belangrijkste bloem uit haar bruidsboeket, de bloem die Ruby's vader haar elk jaar voor hun trouwdag gaf, en bij de as van haar vader de bos witte anjers – zijn lievelingsbloemen. Iemand moest hen hebben opgezocht.

-15-

Haastig smeerde Ruby aan het aanrecht een boterham. Over een krap halfuurtje zou Matthias voor de deur staan om met haar naar zijn moeder te gaan en ze had nog niets gegeten. Zowel het ontbijt als de lunch had ze overgeslagen, niet alleen omdat ze de hele dag druk was geweest met het monteren van haar nieuwste vlog, maar ook omdat ze geen hap door haar keel kreeg en ze wist heel goed waardoor dat kwam: de onbekende man die naar haar gevraagd had. Was hij degene die haar de hele tijd volgde? Die bloemen voor haar ouders had gebracht? Hij had tegen Lize gezegd dat hij Ruby kende. Maar ze kon zich op geen enkele manier iemand herinneren die bloemen zou leggen bij de urn van haar vader. Als hij haar echt zou kennen, waarom zocht hij dan niet gewoon persoonlijk contact? Ze moest hoe dan ook goed oppassen. En vooral geen domme dingen doen, zoals afspraakjes maken met mogelijke daders.

Zoals ze met Youri Stegeman had gedaan.

Achter haar ging de keukendeur open en Annika waaide binnen. Pip trippelde meteen op haar af en dartelde zoals altijd om haar heen.

'Het dossier blijft onvindbaar,' zei Annika zonder verdere begroeting. Ze stak Pip een koekje toe dat hij gulzig opat en keek toen op. 'Dat is toch raar?'

'Ook hallo,' reageerde Ruby. Ze liet het mes dat ze gebruikt had in de gootsteen glijden en pakte de dubbele boterham met smeerkaas van de snijplank.

'Ja, hoi,' zei Annika. 'De man die ik aan de telefoon had begreep het ook niet,' ging ze meteen verder. 'Er is geen enkele reden waarom we het dossier niet zouden mogen inzien, maar ja, als het er niet is, houdt het op.'

Ruby had net een hap genomen en gebaarde met haar hand. 'Het is al een keer eerder gebeurd,' zei ze, nadat ze had doorgeslikt. 'Verkeerd opgeborgen of zo. Heel irritant. Hopelijk komt het nog boven water.'

'Hij zei dat hij zijn best zou doen, maar niets kon garanderen.'

Met gefronste wenkbrauwen nam Ruby nogmaals een hap. Ze had gehoopt dat dossier vandaag of morgen door te spitten, om te zien hoe het onderzoek zich toentertijd had ontwikkeld en wat er allemaal boven water was gekomen. Eigenlijk was het raar dat juist dit dossier zoek was, een zaak van meer dan dertig jaar oud. Wie keek daar nou nog naar om?

Het kwam ineens in haar op. Misschien had iemand dat dossier wel opzettelijk 'kwijtgemaakt'. Jonathan Visser bijvoorbeeld. Maar hij had toch helemaal geen baat bij het verdoezelen van bewijzen in een zaak die zo oud was als Methusalem? Tenzij er fouten waren gemaakt in het onderzoek.

Niet op de dingen vooruitlopen, Ruby!

Jonathan Visser was niet meer een van de jongsten, zijn geheugen kon hem in de steek laten. Wie weet was er zelfs meer aan de hand dan ouderdom – daar wist ze alles van. Alzheimer was sluipend en Visser woonde alleen, het zou amper iemand opvallen. Ze moest eerst veel meer informatie hebben over het onderzoek. Ze moest dat politierapport hebben.

'Ruby?'

Ze schrok op. Annika keek haar met een scheef lachje aan. 'Ik ken die blik. Schuiven er wat puzzelstukjes in elkaar?'

Ze snoof. 'Daar heb ik veel meer gegevens voor nodig. We moeten eerst uitzoeken waar Wiebe Verkerk nu is.'

'De man van wie ze zeiden dat hij Tess had ontvoerd?'

'Ja. Hij zou best weleens wat bruikbare informatie kunnen hebben.'

'Ik kan proberen te achterhalen waar hij woont,' stelde Annika voor.

'Dat zou al welkom zijn,' zei ze. 'Maar doe het een beetje discreet.'

'Discreet? Hoezo, mag niemand weten dat je contact zoekt met een pedofiel?'

'Ten eerste weten we niet of Verkerk dat werkelijk is,' somde Ruby op. 'En ten tweede ben ik bedreigd, weet je wel? En zolang ik niet weet of het serieus is, heb ik liever niet dat jij of Tristan al te opvallend te werk gaan.'

'En jij denkt dat ik… dat Tristan en ik gevaar lopen?'

Ruby schudde halfslachtig haar hoofd. 'Nou ja, gevaar… Ik ben voorzichtig, laten we het daar op houden. Dat heb ik Marta beloofd.'

'Okééé,' reageerde Annika en Ruby wist wat ze daarmee bedoelde. Ruby luisterde niet naar haar zus. Dat had ze nooit gedaan ook. Het moest Annika dus raar in de oren klinken dat ze nu braaf deed wat haar oudere zus zei.

'Ja ja,' zei Ruby lachend. 'Ik weet wat je denkt. Maar doe nou maar gewoon voorzichtig, oké?'

Ruby wierp een blik op de klok, die nu dertig seconden later aangaf dan de vorige keer dat ze keek. Het was vijf over drie en ze vroeg zich al tien minuten af waar Matthias bleef. Ze hadden tussen halfvier en vier uur met zijn moeder afgesproken. Ze had geen flauw idee waar de vrouw nu woonde, maar ze had een hekel aan te laat komen.

Ze liep naar de stoel waarover haar jasje hing, maar pakte het toch nog maar niet. Ze vroeg zich ineens af waarom ze zo gespannen was. Het was bij lange na niet de eerste keer dat ze naar ouders van een vermist persoon ging. Oké, misschien wel de eerste keer naar ouders van een vermiste baby. Toch niet iets waar ze zich zo nerveus over hoefde te maken – zoals altijd zou het gesprek als vanzelf gaan. Haar blik ging naar de tas met haar spullen naast de stoel. Ze had alles, toch?

Snel liet ze zich door haar knieën zakken en controleerde haar apparatuur. Haar camera was opgeladen. Misschien kon ze vast een korte opname maken als intro voor haar vlog? Aankondigen wat ze ging doen? Goed idee. Ze bevestigde haar Sony A7S Mark III op de gimbal, zette hem aan en hield de camera daarna op afstand omhoog. Ze schraapte haar keel, schoof een pluk haar achter haar oor en begon.

Hallo iedereen! Gisteravond vertelde ik jullie al dat ik vandaag de ouders van baby Tess ga opzoeken. Of althans de moeder; Tess' ouders zijn helaas gescheiden, een jaar na haar verdwijning. De vader wil ik zo snel mogelijk ook te spreken krijgen. Het zou niet fair zijn hen niet in te lichten over mijn onderzoek dat inmiddels al is opgestart. Op dit moment wacht ik op Matthias Palmer, de tweelingbroer van Tess. Gisteren konden jullie al kennis met hem maken in het interview met hem. Hij is ervan overtuigd dat zijn zusje nog leeft. Dat voelt hij, vertelde hij me. En omdat iedereen weet dat tweelingen een sterke, soms onverklaarbare band hebben, ben ik geneigd hem te geloven. Zou het niet fantastisch zijn als we Tess levend terug zouden vinden? Inmiddels zal ze nu vierendertig zijn. Misschien weet ze zelf helemaal niet dat zij Tess Palmer is. Ik weet niet hoe het met jullie zit, maar ik word er helemaal blij van als ik eraan denk dat we een familie, een gezin, na meer dan dertig jaar weer kunnen herenigen.

Ze stopte ineens. Twijfel overspoelde haar terwijl ze aan Tess dacht. Ze zou nu geen baby meer zijn, dat had ze net zelf tegen haar volgers gezegd. Net zoals het waarschijnlijk was dat Tess helemaal niet wist dat ze Tess was. Stel dat zij er helemaal niet blij mee zou zijn dat haar leven in één klap overhoop werd gegooid?

De deurbel ging en Ruby schrok op. Ze moest zich niet zo laten meeslepen. Haar vlog heette niet voor niets Pathway to justice: weg naar gerechtigheid. Die gerechtigheid moest er komen, voor Tess, voor haar familie, maar ook voor de daders die deze hele toestand hadden veroorzaakt.

-EERDER-

Doodsbang was hij geweest toen twee grote politieagenten hem hadden meegenomen vanuit het park. Hij wist eigenlijk niet eens waarom. Al eens eerder had hij een agent van zo dichtbij gezien. Dat was toen ze bij hem thuis waren gekomen nadat hij met Sascha tussen de bomen had gespeeld. Maar Sascha was kwijtgeraakt.

Sascha's mama was ontzettend kwaad geweest en had tegen hem geschreeuwd. Het meeste daarvan begreep hij niet zo goed. Behalve dat ze hem de schuld gaf dat Sascha zoek was geraakt. Omdat hij altijd met de kinderen bezig was. Omdat hij 'achterlijk' was. Omdat het niet gezond was dat iemand van zijn leeftijd met kleine kinderen in het park speelde.

Dat laatste begreep hij dan weer niet. Wat maakte leeftijd nou uit? Hij speelde graag met kinderen. Hij begreep hen. En zij begrepen hem. Ze behandelden hem als gelijke. Wat niet zo was bij volwassen mensen. Die praatten altijd tegen hem alsof hij doof was. Of niet snapte wat ze zeiden. Meestal snapte hij hen best, behalve als ze met moeilijke woorden spraken, of als ze dingen zeiden die niet klopten. Zoals dat van zijn eigen kracht.

Je kent je eigen kracht niet, Wiebe!

Zelfs toen hij Sascha weer gevonden had, was haar mama boos gebleven en had gezegd dat hij voortaan bij haar dochter uit de buurt moest blijven. Dat als ze hem weer met haar zag spelen, ze de politie zou bellen.

Ze had gelogen. Want de politie had ze al gebeld. En daarom

stonden ze bij zijn moeder voor de deur. En was meteen uitgekomen dat hij stiekem toch het park in was gegaan.

Hij had straf gekregen, had twee weken niet naar buiten gemogen. Daarna weer wel, maar Sascha had hij nooit meer gezien. Hij had een beetje gehuild omdat hij haar miste. En zijn verdriet ging over toen hij een poosje daarna een ander vriendinnetje vond. Maartje. Ze was nog klein en had zachte blonde haartjes. Ze zat in de zandbak te spelen en nadat hij een poosje naar haar had gekeken, had hij gevraagd of ze ervan hield in het zand te spelen. Ze had gezegd van wel. De eerste keren was hij een klein stukje uit de buurt gebleven om haar niet bang te maken. Want dat waren sommige kleintjes van hem, omdat hij best groot was. Daarom vond hij baby's eigenlijk ook leuker – die waren niet bang voor hem. Maar hij miste Sascha zo en wilde een nieuw vriendinnetje en Maartje leek op haar.

Na een paar dagen kende ze hem en toen hij haar vroeg of ze verstoppertje zouden spelen wilde ze dat wel. Hij had haar handje gepakt en haar meegenomen, de zandbak uit, omdat je alleen maar goed verstoppertje kunt spelen tussen de bomen aan de andere kant van het grasveld.

En toen was het gegil begonnen. Maartjes moeder had geschreeuwd dat hij haar kind los moest laten, en was op hen af komen rennen. Andere mensen schreeuwden ook, andere vrouwen, en een paar mannen. Iemand had hem vastgegrepen en een klap in zijn gezicht gegeven en op de grond geduwd. Hij snapte niet wat er nou gebeurde, waarom iedereen ineens zo schreeuwde. Hij had willen opstaan maar iemand, het was een man herinnerde hij zich later, had hem stevig op de grond geduwd zodat hij geen kant meer op kon. Hij kon zelfs niet zijn oren dichtdrukken om het geschreeuw buiten te sluiten. En dus was hij zelf gaan schreeuwen, om maar niet al die andere geluiden te hoeven horen. Hij had zich losgerukt en was overeind gesprongen.

En toen was hij voor de tweede keer vastgepakt, door twee andere mannen en kon hij niets meer. Twee mannen waren te sterk voor hem. De politie was gekomen, twee grote agenten, nog groter dan hij zelf was, en ze hadden hem meegenomen naar het politiebureau. Ze zeiden dat hij baby's had ontvoerd.

Waar zijn de baby's, Wiebe?

Wat heb je met hen gedaan, Wiebe?

Hij wist het niet. Hij had baby'tjes opgepakt. Baby'tjes tegen zich aan gehouden. Over hun zachte wangetjes geaaid, over hun haartjes gestreken. Maar hij had de baby'tjes geen kwaad gedaan.

Toch?

En nu zat hij in z'n eentje in een kleine ruimte zonder raam, met een hard bed en een vieze wc. Hij wilde zijn mama. Ze moest hem meenemen. Naar huis. Hij wilde naar zijn eigen kamertje en in zijn eigen bed slapen.

Het was niet eerlijk!

Hij wiegde zichzelf heen en weer op het kale bed. Hij hield niet meer van baby'tjes. Het was hun schuld dat hij nu zat opgesloten. Nee, hij hield echt niet meer van baby'tjes. Hij haatte hen. En ze verdienden het om niet meer thuis te komen.

-16-

In stilte zat Ruby naast Matthias in zijn Audi en keek door het raampje naar de bomen langs de kant van de weg. Het was haar opgevallen dat er een kinderzitje op de achterbank gemonteerd was. Ze had er geen moment bij stilgestaan dat Matthias kinderen kon hebben. Getrouwd? Dat wel. Maar kinderen...

Zo onopvallend mogelijk draaide ze haar hoofd in zijn richting. Zelfs vanaf de zijkant vond ze hem knap. Zijn sterke kin, zijn lichtgetinte huid, zijn donkere haar. Hij leek wel mediterraans, maar dat was haar eigen interpretatie – zijn vader kwam tenslotte uit Engeland en zijn moeder was een ras-Hollandse.

Vanuit haar ooghoeken ging haar blik naar het kinderzitje op de achterbank. Hoe zou zijn kind eruitzien? Ook met zo'n olijfkleurige huid en zulk donker haar?

'Yinte,' klonk Matthias' stem ineens.

Van schrik draaide ze haar hoofd terug.

'Mijn dochter.' Hij keek haar van opzij even kort aan en vervolgde: 'Dat stoeltje is voor Yinte. Ze is drie.'

Even wist ze niets te zeggen. Ze voelde zich betrapt en haar wangen gloeiden van gêne. 'Je, eh... dochter?' perste ze er uiteindelijk uit.

Hij glimlachte. 'Ik heb een dochter, ja. Had je dat niet verwacht?'

'Ik, eh... nou ja.' Ze slikte. 'Niet echt. Je bent getrouwd?'

'Was,' verbeterde hij. 'Mijn vrouw overleed twee jaar geleden.'

Ze kon zich wel voor haar kop slaan. 'Dat spijt me,' zei ze zacht.

Hij haalde zijn schouders op. 'Voor haar was het een bevrijding.' Weer keek hij haar even kort aan. 'Het ergste is het voor Yinte. Zij zal nooit haar geweldige moeder leren kennen.'

'Ze zal haar leren kennen door jouw verhalen,' zei Ruby. 'Want dat is wat de doden levend houdt. Zolang er over hen gepraat wordt, zijn ze er nog altijd.'

Nu keek hij haar een fractie langer aan voordat hij zijn blik weer op de weg richtte. 'Dat klinkt alsof je er ervaring mee hebt,' zei hij toen.

Ruby glimlachte. 'Mijn vader overleed toen ik vier was. Door de verhalen van mijn moeder voelt het voor mij alsof ik hem echt gekend heb.'

Er viel een stilte. Ruby staarde uit het raampje naar het water van de vaart langs de weg terwijl haar gedachten naar haar vader gingen – naar de enige herinnering die ook echt een herinnering was: zij met papa in de tuin, kijkend naar de sterren, zijn vinger die haar de sterrenbeelden aanwees en zijn stem die vertelde over het heelal.

'Was hij ziek?' hoorde ze Matthias vragen.

Ze schudde haar hoofd. 'Zelfdoding. Een jaar na de geboorte van mijn broer Quinten.'

'Sorry,' zei hij. 'Dat moet moeilijk te accepteren zijn.'

'Ach,' reageerde ze. 'Het is negenentwintig jaar geleden en ik kan me die periode amper herinneren.'

'Weten jullie ook waarom hij het gedaan heeft?'

'Volgens mijn moeder kwam het uit het niets. Hij was niet depressief, het ging goed op zijn werk en in ons gezin was ook alles pais en vree. Volgens mijn moeder dan, hè?'

'Geen briefje?'

'Als dat er al geweest is, zou mijn moeder ons dat niet zeggen, denk ik. Zij heeft er alles aan gedaan om mijn vader tegenover ons in een goed daglicht te plaatsen.'

Matthias knikte. Hij zette de richtingaanwijzer aan, verliet de doorgaande weg en reed een woonwijk in. Niet veel later zette hij zijn auto aan de kant in een smalle straat. Aan de linkerkant stond een blok van vijf huizen, rechts waren uitgestrekte weilanden, onderbroken door een omheind stuk groen met bomen.

'Je moeder woont hier mooi,' zei Ruby nadat ze waren uitgestapt. Met haar hand boven haar ogen tegen de zon liet ze haar blik over de weilanden gaan. Verkeer of ander straatlawaai hoorde ze niet, alleen het tsjilpen van vogels en het verre gezang van een merel.

'Ze geniet er ook dagelijks van,' reageerde Matthias. Hij sloot de auto af en leidde Ruby naar de middelste woning. 'Ze past ook vaak op Yinte. Die vindt het hier geweldig.'

'Waar woon jij dan?' vroeg Ruby.

'Aalsmeer,' antwoordde hij terwijl hij een sleutel in het slot stak en twee keer op de bel drukte voordat hij de deur opende. 'Ik heb een groothandel in bloempotten.'

Ze staarde hem aan en hij lachte. 'Klinkt niet heel spannend, maar het levert me een mooi maandsalaris op.' Hij ging haar voor naar binnen en ze volgde hem door een lange gang naar een ruime, gezellige woonkamer waar ze werden opgewacht door een vrouw die een stuk ouder oogde dan de eenenzeventig die ze zou moeten zijn. Ze had dezelfde olijfkleurige huid als Matthias, met identieke ogen. Haar haren waren grijs, maar Ruby kon zien dat ze ooit zwart moesten zijn geweest. Naast haar ogen en bij haar mondhoeken waren rimpels te zien.

'Dag mam,' zei Matthias. 'Hij omhelsde zijn moeder en zoende haar op haar wang. Daarna draaide hij zich naar Ruby en vervolgde: 'Dit is Ruby van Wageningen. Over wie ik je gisteren vertelde.'

'De journalist,' zei de vrouw. Haar stem klonk zacht en beschaafd, maar ook een beetje terughoudend.

'Vlogger,' verbeterde Ruby. 'Ik ben geen journalist, ik werk uitsluitend voor mezelf.'

De vrouw nam haar van top tot teen op en knikte toen. Ze stak haar hand uit die Ruby vastpakte, en zei: 'Alexandra van Rede. Welkom. Wilt u iets drinken?'

'Thee graag,' zei Ruby, terwijl ze op de bank plaatsnam.

Mevrouw Van Rede keek naar Matthias, die meteen naar de keuken verdween. Vervolgens richtte ze haar blik op Ruby en bekeek haar langdurig.

Het gaf Ruby een ongemakkelijk gevoel. Alsof ze gekeurd werd. Ze ademde onhoorbaar in en om het ijs te breken zei ze: 'U woont hier mooi.' Ze keek door het grote raam naar de weilanden buiten.

'Dank u.'

Ruby keek weer naar de vrouw en glimlachte. 'U mag wel je zeggen, hoor.'

Er kwam niet meteen antwoord. Mevrouw Van Rede knipperde even met haar ogen en knikte toen. 'Dat is goed,' zei ze.

Eigenlijk wist Ruby niet zo goed wat ze nu zeggen moest en dat verbaasde haar. Ze zat nooit om woorden verlegen, maar iets in de houding van mevrouw Van Rede weerhield haar ervan om zomaar ergens over te beginnen, laat staan over Tess.

Voorzichtig keek ze naar de vrouw. Ze kon zien waar Matthias zijn looks vandaan had; de vrouw moest vroeger behoorlijk knap zijn geweest. Dat was ze trouwens nog steeds, alleen lag er een onnoemelijke triestheid over haar eens zo knappe gezicht.

'Hier is de thee!'

De warme, opgewekte stem van Matthias luchtte haar op. Nu was ze tenminste niet meer alleen en hij zou wel weten hoe ze zijn moeder het beste konden benaderen.

Matthias zette een groot dienblad op de salontafel, met daarop een theepot en drie kopjes. 'Suiker?' vroeg hij nadat hij had ingeschonken en hij hield een suikerpot omhoog.

Ze schudde haar hoofd en keek toen geschokt toe hoe hij vier scheppen in zijn eigen kopje deed.

'Ik heb hem al zo vaak gezegd dat dat slecht voor hem is,' kwam de stem van mevrouw Van Rede.

'Mijn lijf, mijn keus,' reageerde Matthias. Hij schoof een kopje thee zonder suiker in de richting van zijn moeder en zette er ook eentje voor Ruby neer. Met zijn eigen kop suikerthee ging hij weer naast Ruby zitten.

'Waar is Yinte?' vroeg mevrouw Van Rede.

'Die logeert bij Aidan.' En tegen Ruby: 'Dat is mijn oudste broer. Getrouwd, twee kinderen. Werkt bij mij op de zaak.'

'Je had haar ook mee kunnen nemen,' zei mevrouw Van Rede. Het klonk bijna als een verwijt.

'Dat leek me niet verstandig,' wierp Matthias geduldig tegen. 'Het gesprek dat we gaan voeren is zwaar, vooral voor jou.'

Nu sloeg mevrouw Van Rede haar blik neer en Ruby zag haar schouders zakken. De vrouw moest het enorm moeilijk hebben. Ze keek naar Matthias, die haar bemoedigend toeknikte.

Ze schraapte haar keel en zei toen: 'Matthias heeft u verteld wat mijn plan is? Dat ik onderzoek wil doen naar de verdwijning van uw dochter?'

Mevrouw Van Rede knikte.

'Vindt u dat erg?' vroeg Ruby. 'Of heeft u er om bepaalde redenen bezwaar tegen? Ik kan me voorstellen dat u het na al die jaren…'

Mevrouw Van Rede hief met een driftige beweging haar hand. 'Niet zeggen,' fluisterde ze. 'Niet zeggen dat ik het wel een plekje gegeven zal hebben want dat is niet zo.' Ze keek Ruby aan. 'Hoe zou je de verdwijning van je kind een plekje kunnen geven? Tess heeft een plek in mijn hart, voor altijd, en het gemis zal ik mijn hele leven bij me dragen.'

'Dat begrijp ik,' zei Ruby zacht.

'Ruby wil graag alles weten wat je je nog kunt herinneren uit die periode,' zei Matthias.

'Ik weet alles nog,' zei mevrouw Van Rede stellig. 'Elk kleinste detail.'

Dat was iets wat Ruby best kon geloven. Zoiets vergat je je hele leven niet. 'Ik wil ons gesprek graag opnemen,' zei ze. 'Hebt u daar bezwaar tegen?'

Mevrouw Van Rede schudde haar hoofd. 'Als het helpt om Tess terug te vinden, heb ik daar absoluut geen moeite mee.'

-17-

Het was laat toen Ruby en Matthias bij mevrouw Van Rede vertrokken. De zon stond al laag en Ruby klapte de zonneklep uit terwijl Matthias de straat uit reed.

Het gesprek was behoorlijk emotioneel geweest en Ruby had even tijd nodig om wat ze allemaal gehoord had te laten bezinken. Haar hand rustte op de tas met haar camera en ze wist nu al dat haar nieuwe vlog geweldig zou worden. Bovendien was ze een paar nieuwe feiten te weten gekomen – de belangrijkste daarvan: er was al eerder een baby verdwenen! Informatie waar ze wat mee kon. En misschien vond ze ook nog wat in de plakboeken van Alexandra van Rede, die in de tas naast haar voeten zaten.

'Neem het mijn moeder niet kwalijk,' zei Matthias na een tijdje.

'Wat niet?'

'Dat ze af en toe zo scherp uit de hoek kwam.'

Ruby glimlachte. 'Zo heb ik het niet ervaren, hoor,' zei ze. 'Je moeder heeft een moeilijk leven gehad – het is niet niks om niet te weten of je enige dochter nog leeft of dood is.'

Matthias zweeg. Pas toen ze Vijfhuizen uit reden vroeg hij: 'Denk jij dat ze nog leeft?'

Ruby gaf niet meteen antwoord. De reactie onder haar vlog zou erop kunnen wijzen dat ze nog in leven was. Aan de andere kant zei het niets. Zolang ze niet wist van wie die reactie kwam, kon Tess net zo goed al jaren ergens onder de grond liggen.

'Daar zou ik het liefst van uitgaan, maar dat zou niet reëel zijn.'

Ze keek van opzij naar hem. 'Wat ik me wel afvraag is of het feit dat Tess een meisje was meespeelde in het motief van de dader.'

'Hoe bedoel je?'

'Je hebt alleen maar broers, Tess was het enige meisje.'

Matthias gaf daar niet meteen antwoord op. Hij staarde door de voorruit en manoeuvreerde de auto behendig over de grote draai naar de N232. 'Eerlijk gezegd is dat nog nooit in me opgekomen,' zei hij uiteindelijk. 'Maar misschien komt dat wel omdat jij een buitenstaander bent. Voor ons, voor mijn vader en moeder, was ze een van hun kinderen – als ouders deel je die niet in.'

'Dat zeg je uit ervaring?' wilde Ruby weten.

Hij glimlachte. 'Ik heb slechts een dochter. En of er ooit nog een zoon bij komt is de vraag.'

'Waarom? Je bent jong genoeg om nog een vrouw te vinden met wie je je leven wilt delen en nog een kind kan krijgen.'

Matthias keek even kort opzij. 'Die vrouw moet dan wel heel wat in huis hebben om Marieke te kunnen vervangen.'

'Het is geen vervangen,' wierp Ruby tegen. 'Marieke was je eerste vrouw. Je grote liefde als ik het goed begrijp. Een nieuwe vrouw zal een heel andere plek gaan innemen. Liefde kent geen houdbaarheid, hoor.' Ze zweeg en had nu al spijt van haar woorden. Ze kende deze man amper. Wie was zij dat ze kon oordelen over liefde zonder houdbaarheid als haar eigen echtgenoot bij haar was weggegaan?

'Jij spreekt nu wel uit ervaring?' klonk zijn stem. Maar voor ze antwoord kon geven ging hij alweer verder: 'Heb je honger? Het is inmiddels al bijna zeven uur.'

Ruby wierp een blik op het dashboardklokje en zag dat hij gelijk had. Tegelijkertijd voelde ze haar maag knorren. 'Ik eet thuis wel een boterham,' zei ze. Na hem haar vrijpostige mening te hebben gegeven, wilde ze zo snel mogelijk naar huis. Weg van hem, van zijn donkere ogen.

Er kwam geen antwoord. Bij het eerstvolgende verkeerslicht

nam hij echter de baan voor rechtdoor en stak het kruispunt over.

'Moesten we hier niet naar rechts?' vroeg ze.

'Ik neem een andere weg,' antwoordde hij en hij zweeg verder.

Nog geen vijf minuten later parkeerde hij zijn auto vlak voor een klein hotelletje. Ruby keek door het zijraampje naar de verlichte ingang en voelde paniek oplaaien, iets wat ze eigenlijk helemaal niet kende. Ze was niet zo'n paniekvogel, wist heel goed haar mannetje te staan. Maar nu vroeg ze zich af of Matthias anders was dan hij zich in eerste instantie had doen voorkomen.

'W-wat doen we hier?' wilde ze weten. Ze keek naar Matthias' handen, verwachtte half-en-half te zien dat hij een mes vasthad. Een waas trok voor haar ogen en meteen draaide ze zich naar het portier. Ze moest de auto uit!

Ze rukte aan de hendel en tuimelde bijna naar buiten.

'Wat doe je?' hoorde ze Matthias vragen, maar ze reageerde er niet op. Ze krabbelde overeind en keek rond, op zoek naar een vluchtweg. Een hand greep haar arm vast en met een gil probeerde ze zich los te rukken. Het was Matthias die haar verbaasd aankeek.

'Wat is er met je?' vroeg hij. 'Waarom doe je zo paniekerig?'

'Laat me los!' gilde ze en ze rukte haar arm uit zijn greep.

Maar meteen daarna pakte hij haar bij beide schouders en zocht haar blik. 'Kalm, Ruby,' zei hij rustig. 'Er is niets aan de hand. Het is goed. We gaan alleen maar wat eten. Daar.' Hij wees naar een kleine bistro naast het hotel.

'Nee!' riep ze. 'Ga weg!' Ze hapte naar adem. Ze was duizelig, haar handen tintelden en haar borst kneep samen.

'Ik wil dat je kalmeert,' zei Matthias nog net zo rustig. 'Ik denk dat je een paniekaanval hebt. Probeer rustig adem te halen.'

Dat kon hij makkelijk zeggen. Hoe wist ze of hij te vertrouwen was? Of hij haar niet het zwijgen wilde opleggen om haar haar onderzoek te laten staken?

Net als Youri Stegeman!

Ze kneep haar ogen stevig dicht en probeerde diep adem te halen. Er was niets aan de hand, er was niets aan de hand. Ze herhaalde het keer op keer in haar hoofd. Er was niets aan de hand.

Toch?

'Kom, we gaan een stukje lopen,' zei Matthias. Hij sloeg zijn hand om haar middel en leidde haar weg van de auto.

Al snel zakte nu de paniek. De kramp in haar borst trok weg en ze voelde haar vingers weer. Haar mond was gortdroog; haar tong plakte tegen haar gehemelte. Ze keek opzij naar Matthias die haar bezorgd opnam. Hij had geen mes in zijn hand. Natuurlijk niet.

'Gaat het weer?' vroeg hij.

Ze knikte en na een laatste diepe ademteug keek ze opzij naar Matthias. 'Het gaat wel weer,' zei ze. 'Sorry.'

'Waarom sorry?' vroeg hij. 'Je krijgt niet zomaar een angstaanval. Iets heeft het getriggerd. Heb je het vaker gehad?'

Ze schudde haar hoofd. 'Nog nooit. Maar ik denk dat... dat...' Ze slikte. Ze had sinds ze uit het ziekenhuis was gekomen nooit met iemand gesproken over wat er toen gebeurd was. Zelfs niet met Annika en Tristan. Niemand hoefde te weten wat er zich behalve die messteek allemaal had afgespeeld in de woning van Youri Stegeman. Dat was te... te...

'Kom,' klonk Matthias' stem zacht. 'We gaan binnen wat eten. Dan kun je even tot rust komen.'

Het liep al tegen elf uur toen Matthias zijn auto achter die van Ruby tot stilstand bracht op de oprit van haar huis. Hij zette de motor af en keek opzij. Ze zag zijn donkere ogen, het lachje dat altijd rond zijn lippen leek te spelen. Ze moest toegeven dat het heel gezellig was geweest. Ze hadden het niet meer over haar angstaanval gehad, maar pas na een krap uur had ze zich weer enigszins op haar gemak gevoeld. Matthias was aangenaam gezelschap. Hij kon leuk vertellen, maar ook goed luisteren en naast wat privédingen hadden ze het ook over de vermissing van Tess gehad. Hij had haar verteld over zijn jeugd die altijd overschaduwd was geweest door zijn verdwenen zusje, over zijn diepe gevoel dat ze nog leefde en hoe hij elke dag wel wenste dat ze zomaar ineens op zijn stoep zou staan. Toen hij dat zei, wilde Ruby niets liever dan hem de rust geven die hij al die jaren niet had gehad en ze zou alles op alles zetten om de zaak op te lossen.

'Ik vond het een fijne avond,' zei Matthias. 'Ik hoop jij ook?'

Ze glimlachte. 'Het was heel gezellig,' gaf ze toe.

'Het is lang geleden dat ik met iemand zo openhartig kon praten over mijn zusje,' vervolgde hij, 'en over alles wat uit haar verdwijning is voortgevloeid.'

Daar wist ze niet zo goed antwoord op te geven. Eigenlijk dacht ze dat hij zijn broers toch had met wie hij kon praten, en daarnaast moest hij vrienden genoeg hebben. Daar was hij namelijk een type voor: voor heel veel vrienden. Ze keek even door het zijraampje naar de lampen tegen de zijgevel van haar huis die inmiddels waren aangesprongen en een subtiel licht verspreidden, en richtte haar blik weer op Matthias. 'Heb je zin om binnen nog wat te komen drinken?' flapte ze er toen uit.

Nu glimlachte hij. 'Ik zou niets liever willen,' zei hij. 'Maar ik denk dat we dat niet moeten doen.'

'Waarom niet?' vroeg ze, met moeite haar teleurstelling verbergend.

Zijn blik gaf het antwoord en misschien had hij gelijk, bedacht ze. Het zou waarschijnlijk niet bij een drankje blijven. Of ze daarmee zat, was een tweede. Ze had zo'n behoefte aan warmte. Aan een arm om haar heen, aan iemand die haar begreep. Matthias was de eerste in lange tijd die weer enige gevoelens bij haar opriep.

Ze wierp hem een kort lachje toe. 'Nou, dan ga ik maar,' zei ze.

Matthias boog zich naar haar toe en kuste haar zacht op haar wang. 'Ik ben benieuwd naar je volgende vlog,' zei hij. 'En ik bel je morgen voor een bezoek aan mijn vader.'

Verrast raakte ze heel even haar wang aan, terwijl ze hem zwijgend aankeek. Toen pakte ze de tas met de plakboeken die naast haar voeten stond en stapte uit.

-18-

Ze keek Matthias' Audi na, toen hij achteruit het terrein af reed en vervolgens het pad naar de doorgaande weg nam. Ze bleef staan tot ze zijn achterlichten niet meer zag. Een vreemd gevoel van eenzaamheid overviel haar, een gevoel dat ze lang niet had gehad. Op de een of andere manier was Matthias door haar pantser heen gebroken en was het alsof ze hem door en door kende.

Ze ademde diep in en liep via de tuin naar de voordeur, terwijl ze haar sleutels uit haar tas viste. Tijd om weer met beide benen op de grond te komen – ze had een zaak te onderzoeken.

Ze stak de sleutel in het slot en juist op dat moment hoorde ze een zacht gekraak. Met een ruk draaide ze zich om en tuurde in het donker. Ze zag niets. Geen schaduwen, helemaal niets. Of wacht... daar! Haar blik ging opzij, naar de afscheiding tussen haar tuin en die van de buren, de halfhoge beukenhaag. Ze kneep haar ogen samen, voelde haar hartslag toenemen.

Ze hees de tas met de plakboeken wat hoger op haar schouder en liep een stukje het gazon op. Niets. Er was ook niets meer te horen. Geen gekraak, geen voetstappen. Alleen het zachte geruis van de wind door de bomen.

Verbeelding. Ze moest niet zo paranoïde doen. Het leek wel of Youri Stegeman haar altijd zo stabiele nuchterheid had aangetast. Paniekaanvallen, achtervolgingswaan, inbeeldingen. Ze moest zichzelf herpakken voordat ze écht doordraaide.

Ze liep terug naar haar voordeur, draaide de sleutel die nog in het slot stak om en stapte de hal in. Het eerste wat haar ineens opviel was de stilte. Waar was Pip? Had hij haar niet gehoord? Doorgaans stond hij al op de mat zodra ze de sleutel in het slot stak.

'Pip!' riep ze. 'Ik ben thuis!'

Er kwam geen antwoord in de vorm van vrolijk geblaf. Annika had hem natuurlijk weer mee naar huis genomen in plaats van hem na de wandeling thuis te brengen. Ze duwde de deur dicht, gooide haar sleutels op het gangkastje en haalde haar mobiel tevoorschijn. Ze was meerdere keren gebeld, had ze aan het getril gevoeld, maar ze had geen tijd gehad om te kijken wie het was; al haar aandacht was naar Matthias gegaan.

Ze haalde haar mobiel van de stilstand en bekeek toen wie haar geprobeerd had te bereiken. Casper – natuurlijk – en een nummer uit Utrecht. Annika had niet gebeld. En ook geen berichtje gestuurd dat ze Pip mee naar huis had genomen.

Met een diepe zucht liep ze de keuken in. Waarom meldde Annika het niet even als ze Pip meenam. Dan stond zij niet voor verrassingen als ze thuiskwam.

Ze keek ineens op. Wat was dat? Ze legde haar spullen op de keukentafel en luisterde. Een vaag raspend geluid drong tot haar door. Haar blik ging naar de keukendeur en de donkere tuin erachter. Ze zag niets. Opnieuw hoorde ze het geluid en tegelijkertijd prikte het zweet ineens in haar nek.

Er was iemand in haar huis!

Zo zacht mogelijk liep Ruby de hal in. Ze hoorde niets. Verbeeldde ze zich nou weer van alles? Nog even en ze ging nog hallucineren ook en dan…

Daar! Met een ruk keek ze op. Weer dat gerasp. Geen verbeelding dus. Het kwam in ieder geval niet uit de woonkamer. Voorzichtig sloop ze door de hal naar de trap en keek omhoog, luisterde, een minuut, twee. Toen hoorde ze het geluid weer. Het kwam uit de kelder!

Heel even hield Ruby haar adem in. Toen liep ze langzaam achteruit bij de trap vandaan. Ze hoorde nu iets anders wat ze niet kon thuisbrengen, maar dat haar wel deed verstijven van angst. Ze deed een tweede stap achteruit, struikelde over de deurmat en ze klapte tegen de deur. Ze vloekte luid, terwijl ze overeind krabbelde. Als er werkelijk iemand beneden was, had hij haar vast gehoord. Haar blik ging naar het gordijn dat van plafond tot vloer voor het raam naast de voordeur hing. En waarachter ze nog niet zo heel lang geleden een honkbalknuppel had neergezet. Haastig graaide ze hem met één hand achter het gordijn vandaan. Nu had ze tenminste iets om zich te verdedigen.

Ze greep het ding met twee handen vast en daalde de trap naar de kelder af. Het licht in het gangetje brandde. Dat was raar – ze had het uitgedaan, dat wist ze zeker.

Langzaam, op haar tenen, sloop ze de gang door. De deur naar het washok stond open en na een korte aarzeling sprong ze met een woeste kreet voor de deuropening, de knuppel recht omhoog voor haar gezicht, als een soort overenthousiaste ninja. Ze zag niemand; het hok was leeg.

Met een ruk keek ze om, het gangetje door naar de deur van haar studio. Die was dicht. Dat zat ie overigens altijd – ze wilde niet dat Pip er rondstruinde als zij er niet was. Ze nam een diepe ademteug en sloop het laatste stukje van de gang door. De studio was de enige plek waar iemand zich nog kon verschuilen. Hij of zij moest haar gehoord hebben; het bleef doodstil – geen raspend geluid.

Ze hield de honkbalknuppel voor zich uit en opende voorzichtig de deur, erop bedacht dat iemand haar kon bespringen. Maar voordat ze studio binnen kon gaan klonk er een langgerekt gejank en stoof Pip door de kier in de deur langs haar heen. Ze slaakte een kreet van schrik en haalde nog net niet met de knuppel uit.

'Pip!' riep ze, terwijl haar hart overuren draaide.

De hond danste om haar heen, jankend en piepend en probeerde haar hand te likken die ze als vanzelf naar hem uitstak.

'Hoe kom jij daar nou binnen?' zei Ruby. Ze zakte door haar knieën en haalde Pip aan. Dat kalmeerde hem algauw en hij likte aan een stuk door haar vingers. Uiteindelijk kwam ze overeind en duwde de deur naar de studio behoedzaam verder open. Zo op het eerste gezicht leek er niets mis.

Ze liet haar ogen door de ruimte gaan. Het voelde niet goed. Ze kon niet verklaren waarom – misschien het feit dat Pip moeilijk zichzelf kon hebben opgesloten? Haar blik ging naar de tuindeur. Een eenvoudige houten deur, stevig, met een klein raampje bovenin waar je amper doorheen kon kijken omdat het in jaren niet gewassen was. Ze zag dat de twee schuifgrendels op hun plek zaten, ongetwijfeld was ook het slot intact.

Ze liet de honkbalknuppel zakken, liep naar de tuindeur en schoof de grendels open. Daarna probeerde ze deur open te duwen, maar dat lukte niet. Zie je wel? Op slot. Maar hoe kwam Pip dan opgesloten in haar studio?

Haar hart sloeg een paar slagen over toen ze boven haar mobiel hoorde overgaan en bijna slaakte ze een gil. Meteen daarna schoot ze in een zenuwachtige lach. Wat stelde ze zich aan!

Nogmaals keek ze haar studio rond. Haar blik ging onwillekeurig naar de whiteboards maar die zagen er nog net zo uit als voordat ze was weggegaan. Ze liep naar haar bureau, legde de honkbalknuppel erop en haalde haar computer uit de slaapstand. Het kader waarin ze haar wachtwoord moest typen verscheen en niets wees erop dat iemand had geprobeerd zich toegang te verschaffen. Het enige wat afweek, was de stapel papieren in de sorteerbak op de hoek van het bureau. Daarin bewaarde ze de aantekeningen die nog moesten worden ingevoegd op het whiteboard. De papieren lagen scheef, niet zoals zij ze had achtergelaten.

Ze lachte bij zichzelf. Annika. Die was hier natuurlijk geweest om iets te halen of na te kijken over de zaak. En die stomme trien had per ongeluk Pip opgesloten. Ze aaide de hond over zijn kop. Hij moest de hele tijd aan de deur hebben gekrabd – het raspende geluid. Misschien had hij ook wel zitten janken, het arme dier.

'Kom maar mee,' zei ze, terwijl ze de honkbalknuppel van het bureau pakte. 'Dan krijg je wat lekkers van me. En dan zullen we morgen die domme Annika eens op het matje roepen.'

- GESPREK MET TESS' MOEDER
– VLOG #3073 -

1,3 mln. weergaven · 4 uur geleden

Welkom terug bij mijn Pathway to justice-vlog, lieve volgers. Zo-als jullie weten doe ik onderzoek naar de verdwijning van baby Tess Palmer, vierendertig jaar geleden. Inmiddels heb ik gespro-ken met de moeder van Tess, Alexandra van Rede. Een gebroken vrouw, nog steeds, die elk detail van die onfortuinlijke dag en de dagen erna nog haarscherp voor de geest kan halen.

<foto Alexandra van Rede in 1986> met toestemming

Wat ze zich echter nog het meest herinnert zijn de kranten van toen. Je zou denken dat bij de verdwijning van een baby men-sen meeleven en compassie voelen voor de ouders, die zo'n jong kindje zomaar ineens kwijt zijn en uiteraard was dat er van een groot deel van de bevolking. Maar ook waren er mensen die niet zo meeleefden – die het gezin zwartmaakten en valse beschul-digingen uitten. Sommige daarvan werden gepubliceerd in kran-ten die toentertijd hoog in aanzien stonden. Alexandra is het nog steeds niet vergeten, de dingen die over de zaak en haar ge-zin geschreven werden. Dingen die helemaal niet waar waren. Toen ik haar vroeg om een voorbeeld, liet ze me vier plakboeken zien, vol met uitgeknipte krantenartikelen.

<foto plakboeken Alexandra> met toestemming

Alles wat er in die tijd over de zaak gepubliceerd was, had ze in-
geplakt. 'Mijn manier om mezelf ervan te overtuigen dat ik mijn
kleine Tess niet opgaf,' fluisterde ze, als antwoord op mijn vraag
waarom ze dat had gedaan. 'Ze was mijn enige dochter.'
Dat laatste, beste volgers, is iets waar ik nog niet eerder aan had
gedacht: waarom werd Tess meegenomen en niet Matthias?
Was het een bewuste keus van de ontvoerders geweest? Matthias was een vaste slaper, vertelde Alexandra me, terwijl Tess
om het minste of geringste wakker werd – een risico. Was Matthias niet een makkelijker slachtoffer geweest? Of misschien alle
twee. Hoe makkelijk zou het niet zijn geweest om gewoon de
kinderwagen weg te rijden?

<foto Tess met haar moeder en broertje in 1987> met toestemming

De artikelen in de plakboeken volgden hoofdzakelijk het verloop
van het onderzoek, maar nadat er melding was gedaan van de
aanhouding van Alexandra's ex Martin van Elderen, veranderde
de toon in de berichtgeving. Speculaties over betrokkenheid van
de ouders zelf, over het huwelijk tussen Martin en Alexandra,
dat volgens journalisten met ruzie was geëindigd. En vooral over
dat Martin de dader wel moest zijn.
Zwartmakerij noemt Alexandra het. Er was niets van waar –
volgens haar schuilde er in Martin geen greintje kwaad. Hun
huwelijk hield geen stand omdat Alexandra's ouders ertegen
waren. Zij accepteerden Martin niet en uiteindelijk kon hij de
minachting en het regelmatig negeren niet meer aan en vertrok.
Nadat Martin weer was vrijgelaten, werd Alexandra zelf het
mikpunt van de journalisten. Er werd geopperd dat zij haar eigen baby had laten verdwijnen om aandacht te krijgen. Omdat

ze haar man wilde zwartmaken. Omdat ze haar ouders wilde straffen. Door inmenging van Alexandra's vader moesten de journalisten openlijk hun excuses maken, maar het kwaad was geschied – wonen in hun oude buurt was onmogelijk geworden en het gezin verhuisde naar Hilversum.

<foto oude huis in Utrecht – uit online archief>

Ik vroeg naar Martin, maar hij kwam om bij een motorongeluk in 1995. Helaas kan ik hem dus niet bij het onderzoek betrekken.

<foto Martin van Elderen uit krant 1987>

Ons gesprek kwam uiteindelijk op Wiebe Verkerk, de toen twintigjarige man met het verstandelijke vermogen van een kind van tien, over wie we het al eerder hadden. Volgens Alexandra was zijn veroordeling een noodsprong. Er was totaal geen connectie tussen hem en Tess, en de enige, behoorlijk zwakke link was een eerder in Rotterdam verdwenen baby. Ja, beste volgers, ik wist ook niet wat ik hoorde – er verdween al eerder een baby! Helaas werd deze baby enkele weken na de verdwijning dood teruggevonden. Wiebe Verkerk werd er echter nooit mee in verband gebracht; zoals ik in een van mijn vorige vlogs al meldde werd de link pas gelegd toen Wiebe, eveneens in Rotterdam, een baby uit de kinderwagen haalde en ermee ging wandelen. Deze baby mankeerde niets toen ze Wiebe aanhielden.

<tijdens tekst krantenfoto van Wiebe Verkerk uit 1989 tonen>

Toch werd hij veroordeeld. Maar op welke grond is me nog steeds een raadsel, want er zat een jaar tussen de verdwijning van de eerste baby en de ontvoering van Tess, en nogmaals een jaar tussen de verdwijning van Tess en de aanhouding van Wiebe. Ook werd er voor de eerste baby die verdween, Sanne, geen losgeld geëist.

'Het was volledig ongegrond dat Wiebe de schuld kreeg,' verklaarde Alexandra van Rede. 'Maar de politie had een zondebok gevonden en die lieten ze niet meer gaan.'

<foto geopend plakboek met close-up van het artikel waarin melding wordt gedaan van de aanhouding van Wiebe Verkerk>

Antwoord op de vraag wat de werkelijke reden was dat Wiebe Verkerk werd veroordeeld zonder rekening te houden met zijn verstandelijke beperking hebben we nog steeds niet. Wel hebben we er nieuwe vragen bij gekregen. Waarom werd Tess ontvoerd en niet Matthias? En waarom werd Wiebe Verkerk in verband gebracht met de verdwenen baby een jaar voordat Tess werd ontvoerd? Ik hoop ze te kunnen beantwoorden naarmate mijn onderzoek vordert. Tot nu toe heb ik de hoop meer informatie te vinden in het politiedossier van destijds. Echter, dat dossier lijkt van de aardbodem verdwenen. Maar ik geef het niet op, ik blijf zoeken. En ik hoop dat jullie met me meezoeken. Heb je informatie, weet je iets over de zaak of heb je simpelweg ideeën? Aarzel dan niet om het te melden, via een e-mail, privébericht of gewoon onder deze vlog. Bedankt voor het kijken en vergeet niet een duimpje omhoog te doen. Abonneer je op deze vlog als je de voortgang van het onderzoek wilt volgen. Regelmatig komt er een nieuwe vlog online waarin ik jullie deelgenoot maak van mijn onderzoek. Tot de volgende keer!

-19-

Terwijl Ruby met haar ene hand een schaaltje yoghurt leeg le-
pelde, scrolde ze met haar andere hand door de berichtjes onder
haar nieuwste vlog. Ze kwam niks interessants tegen. Meestal
kwamen er altijd wel mensen met ideeën. Soms waren het regel-
rechte getuigenissen van dingen die mensen gezien of gehoord
hadden. Maar nu? Op dat ene berichtje dat Tess niet dood was
na, was er nog niets belangrijks gemeld.

Haar aandacht werd ineens getrokken door een reactie van
Hanneke1967. Ze had de naam al eerder tussen haar volgers gezien.

hanneke1967 zegt
30 AUGUSTUS 2021 OM 23:58
*Heb je er weleens aan gedacht dat de getuige in het park ie-
mand anders zag dan de dader?*

Ruby keek op van het scherm. Wacht... wacht even. Wat? Ze las
het bericht nogmaals en staarde vervolgens langs haar laptop
door het keukenraam naar de tuin. Daar vroeg ze wat. Als ze eerlijk was moest ze bekennen dat het slechts even door haar heen
was gegaan, de vraag of de man die Isabella de Ruyter had gezien
daadwerkelijk Tess had meegenomen, maar ze had het weer aan
de kant geschoven. Het was te uitzonderlijk: een man met een
baby die niet van hem leek te zijn – voldoende toch om ervan uit
te gaan dat het hier de dader betrof: een ontvoerder zonder kin-

derwagen, die niet wist wat hij met de baby aan moest.

Haar blik ging weer naar de reactie onder haar vlog. ... *dat de getuige in het park iemand anders zag dan de dader.* Als dat zo was, dan liep alles zo goed als dood. Zo goed als, maar niet helemaal: het bood ook nieuwe perspectieven. Ze moest die getuige vinden. Isabella de Ruyter. Zij kon misschien meer uitleg geven over wat ze precies gezien had. Maar eerst moest ze Ellie van Niehoff bellen; die had haar gisteravond geprobeerd te bereiken. Ze pakte haar mobiel en scrolde naar het nummer. Maar ook deze keer kreeg ze de voicemail.

Haar blik ging naar Pip. Een lekkere wandeling zou haar goeddoen. Even haar hoofd leegmaken. Ze trok een sweatshirt dat nog over de stoel hing aan over haar T-shirt, pakte Pips riem en trok even later de deur achter zich dicht. Zodra ze de woningen achter zich had gelaten en alleen nog maar het ruisen van de zee in de verte hoorde, belde ze naar Annika, die slaperig opnam.

'Ik lig nog in bed,' klonk het mompelend. 'Wat is er?'

'Pip,' zei Ruby opgewekt. 'Hij heeft een geweldige avond gehad in mijn studio.'

Het bleef even stil. Toen Annika's schorre stem: 'Wat?'

Ruby zag haar vriendin voor zich, hoe ze overeind kwam in bed, met een hand haar lange haren over haar hoofd naar achteren wreef en ondertussen op de wekker keek.

'Idioot,' schold Annika. 'Het is midden in de nacht!'

'Kom kom, niet overdrijven,' zei Ruby. 'De morgenstond heeft goud in de mond, dus *chopchop*, opstaan.'

'Waarom? Ik draai me liever nog even om.' Ze hoorde Annika uit bed stappen. 'Wat was dat nou met Pip?'

'Die heeft de hele avond in mijn studio gezeten. Wat moest je daar doen?'

Stilte.

'Je studio?' herhaalde Annika, die nu een stuk wakkerder klonk. 'Daar ben ik helemaal niet geweest.'

'Dat moet wel, want Pip zat er opgesloten,' zei Ruby.

'Nee, echt niet,' klonk Annika's stem. 'Ik heb Pip via de keukendeur naar binnen gedaan, hem eten en water gegeven en ben toen weer vertrokken. Ik ben absoluut niet in je studio geweest. Ik ben helemaal nergens geweest, behalve in de keuken. O nee, ik ben ook even de woonkamer in gelopen om een lampje aan te doen, zodat jij niet zo in het donker thuis zou komen.'

Met een ruk bleef Ruby staan. Het begon ineens hinderlijk te suizen in haar hoofd, terwijl ze instinctief over haar schouder keek en daarna haar blik liet rondgaan. 'Dan is er iemand in mijn huis geweest,' zei ze toen.

'Wat?' riep Annika. En meteen erachteraan: 'Je moet de politie bellen!'

'Dat ga ik ook echt wel doen,' zei Ruby. 'Maar veel zullen ze vast niet kunnen doen. Bovendien zijn er helemaal geen sporen van braak.'

'Waarom zet je toch ook nooit je alarmsysteem aan?' foeterde Annika. 'Beloof me dat je dat vanaf nu doet!'

Misschien was dat inderdaad een goed idee. Het systeem zat er al sinds ze in de oude portierswoning trok. Het was aangesloten op een centrale meldkamer. Ruby had het nog nooit gebruikt; ze vond het niet handig met een hond in huis die overal kon komen waar hij wilde. Maar nu moest ze het toch echt doen. Dan moest Pip helaas in de keuken als ze wegging.

'Ruby!'

Annika's stem klonk paniekerig. 'Luister je wel? Zet dat alarmsysteem aan, ook 's nachts, oké? Of zal ik Tristan vragen of hij voorlopig...'

'Absoluut niet!' onderbrak Ruby haar. 'Het laatste wat ik kan gebruiken is een overbezorgde buurman in huis.'

'Ik wilde zeggen: een oogje in het zeil houdt,' vulde Annika haar zin aan. 'Hij woont tenslotte naast je.'

'Driehonderd meter verderop,' zei Ruby. 'Scherp oog moet hij dan hebben. Nee, ik beloof je dat ik het alarm aanzet.'

'Niet vergeten! Waar ben je nu?'

'In de duinen, met Pip.' Ze keek rond of ze hem ergens zag, maar hij was in geen velden of wegen te bekennen. 'Tenminste, ik dacht dat ik hier met Pip liep, maar hij is er weer eens vandoor.'

'Kijk in hemelsnaam uit, daar in je eentje,' waarschuwde Annika. 'Als iemand in je huis is geweest, kon je weleens in de gaten worden houden.'

Ruby zei niet dat ze daarmee wellicht de spijker op zijn kop sloeg. Ze raakte er steeds meer van overtuigd dat het allemaal met elkaar te maken had: de onbekende man, die haar toch vaag bekend voorkwam, de inbraak in haar huis, de anonieme bedreiging.

Stop met je onderzoek!

Hoever zou de schrijver van dat berichtje gaan om haar werkelijk zover te krijgen?

20

Zoals ze al verwacht had, leverde haar melding aan de politie dat er iemand in haar huis was geweest niets op, hoofdzakelijk omdat er niets gestolen was en er geen sporen van braak waren. Het enige wat ze konden doen was wat vaker langs haar huis rijden, maar of dat zin had was een tweede – ze woonde niet echt vlak langs de doorgaande weg. Toch had ze aangegeven dat ze dat op prijs zou stellen. En ondertussen zou ze ervoor zorgen dat alles, ramen en deuren, waren afgesloten, want erg gerust was ze er niet op. Ze moest echt niet vergeten het alarmsysteem aan te zetten, 's nachts en als ze wegging.

Ruby had net haar middagboterham op toen haar mobiel overging.

'Je spreekt met Ellie van Niehoff,' zei een vrouwenstem. 'Je hebt gevraagd of ik wilde terugbellen.'

Vanbinnen juichte Ruby. 'Ja, dat klopt,' riep ze, iets te enthousiast.

'Sorry dat het even duurde,' zei Ellie. 'Ik was een weekje op vakantie.'

Er viel een stilte waarin ze blijkbaar allebei wachtten op wat de ander te zeggen had.

Ruby schraapte haar keel. 'Ik… weet niet of u weet wie ik ben, maar ik…'

'Ruby van Wageningen, ik weet het. Je hebt dat internetkanaal, die filmpjes over cold cases. Toch?'

'Dat ben ik, ja,' zei Ruby. 'Ik ben momenteel een onderzoek opgestart naar de verdwijning van Tess Palmer. Zij werd…'

'Vierendertig jaar geleden ontvoerd,' onderbrak Ellie haar. 'Iets wat ik me nog kan herinneren als de dag van gisteren.' En na weer een korte stilte: 'Dapper dat je deze zaak op je neemt. Ik geef je alleen weinig kans op een goed einde.'

'Als er dan maar duidelijkheid komt voor de ouders en de rest van de familie,' zei Ruby.

'Dat zou mooi zijn.'

'Kunnen we ergens afspreken om over de zaak te praten?' vroeg Ruby. 'En het zou fijn zijn als ik daarvan dan opnamen mag maken voor mijn vlog.'

'Het gesprek zelf mag je wat mij betreft gebruiken, maar over beeldopnames moeten we het nog even hebben,' reageerde Ellie meteen. 'Als dat geen probleem is.'

Nou, misschien wel, wilde Ruby zeggen, maar ze slikte de woorden in. Eerst maar eens horen wat haar bezwaren waren. 'Heb je een voorstel waar je wil afspreken?'

'Dat maakt mij niet uit,' zei Ellie. 'Het mag bij mij thuis, of we kunnen ergens koffie gaan drinken. Wat jij wil.'

Het klonk nogal onverschillig en Ruby begreep niet goed waarom Ellie zo kortaf reageerde. 'Zal ik dan maar bij je thuis langskomen?' zei ze. 'Dat is misschien wel zo rustig.'

'Prima. Ik woon in Utrecht.' Ellie noemde het adres, waarna ze een afspraak maakten voor diezelfde avond om zeven uur.

Ruby bleef nadenkend met haar mobiel in haar hand zitten. Ze had een apart gevoel over dit eerste gesprekje. Ze kon er niets aan doen dat ze Ellie niet zo sympathiek vond. Stuurs, op het onvriendelijke af. In ieder geval was ze niet zoals Ruby verwacht had.

Nadat ze een douche had genomen vertrok Ruby naar haar werkkamer. Het werd tijd dat ze zelf eens achter dat politiedossier aanging. Annika had geopperd dat ze anders maar eens persoonlijk naar het bureau moesten gaan om te eisen dat ze hen in het archief lieten. Onzin natuurlijk – burgers zoals zij kwamen daar niet zomaar binnen. Maar het kon geen kwaad om nu maar eens een stap hoger op de ladder te gaan. Ze pakte haar mobiel en toetste het nummer van de nationale politie. Nadat er was opgenomen vroeg ze naar Hendrik van Wilgen en wachtte.

Aangezien Hendrik van Wilgen sinds vorig jaar korpschef van de politie was, had ze al enkele keren met hem te maken gehad vanwege de zaken waaraan ze gewerkt had. Ze had in dat jaar een redelijke verstandhouding met hem opgebouwd. Gelukkig was het een man met humor en vond hij haar vlog interessant genoeg om in de meeste gevallen zijn medewerking te verlenen. Hij was namelijk degene die bepaalde of politiedossiers werden vrijgegeven. Tot nu toe had hij dat altijd gedaan; logisch ook – alle dossiers waar ze om verzocht had waren van cold cases. Een enkele keer was er informatie onleesbaar gemaakt, maar het had haar onderzoek nooit bemoeilijkt. In de meeste gevallen kreeg Van Wilgen alleen de aanvraag onder handen en sprak ze nooit persoonlijk met hem. Maar nu zag ze geen andere mogelijkheid meer.

'Ik heb wat lekkers meegenomen,' zei Annika. Ze zette een doos met chocoladesoesjes op Ruby's bureau en trok haar jasje uit.

'Hebben we iets te vieren?' vroeg Tristan, die – natuurlijk – als eerste een greep in de doos deed.

'Waren in de aanbieding bij Chocq,' verklaarde Annika bij wijze van antwoord. 'Ben je nog verder gekomen met Van Wilgen?' vroeg ze er meteen achteraan aan Ruby.

Ruby haalde haar schouders op. 'Niet echt. Hij dacht dat dat dossier van Tess Palmer allang was opgestuurd, want die opdracht had hij gegeven nadat hij jouw aanvraag had ontvangen.

Toen hij hoorde dat we het nog steeds niet hadden, leek hij er wel een beetje nijdig om.'

'Dat is toch logisch?' zei Tristan. 'Hij gaat daarover, en nu blijkt dat hun archief een zooitje is.'

'Een zooitje lijkt me wat overdreven. Dit is voor het eerst. Ik vraag me alleen af waar dat dossier dan is. Van Wilgen zou erachteraan gaan, heeft hij gezegd.'

'En Isabella de Ruyter?' vroeg Annika. Ze ging achter Ruby staan en keek over haar schouder op het scherm van de computer. 'Heb je over haar iets gevonden?'

Ruby schudde haar hoofd. 'Niet veel. Er zijn maar weinig Isabella de Ruyters. Wel vergelijkbare namen: De Ruiter, Isabelle, Isabel, Deruiter. Er is slechts één Isabella de Ruyter op Facebook, maar die heeft twee heel jonge kinderen. Dat lijkt me niet de Isabella die ik zoek.'

'Hoe weet je dat ze jonge kinderen heeft?' vroeg Annika. 'Is haar profiel openbaar?'

'Nee, maar ze staan op haar profielfoto. Daar zet je geen vreemde kinderen op, toch?' Ze had het nog niet gezegd of het schoot door haar heen: kleinkinderen! In haar hoofd maakte ze de rekensom en concludeerde dat het zou kunnen. Ze had geen idee hoe oud Isabella toen was, maar ervan uitgaande dat ze minimaal twintig moest zijn geweest, en nu dus minimaal vijfenvijftig, kon ze heel goed inmiddels oma zijn.

'Het kunnen haar kleinkinderen zijn,' mompelde ze tegen niemand in het bijzonder. En voordat er een reactie kwam, opende ze Messenger en typte een kort berichtje. Ze zou snel genoeg weten of dit de juiste Isabella was.

'Hopelijk reageert ze,' zei Tristan met volle mond.

Ruby haalde haar schouders op. 'Dat is afwachten. En je hoeveelste soesje is dat nou?' vroeg ze er meteen achteraan.

Tristan keek schuldbewust naar de doos en stak drie vingers op.

'Je bent een veelvraat,' stelde Annika, terwijl ze de doos dicht-klapte en bij hem vandaan schoof. En tegen Ruby: 'Ik heb in ieder geval het adres gevonden van Wiebe Verkerk.'

'O echt?' reageerde Ruby verheugd. Eindelijk iets waarmee ze verder konden!

'Hij woont in een Thomashuis. Al een aantal jaren.'

'Wat is een Thomashuis?' vroeg Tristan.

'Een woongemeenschap voor verstandelijk beperkten,' legde Annika uit. 'Er zijn er meerdere van in Nederland.'

'Heb je al gebeld?' wilde Ruby weten.

Annika knikte. 'Als Wiebe het wil, mogen we langskomen. Dat horen we nog, maar de vrouw die ik sprak voorzag geen problemen. Wiebe schijnt dol te zijn op bezoek. Zijn ouders zijn al overleden.'

Dat was jammer. Ruby had graag ook met zijn ouders willen praten – die zouden er wat minder vertekend tegenaan hebben gekeken. Voor zover je daarvan kon spreken. Tenslotte was het wel hun zoon die veroordeeld werd.

Een zachte ping gaf aan dat er via Facebook een bericht was binnengekomen. 'Het komt van Isabella de Ruyter,' zei ze verrast. Dat was snel! Ze opende Messenger en las:

Dag Ruby,
Ik ben inderdaad degene die jaren geleden de politie bena-
derde over een man die ik met een baby had gezien. Het is
me altijd bijgebleven. Zelfs nu nog steekt het me soms dat
mijn getuigenis nooit tot de aanhouding heeft geleid van
de dader die dat baby'tje had meegenomen. Als je wilt pra-
ten, kunnen we afspreken. Ik woon tegenwoordig in Alme-
re, maar het is geen probleem als ik ergens naartoe moet
reizen. Je kunt me ook bellen.

Het bericht werd afgesloten met een mobiel nummer.

Yes!

Van vreugde sprong Ruby bijna op van haar stoel. Eindelijk kwam er wat schot in de zaak.

21

Terwijl ze wachtte tot het tijd was om naar Utrecht te vertrekken voor haar afspraak met Ellie van Niehoff, surfte Ruby op haar laptop naar wiewaswie.nl en gaf een zoekopdracht naar Martin van Elderen. Zonder politiedossier was dat de enige manier om erachter te komen of hij ooit hertrouwd was. Hij en Alexandra Palmer waren al een aantal jaar gescheiden geweest en tenslotte was Alexandra ook hertrouwd. En had zelfs zes kinderen gekregen.

Ze herinnerde zich dat Martin van Elderen tien jaar ouder was dan Alexandra. Dat betekende dus dat hij... zesendertig was toen ze uit elkaar gingen. Niet al te jong dus. Maar zou hij op z'n zevenenveertigste een baby stelen? Misschien om zijn ex dwars te liggen. De vraag was dan waar hij met de baby naartoe was gegaan. Niet zijn ouders, want daar was de politie geweest. Het zou ook bepaald stom zijn geweest als hij Tess had ontvoerd en haar op de eerste plek zou onderbrengen waar de politie zou aanbellen.

De zoekmachine gaf negenenzestig hits, allemaal met de naam Martinus van Elderen, of een combinatie daarvan. Daarnaast één M. van Elderen die in 1966 naar Amerika vertrok. Hier kwam ze dus niet verder mee. Verdomme.

Ze dacht even na, sloot toen de website en typte family-search.org in de zoekbalk. De enorme site van de Mormonen opende zich en Ruby logde in op haar account. Ze deed een nieuwe zoekopdracht op de naam Martin van Elderen en kreeg ditmaal tweehonderdzeven hits, vrijwel allemaal ook weer Martinus of een combinatie.

Ze versmalde haar zoekopdracht door 'geboortejaar tussen 1938 en 1948' in te geven. Er volgden twee hits, waarvan er eentje de geboorte aangaf van Marten Cornelis van Elderen op 15 mei 1948. Ze klikte op de naam en grijnsde. Bingo. Dit was hem. Alleen de voornaam... Marten. Een foutje? Dat kwam namelijk regelmatig voor op deze website, wat ook de reden kon zijn dat informatie niet werd gevonden.

Ze bekeek de informatie en zag dat hij inderdaad twee keer getrouwd was. Een keer met Alexandra, in 1969, en een tweede keer in 1984 – drie jaar voor de verdwijning van Tess – met Rosalie Nooitgedacht. Er stond echter niet bij of zij nog leefde. Hoe dan ook, ze was een stapje verder. Martin was net als Alexandra hertrouwd. En dat opende perspectieven. Een vrouw die geen kinderen kon krijgen? Een echtgenoot die vond dat zijn ex wel genoeg kinderen had en er best eentje kon missen, met als gevolg dat hij Tess stal?

Dat kon ze zich niet voorstellen, vooral omdat Alexandra van Rede expliciet had gezegd dat Martin daar niet toe in staat zou zijn geweest. Bovendien waren ze niet met ruzie uit elkaar gegaan, al hadden de kranten dat wel geschreven.

Maar wat als Alexandra loog?

Ze kon Martin beschermen. Uit liefde. Omdat zíj zich niet kon voorstellen dat hij haar baby zou stelen. Maar als hij dat wel had gedaan, was Tess dus na zijn dood achtergebleven bij deze Rosalie. Ze moest uitvissen of zij nog leefde en of er kinderen waren en zo ja, of een van die kinderen de leeftijd had die Tess nu zou hebben. Maar ja, hoe kwam ze daarachter? De wet op de privacy schermde alle gegevens van nog levende personen af en aangezien ze niet bij die van Rosalie kon komen op FamilySearch, zou dat kunnen betekenen dat ze nog leefde. Het probleem was dat de informatie op de mormonenwebsite niet altijd accuraat was

– het kon zomaar zijn dat Rosalies overlijdensdatum nooit was toegevoegd.

Met een diepe zucht liet Ruby zich tegen de stoelleuning vallen. Nooit, nooit, nooit zou ze meer zo'n oude zaak als deze gaan onderzoeken. Het was te lang geleden, zo lang dat zelfs internet en sociale media geen informatie gaven. Haar blik ging naar het klokje in de rechterbovenhoek van haar scherm. Halfzes. Over een kwartiertje moest ze weg. Ze kon het zoeken voor nu beter staken tot ze Ellie van Niehoff had gesproken; de rechercheur kon haar misschien meer vertellen dan zij ooit online kon vinden.

Ze sloot internet af en stond op. Pip moest nog even plassen voordat ze vertrok. De luiwammes lag heerlijk te slapen met zijn rug tegen de keukenkastjes – zijn lievelingsplekje. Ze floot hem wakker en draaide de tuindeur van het slot, iets wat ze tegenwoordig standaard deed. Het zou haar niet gebeuren dat wie er ook binnen was geweest ineens voor haar neus stond.

Pip dartelde naar buiten en stoof op de hoge struiken aan het eind van het royale gazon af, waarin hij onmiddellijk verdween. Ruby glimlachte en bleef even staan kijken, voordat ze naar het aanrecht liep en een glas water pakte.

Ze nam een paar slokjes en bedacht dat Tristan misschien meer te weten kon komen over Rosalie Nooitgedacht. Ze haalde haar mobiel tevoorschijn en stuurde een appje naar Tristan met de informatie die ze had en met de vraag of hij er vast in wilde duiken.

Het berichtje was nog maar net verstuurd of er werd aangebeld. Ze fronste haar wenkbrauwen. Ze verwachtte helemaal niemand en eerlijk gezegd had ze er ook geen tijd voor.

Terwijl ze haar jasje aantrok opende ze de deur. 'Casper,' zei ze. 'Wat kom je doen? Ik moet zo weg.'

'Ik wil gewoon weten of het wel goed met je gaat,' zei hij. 'Ik vond je niet jezelf op de begraafplaats.'

Ze keek hem aan. 'Waarom ben je zo bezorgd om mij?' vroeg

ze. 'Dat had je vroeger moeten zijn, toen we nog getrouwd waren.'

Casper reageerde niet meteen en dat verbaasde haar. Normaal gesproken – althans, toen ze nog samen waren – zou hij om haar opmerking ontploft zijn.

'Omdat ik niet wil dat jou iets overkomt,' zei hij uiteindelijk. 'Is dat zo gek?'

'Ja, eigenlijk wel,' reageerde ze. 'Je hebt een vrouw en straks een baby om je zorgen over te maken. Laat mij gewoon mijn gang gaan.'

Hij zuchtte. 'Waarom doe je toch altijd zo stekelig?'

'En waarom blijf jij zo in mijn buurt rondhangen?' kaatste ze terug. 'Je zei laatst wel dat je me niet aan het stalken was, maar het begint er toch echt op te lijken.'

'Als ik je zou stalken, zou ik geen gesprek met je beginnen, wel?' zei Casper. Zijn stem begon nu wat geïrriteerd te klinken.

'Dat weet ik niet,' zei ze. 'Er scharrelt hier al een poosje iemand rond. Dat ben jij toch niet, hè?'

Casper glimlachte koeltjes. 'Ik ben nog achter die "iemand" aangegaan, weet je nog?' Hij deed een stap naar voren en zocht haar blik. 'Hij hangt hier dus vaker rond. Was het dezelfde man als op de begraafplaats?'

Ze zag de uitdrukking in zijn ogen en besefte dat zijn bezorgdheid gemeend was. Moest ze hem vertellen dat diezelfde man misschien wel bij haar binnen was geweest? Ze besloot het niet te doen. Het ging hem niet aan. Niet meer.

'Dat weet ik niet,' zei ze.

'Heb je de politie ingelicht?'

'Ja, maar die doet niets. Behalve zo af en toe langsrijden.' Ze lachte cynisch. 'Maar veel zal dat niet uithalen, hè, als de doorgaande weg vijftig meter verderop is.'

'Het is beter dan niets, Ruby.'

Het klonk streng. Een beetje belerend zelfs en ze was blij dat op dat moment juist haar mobiel overging. Op het display zag ze dat het Matthias was.

'Ruby, we zijn...' begon Casper, maar ze stak haar hand op en nam het gesprek aan.

'Hé, Matthias!' zei ze. 'Ik verwachtte je telefoontje al.'

'Wie is dat?' vroeg Casper.

Ze gaf geen antwoord, keek hem even kort aan en wendde haar blik toen weer af. Ze kon er niets aan doen dat ze hem wilde laten zien dat ze hem niet nodig had, dat ze nu iemand anders had, al was dat misschien alleen in haar fantasie.

'Mijn vader wil wel met je praten, bij hem thuis,' zei Matthias. 'Is morgenochtend een optie?'

'Morgenochtend?' herhaalde Ruby. 'Nee, dat lukt niet. Zou het in de middag kunnen? Of 's avonds?'

'Dat moet lukken,' zei hij na een korte stilte. 'Eind van de middag? Dan kunnen we daarna misschien weer samen ergens wat eten. Als jij dat ook wilt,' zei hij er snel achteraan.

'Dat lijkt me heel gezellig,' vond ze. 'Kom je me ophalen?'

'Ruby, wie ís dat?' kwam Casper er weer tussendoor.

'Is er iemand eh... bij je?' vroeg Matthias aarzelend.

'Mijn ex,' zei ze.

Op dat moment greep Casper haar mobiel, bracht hem naar zijn oor en blafte: 'Ze is niet beschikbaar. Zoek een ander!' Meteen daarna verbrak hij de verbinding.

Heel even was Ruby te verbaasd om te reageren. Maar toen griste ze haar mobiel uit Caspers handen. 'Wat doe je!' riep ze geërgerd. 'Waar bemoei je je mee?'

'Heb je niet genoeg geleerd van de vorige keer?' snauwde hij. 'Met die gestoorde gek die je bijna doodstak?' Hij stak zijn armen in de lucht en hief zijn ogen omhoog. 'Waar zit je verstand, Ruby? Er scharrelt een kerel rond je huis en jij spreekt af met een wildvreemde snuiter?'

Ruby staarde hem aan. Wat bezielde hem in godsnaam? 'Hoezo, wildvreemde snuiter?' ging ze ertegenin. 'Matthias is een vriend, geen massamoordenaar!' Ze tikte op het nummer van Matthias en bracht haar mobiel naar haar oor.

'Ruby.' Casper pakte haar bij haar pols. 'Het spijt me. Ik bedoelde het niet zo. Ik ben alleen be…'

Ze rukte zich los. 'Er-uit!' zei ze nadrukkelijk en ze wees naar de nog openstaande deur. 'Voor ik een ongeluk bega!'

22

Pas na lang zoeken vond Ruby een parkeerplekje voor haar Mini, waardoor ze iets later was dan ze met Ellie had afgesproken. Maar uiteindelijk stond ze toch voor de deur van de kleine eengezinswoning in de Utrechtse Vogelenbuurt en belde aan.

Het duurde niet lang voordat er werd opengedaan. De vrouw die in de deuropening verscheen was niet onknap. Ze was een klein beetje gezet, niet al te lang, had lichtblond, bijna grijs krullend haar dat haar gezicht als een krans omsloot. Haar huid was vrij licht, bijna doorschijnend bleek, en ze had groene ogen die Ruby enigszins nieuwsgierig opnamen. Strikt genomen een doorsnee zestiger, met als enige verschil dat haar kleding vrij modern was: jeans, overhemdblouse, sneakers.

'Ruby?' vroeg de vrouw, met een warme stem.

Ze knikte.

'Mooi op tijd,' zei de vrouw. 'Ik ben Ellie van Niehoff.' Ze stak haar hand uit en deed toen een stapje achteruit. 'Kom binnen.'

Ruby volgde Ellie door een kort gangetje naar de woonkamer, die ingericht was met meubels uit diverse stijlen.

'Wil je wat drinken?' vroeg Ellie.

'Thee graag.'

Ellie verdween naar de keuken die parallel aan de woonkamer lag en Ruby maakte van de gelegenheid gebruik om rond te kijken. Langs de lange muur stond een zo te zien op maat gemaakt wandmeubel, met kastjes, laden en een aantal open vakken met daarin wat boeken, een aantal koperen kogelhulzen in diverse groottes, een potloodtekening van een hond en nog wat andere snuisterijen. In een middenvak stond de televisie, niet al te groot en amper overheersend zoals je tegenwoordig zo vaak zag. Hij stond uit. Op de achtergrond hoorde Ruby zachte muziek. Klassiek.

Haar blik ging naar de ruwhouten plank die boven de bank aan de muur hing met daarop een enkele foto en een aantal pluchen knuffeldieren. Er stond een vaasje met droogbloemen tussen de foto en de knuffels, en naast de foto een houdertje met een half opgebrand waxinelichtje. De foto toonde een jonge man, niet ouder dan een jaar of dertig. Haar zoon? Overleden misschien? Ze keek nu naar het rijtje knuffeldieren: een krokodil, beertje, hondje en een zwartwit katje. Waren die van hem geweest?

'Kon je het vinden?' klonk Ellies stem vanuit de keuken.

Ruby's ogen schoten naar de deur. 'Ja hoor,' riep ze terug. 'Met een navigatiesysteem kom je overal in no time en zonder te zoeken.'

'Dat is waar,' beaamde Ellie, terwijl ze binnenkwam met twee dampende mokken in haar handen. Ze zette de bekers op de salontafel en maakte een gebaar naar een van de stoelen dat Ruby kon gaan zitten. Zelf nam ze plaats op de bank.

'Nou,' zei Ellie toen. Ze sloeg haar benen over elkaar en vervolgde: 'De zaak-Tess Palmer. Want daar kom je voor, toch?'

'Dat klopt,' zei Ruby, ietwat overdonderd door Ellies directe benadering. 'Ik onderzoek die zaak voor mijn blog, Pathway…'

'… to justice,' vulde Ellie aan. 'Dat weet ik, ja, dat had je me al verteld. Wat je me niet verteld hebt, is de reden. Waarom zou je na vierendertig jaar de boel weer overhoop willen gooien?'

Ruby staarde haar aan. 'Door jou,' zei ze toen.

'Door mij?' vroeg Ellie met opgetrokken wenkbrauwen. 'Leg uit.'

'Jij hebt me toch een e-mail gestuurd?' Ruby opende haar tas, haalde de map met documenten eruit en hield de geprinte e-mail omhoog.

Ellie kwam wat naar voren en pakte het vel papier, terwijl ze tegelijkertijd een leesbril van de tafel viste.

'Dit komt niet van mij,' zei ze, nadat ze het gelezen had en terug aan Ruby gaf.

'Niet?' Ruby wist van verbazing niets anders te zeggen.

Ellie schudde haar hoofd. 'Waarom zou ik dat doen? Ik heb die zaak lang geleden al losgelaten.'

'Je toenmalige chef zei anders dat je dat niet kon,' zei Ruby. Ze stopte het vel papier terug in de map en sloeg die dicht.

'Jonathan?' Ellie schoot in de lach. 'Die heb ik al meer dan tien jaar niet meer gesproken. Sinds hij met pensioen ging.'

'Je hebt dus geen contact meer met hem?'

'Nee. Nadat de zaak van Tess gesloten werd, bekoelde onze relatie. Werkrelatie,' vulde ze aan.

'Maar hij heeft wel je mobiele nummer,' zei Ruby.

'Dat is nog steeds hetzelfde als toen, dus dat is niet zo gek.'

Ruby zweeg. Dit gesprek kon weleens moeizamer gaan verlopen dan ze gedacht had. Ze pakt haar tas en zette hem op schoot. 'Ik had al gemeld dat ik ons gesprek graag zou willen opnemen. Heb je daar bezwaar tegen?' Ruby keek naar Ellie, die juist een slokje thee nam.

'Ga je die beelden uitzenden via je vlog?'

'Als jij daar toestemming voor geeft wel, ja.'

Ellie reageerde niet meteen, leek daarover te moeten nadenken. Toen schudde ze haar hoofd. 'Auditief mag je het uitzenden,' zei ze, 'maar geen filmbeelden.'

'Waarom niet?' vroeg Ruby meteen.

'Daar heb ik mijn redenen voor.'

Hun blikken hielden elkaar even vast, maar toen knikte Ruby bevestigend. 'Oké,' zei ze. 'Geen beelden.'

Ruby schakelde de dictafoon op haar mobiel in en legde hem op de tafel. Ze begreep niet zo goed wat Ellie tegen beeldopnamen had, maar veel kon ze er niet tegen doen.

'Zoals je weet heb ik al met je collega gesproken over de zaak,' begon ze. 'Maar ik wil ook graag jouw verhaal horen, zodat ik een beter overzicht van de gebeurtenissen krijg.'

'Dat begrijp ik,' zei Ellie. 'Maar ik kan kort zijn: Tess Palmer werd ontvoerd, er werd losgeld betaald, Tess kwam niet terug, er werd een dader gepakt. Zaak werd gesloten. Meer is er niet te vertellen.'

Ruby knipperde even met haar ogen. Dit werd geen moeilijk gesprek, dit werd een ramp. Ze schraapte haar keel. 'Dat is wel erg kort door de bocht,' zei ze. 'Ergens moet de oplossing liggen die wijst naar wat er met Tess is gebeurd.'

'Tess is dood,' zei Ellie. 'Geen twijfel over mogelijk.'

'Hoe weet je dat zo zeker?'

'Omdat de andere baby ook dood was.'

'Je bedoelt de baby die in Rotterdam verdween?'

Ellie knikte. 'Sanne. Ze verdween uit de tuin van haar ouderlijk huis, een jaar voordat Tess werd ontvoerd en werd enkele weken daarna dood teruggevonden.' Er trok een cynisch lachje om Ellies mond toen ze vervolgde: 'Neem me dus ook niet kwalijk dat ik ervan uitga dat Tess niet meer leeft.'

'Maar Tess is nooit gevonden,' stelde Ruby. 'Niet dood en niet levend.'

Ellie haalde een schouder op. 'Zo'n klein lichaampje is niet moeilijk weg te werken op een plek waar niemand haar zou kunnen vinden. Dat weet jij ook wel.'

Ja, dat was zo. Maar waarom reageerde Ellie zo kil? Zelfbescherming? Hoe vaak zou ze tijdens haar carrière te maken hebben gehad met dergelijke zaken? Vaker dan haar lief was waarschijnlijk. En om daarmee te dealen trok ze een muur van onverschilligheid op. Onwillekeurig ging Ruby's blik naar de foto op het plankje boven de bank. Of had ze in haar privéleven haar portie ellende dubbel en dwars gehad?

Ellie zag Ruby naar de foto kijken, maar zei niets. Ze dronk van haar thee en wachtte tot Ruby weer verder zou gaan.

'Toen Wiebe Verkerk werd opgepakt, hoe stond jij daar toen tegenover?'

Over die vraag leek Ellie te moeten nadenken. 'In eerste instantie sceptisch,' zei ze uiteindelijk. 'Later, toen er meer bewijzen kwamen, kon ik niet anders dan mijn twijfel laten varen.'

'Bewijzen?' vroeg Ruby. 'Wat voor bewijzen?'

'Wiebes voorgeschiedenis speelde een grote rol,' zei Ellie. 'Hij hield van baby's, zei hij altijd. Daarnaast werd hij opgepakt met een baby die hij uit een kinderwagen had gestolen.'

'In het Julianapark, ja. Dat vertelde Matthias me al.'

'Matthias?' vroeg Ellie. 'De broer van Tess?'

Ruby knikte. 'Ik heb met hem gesproken. Via hem ben ik ook in contact gekomen met hun ouders.'

Ellie zei niets, leek met haar gedachten ineens heel ver weg.

'En de ex van Alexandra van Rede?' ging Ruby verder. 'Wat weet je van hem?'

Er kwam geen reactie. Ruby vroeg zich af wat er nu door Ellie heen ging. Zelf had ze geen flauw idee hoe het moest voelen als een heel oude zaak die je niet hebt kunnen oplossen zo ineens weer werd opgerakeld. Werd opengegooid, waardoor alles weer bovenkwam. En waarbij alle fouten van toen – als die er waren – onder een vergrootglas kwamen te liggen. Dat moest niet fijn zijn.

'Ellie?' vroeg Ruby.

Ellie schrok op. Heel even leek ze gedesoriënteerd, maar toen herstelde ze zich. 'Sorry,' zei ze. 'Ik zat ergens anders met mijn gedachten.'

Overduidelijk.

'Ik had het over de aanhouding van de ex van Alexandra van Rede,' zei Ruby weer. 'De kranten van toen meldden dat hij ervandoor was gegaan. Wat was de mening van de politie daarover?'

'Wat er in de kranten staat moet je niet geloven, of in ieder geval met een flinke korrel zout nemen,' ging Ellie erop in. 'Er is heel wat gespeculeerd over de verdwijning van Tess. En het meeste ervan sloeg nergens op.'

'Zoals dat de moeder zelf verantwoordelijk was?'

Ellie kneep haar ogen een klein beetje dicht. 'Alexandra had beter op haar baby's moeten letten,' zei ze. 'Dat is een feit.' Ze keek op. 'Alle sporen liepen gewoon dood, ook nadat het losgeld was verdwenen en Tess niet terugkwam.'

'Haar vader vond een getuige,' begon Ruby.

Ellie snoof. 'Getuige. Die vrouw had een man met een huilende baby gezien, amper grond om te denken dat het om de ontvoerder van Tess gaat.'

'Maar er was voldoende grond om Wiebe te veroordelen?' zei Ruby koeltjes.

Ellie keek haar aan, met ogen waarin een vage woede sluimerde. 'Nu klink je net als die kranten van toen. Nooit afgaan op veronderstellingen, mevrouw Van Wageningen.'

'Veronderstellingen?' herhaalde Ruby. 'Wiebe werd veroordeeld, toch? Dat is dus een feit.'

'Een "feit" dat volgens mijn meerderen onderbouwd werd door bewijzen.'

'En wat vond je daar zelf van?'

Ellie zweeg. De boosheid was uit haar ogen verdwenen. 'Wat ik daarvan vond?' vroeg ze toen. Ze glimlachte bitter. 'Ik had weinig te vertellen. Ik zat nog maar pas bij het team in Utrecht, kwam uit Amersfoort vandaan. Sommige dingen die ik aandroeg werden wel geaccepteerd, voornamelijk door Jonathan, die de dagelijkse leiding van het onderzoek had. Andere collega's zagen liever dat ik zweeg.'

'En dat heb je dus maar gedaan?' stelde Ruby vast.

'Wat bedoel je daarmee?' vroeg Ellie ijzig. De woede in haar ogen was weer terug en Ruby zag de onheilspellende glans die ze uitstraalden. Ze moest voorzichtig zijn; als ze Ellie tegen de haren in streek kon ze haar medewerking zomaar eens intrekken.

'Niets. Alleen maar dat het mij onwaarschijnlijk lijkt dat Wiebe Verkerk baby's ontvoerde en een ervan zelfs ombracht.'

'Ken je Wiebe Verkerk persoonlijk?' vroeg Ellie.

'Nee, maar ik heb...'

'Dan kun je daar niet over oordelen.'

'Maar hij is verstandelijk beperkt,' wierp Ruby tegen.

'Nu doe je het weer,' zei Ellie. 'Je mening vormen op basis van een veronderstelling.'

Ruby zweeg. Deed ze dat werkelijk? Vormde ze haar opinie door af te gaan op aannames en zonder bewezen feiten? Misschien wel. Misschien moest ze het feit dat Wiebe verstandelijk beperkt was – want dat was een feit! – loslaten en pas weer oordelen als ze hem zelf gesproken had.

Ze wilde net toegeven dat Ellie daarin wellicht gelijk had, toen ze de voordeur hoorde dichtslaan en er vlak daarna een jonge vrouw de woonkamer binnenkwam. Ze was wat ouder dan Ruby, had halflang bijna zwart haar en donkere ogen. Ze was lang en slank, en haar huid leek gebronsd door de zon. Nieuwsgierig keek ze van Ellie naar Ruby en weer terug.

'Ik wist niet dat je visite had,' zei de vrouw. Ze liep op Ruby af en stak haar hand uit. 'Joyce van Niehoff. Ik ben haar dochter.'

'Ruby van Wageningen,' zei Ruby.

Joyce zette grote ogen op. 'Van die vlog? Van eh... hoe heet het ook alweer? Eh...'

'Pathway to justice,' zei Ellie. 'Ja, dat klopt.'

'Wat gaaf!' riep Joyce en ze plofte naast haar moeder op de bank. 'Dat gaat toch over cold cases? Onderzoek je een zaak waar mijn moeder aan heeft meegewerkt?'

Ruby knikte. 'De verdwijning van een baby, in 1987.'

'Tess Palmer,' verduidelijkte Ellie. En met een blik op Ruby: 'Joyce werkt ook bij de recherche.'

'Nog maar kort, hoor,' zei Joyce. 'Sinds januari.'

Ruby liet ongemerkt haar ogen over de jonge vrouw gaan. Ze leek in niets op haar moeder – sterker nog, ze was in alles het tegenovergestelde. Ze moest haar uiterlijk van haar vader hebben.

'Ik heb veel gehoord over die zaak,' zei Joyce. 'Vooral van mijn moeder.' Ze stootte haar moeder aan met haar elleboog. 'Hè, mam?'

Ellie glimlachte kort, maar niet van harte.

'Mag ik erbij blijven zitten?' vroeg Joyce.

'Wat mij betreft wel, hoor,' zei Ruby. 'Als je moeder geen bezwaar heeft.'

Ellie maakte een beweging met haar hand. 'Whatever,' zei ze.

-23-

De zon was nog net niet onder toen ze weer thuiskwam. De rest van het gesprek met Ellie van Niehoff was anders verlopen dan het eerste deel en dat kwam voornamelijk door de aanwezigheid van Joyce. Ruby had het gevoel dat ze de dochter van Ellie na die paar uur een stuk beter kende dan Ellie, die over het geheel genomen nogal terughoudend was geweest. O, ze had antwoord gegeven op de vragen die Ruby haar stelde, maar toch leek het wel alsof ze iets achterhield. Dat uitte zich voornamelijk door subtiele ontwijkingen, of op een zodanige manier antwoorden dat de essentie van haar woorden niet goed te doorgronden waren, of net iets te veel afweken om als openhartig te worden aangemerkt.

Terwijl ze haar auto afsloot en naar de voordeur liep, hoorde ze Pip al blaffen. Waarom ging hij zo tekeer? Meestal blafte hij pas als ze binnenkwam, of op zijn vroegst als ze de deur opende. Met een ruk bleef ze staan; haar adem stokte.

Was die indringer er soms weer?

Aarzelend liep ze verder. Nee, dat was echt niet waarschijnlijk. Iemand die ongeoorloofd binnen was gedrongen zou niet Pip blaffend en wel in de hal laten, toch? Desondanks kon ze maar beter voorzichtig zijn.

Ze haalde haar sleutel uit haar tas en stak hem voorzichtig in het slot. Net toen ze hem wilde omdraaien, zag ze vanuit de schaduw naast haar huis iemand op zich afkomen. Ze draaide zich een halve slag, maar ze was te laat om iets te doen. Ze werd beetgepakt en met haar rug tegen haar belager getrokken. Ze wilde gillen, maar een grote hand drukte tegen haar mond en het enige wat ze kon uitbrengen was een zacht gemompel.

'Waarom ben je toch altijd zo eigenwijs?' fluisterde een hese stem in haar oor. 'Je zou inmiddels beter moeten weten.'

Heel even deed Ruby niets; paniek overspoelde haar. Beelden van Youri Stegeman flitsten aan haar voorbij. Ze voelde zijn handen weer, die haar hadden vastgegrepen. Die haar betast hadden. Zijn mond die hij op de hare had gedrukt. Zijn tong…

Niet weer!

Ze moest zien los te komen. Zich uit zijn klauwen bevrijden. Uit alle macht probeerde ze zich los te worstelen. Het lukte niet, de greep om haar armen en lichaam was veel te krachtig. Gillen lukte nog steeds niet; een wat luider gemummel was het enige wat ze kon uitbrengen.

'Luister goed,' klonk de hese stem zacht. 'Ik zeg dit nog één keer: stop met je onderzoek. Anders zul je de gevolgen merken.'

Gevolgen? Hetzelfde woord had Stegeman gebruikt. *Dit zijn de gevolgen van je bemoeienissen en die moet je aanvaarden.*

Angst was wat ze nu voelde. Enorme angst, die haar terugbracht naar die avond waarop ze hem had geconfronteerd met wat ze ontdekt had. Zijn ogen, die kwaadaardig fonkelden. Zijn sadistische lach. De kracht waarmee hij haar vasthield en haar shirt kapotscheurde, haar jeans omlaagtrok. Zijn enorme hand stevig over haar mond.

Maar toen herpakte ze zichzelf. Stegeman was hier niet. Dit was iemand anders. En deze keer liet ze het niet weer gebeuren.

Nooit!

Met een oerkracht die ze niet van zichzelf herkende, worstelde ze hevig, wist met veel moeite haar mond een stukje open te krijgen en zette toen met kracht haar tanden in de grote hand.

'Au, godnondeju…!' gromde haar belager, terwijl hij haar losliet.

Een man, dat wist ze nu zeker. Ze draaide zich razendsnel om; zag een brede, wat gedrongen man met een hoody over zijn hoofd. En meteen daarna een vuist die recht op haar gezicht afkwam.

Stemmen die ze niet herkende. Geblaf. Van Pip? Ze wilde haar ogen openen, maar haar hoofd deed te veel pijn.

'Ruby?'

Tristans stem. Waar kwam die nou vandaan?

'Ruby!'

Nu opende ze haar ogen en knipperde tegen het licht.

'Gelukkig, ze is wakker.'

Ruby probeerde te focussen maar slaagde daar niet goed in. Ze zag drie Tristans en nog eens drie vreemde mannen die over haar heen gebogen stonden. Meteen schoot de paniek weer door haar heen. Wie waren al die kerels?

'Rustig maar,' zei een onbekende stem.

Ruby kneep haar ogen weer dicht en zuchtte diep. Haar neus deed pijn. En juist die pijn deed haar herinneringen aan wat er gebeurd was terugkomen en met een ruk opende ze haar ogen weer. Nu zag ze maar één vreemde man en één Tristan. De vreemde man had een lief gezicht en droeg een jack met felle kleuren.

'Ik heb 112 gebeld,' hoorde ze Tristan zeggen.

'Hij heeft me geslagen,' fluisterde ze. Ze bracht haar hand omhoog naar haar gezicht, maar de vreemde man hield haar tegen. Een ambulanceverpleger, besefte ze nu.

'Wie?' vroeg Tristan. 'Casper?'

Ze schudde haar hoofd. Ze merkte nu pas dat ze op haar bank lag. Bij de deur naar de gang zag ze Annika staan, met een protesterende Pip op haar arm. Nogmaals ademde ze diep in en weer uit en kwam toen overeind. De ambulanceverpleger hielp haar daarbij.

'Rustig aan,' zei hij. 'Je hebt een flinke klap gekregen en bent een poosje buiten kennis geweest.'

Buiten kennis? 'Hoelang?' vroeg ze.

'Dat is niet precies te zeggen,' antwoordde de verpleger, terwijl hij met een lampje eerst in haar linker- en toen in haar rechteroog scheen. 'Een paar uur, sowieso.'

'Hoe laat is het?' wilde ze weten. Haar blik ging naar het raam en ze zag dat de zon buiten fel scheen. Het was geen avond meer.

'Halfnegen,' zei Tristan. 'Ik vond je voor je deur.'

Halfnegen? Dan was ze zo'n twaalf uur out geweest!

Godnondeju.

Het woord kwam vanuit het niets in haar op. Dat had die man gezegd die haar had aangevallen. Dat en nog meer. Dat ze haar onderzoek moest stoppen, want anders...

Godnondeju.

Ze kreeg er gek genoeg een vertrouwd gevoel bij. Er was iemand geweest die dat woord vaker gebruikte. Lang geleden. Wie zei dat toch steeds? Ze kon het zich niet herinneren. Haar hoofd deed pijn; haar neus nog meer.

'Hoe voel je je?' vroeg de verpleger.

'Alsof ik onder een trein heb gelegen,' antwoordde ze.

De verpleger glimlachte. 'Een goede graadmeter,' zei hij. 'Zie je dubbel? Ben je misselijk?'

Ze schudde haar hoofd. 'Ik heb een zere neus.' Ze keek op naar Tristan. 'En waag het niet om daar een grap over te maken.'

Tristan hief zijn handen in een afwerend gebaar. 'Ik zou niet durven.'

De verpleger depte met een gaasje haar gezicht en Ruby zag de rode vlekken. Bloed?

'Hij is niet gebroken,' stelde de verpleger. 'Dat heb ik al bekeken toen je nog onder zeil was. Maar omdat je een poos buiten westen bent geweest, wil ik je toch even meenemen voor verder onderzoek.'

'Absoluut niet,' zei ze meteen. 'Ik voel me prima. Alleen mijn neus doet, eh... een beetje zeer, maar dat gaat vanzelf wel over.'

De verpleger keek haar recht aan, alsof hij haar conditie inschatte. Toen zei hij: 'Het zou verstandig zijn, maar ik kan je niet dwingen.' Hij keek om naar Tristan. 'Je moet je vrouw in ieder geval vannacht een paar keer wakker maken. Als dat niet lukt, moet je meteen weer bellen.'

Tristan knikte.

'Ik ben zijn vrouw niet,' zei Ruby, toen ze merkte dat Tristan niet van plan was dat te zeggen. 'Ik woon alleen.'

De verpleger keek bedenkelijk.

'Ik doe het wel,' zei Annika.

Vanuit haar ooghoeken zag Ruby de teleurstelling op Tristans gezicht. Natuurlijk had hij willen blijven slapen, en dan het liefst bij haar in bed. En dat was wel het laatste wat ze wilde. Eigenlijk wilde ze gewoon alleen zijn.

'Je mag bij erge pijn een pijnstiller nemen,' zei de verpleger, 'maar liever geen aspirine. Paracetamol is altijd goed.' Hij sloot zijn koffer en kwam overeind.

Nu pas zag Ruby dat er nog een tweede verpleger achter hem stond die op een tablet typte. Hij was wat langer dan zijn collega en had alleen maar gezwegen tijdens het onderzoek. Nu keek hij echter op en zei: 'Ik raad je aan om aangifte te doen. Of je nu wel of niet weet wie het gedaan heeft.'

'Was het echt niet Casper?' vroeg Tristan. 'Of bescherm je hem soms?'

'Alsof ik dat zou doen,' snauwde Ruby. 'Nogmaals: het was niet Casper. Deze man was ouder.'

'Doe voorlopig kalm aan,' zei de eerste verpleger weer. En tegen Annika: 'Als je het niet vertrouwt... bellen!'

Annika knikte en liep met de twee verplegers mee de hal in, nog steeds met Pip op haar arm.

Met een bezorgde blik kwam Tristan naast haar op de bank zitten. 'Ik ben me rot geschrokken,' zei hij. 'Ik dacht echt dat je... dat je...' Hij slikte en sloeg zijn ogen neer.

'Ik heb een hard hoofd,' zei ze met een lachje.

Maar Tristan lachte niet. Hij pakte haar hand en zei: 'Je had me beloofd voorzichtig te doen.'

Ze zuchtte. 'Hij overviel me, Tris. Hij stond ineens achter me. Het is nou niet zo dat ik het opzocht, hè?'

'Heb je hem echt niet gezien?' vroeg Annika, die ook weer was binnengekomen. Ze zette Pip op de grond die als een malle op haar afrende en tegen haar benen opsprong van vreugde.

Ruby pakte de hond op en drukte hem tegen zich aan. Het dier moest geweten hebben dat iemand haar buiten opwachtte. Daarom had hij zo zitten blaffen. En ineens besefte ze dat het allemaal heel anders had kunnen aflopen. Hij had haar kunnen vermoorden, zonder dat iemand iets had gemerkt.

Denk je dat?

Als die man dat gewild had, zou hij het vast gedaan hebben – tenslotte was er niemand in de buurt geweest. Hij had zomaar zijn gang kunnen gaan. Ze huiverde en dacht weer aan Youri Stegeman. Zijn handen die haar lichaam betasten, onder haar shirt, langs haar huid. Zijn lippen op die van haar. Zijn stem in haar oor, zacht, fluisterend…

'Ruby?'

Ze schrok op.

'Gaat het?' vroeg Tristan.

'Ja,' zei ze schor. Ze schraapte haar keel. 'Het gaat wel. Ik ben alleen geschrokken.' Ze keek naar Annika. 'Ik weet alleen dat het een man was, dat hoorde ik aan zijn stem. En hij droeg een hoody. Ik kon zijn gezicht niet zien en toen gaf hij me een klap.' Ze zweeg even en ging toen nadenkend verder: 'Ik heb het gevoel dat ik weet wie het is, maar het is te vaag.'

'Te vaag?' herhaalde Tristan. 'Hoe bedoel je?'

'Alsof ik hem lang geleden heb gekend. Maar ik kan me niet herinneren waarvan.'

Er viel een stilte. Ruby probeerde de stem weer voor zich te halen, maar het lukte niet. Ze had ook hoofdpijn. Sterker nog: alles deed pijn, vooral haar gezicht.

'Ik wil niet dat je nog alleen op pad gaat,' zei Tristan stellig. 'Niet zolang iemand het op je voorzien heeft. Je zei dat je zijn stem hoorde. Wat zei hij?'

Ruby wreef over haar voorhoofd en sloot haar ogen voor een moment. 'Dat ik moest stoppen met mijn onderzoek,' zei ze toen.

'Wat?' riep Annika. 'Dan is het vast dezelfde gast als die dat briefje door je brievenbus deed!'

'Misschien,' zei Ruby. 'Maar als hij denkt dat hij me kan manipuleren, dan heeft hij het mis. Juist zijn gepush om te stoppen maakt me nog vastbeslotener om deze zaak op te lossen. Er speelt duidelijk iets. Iets wat ik blijkbaar niet mag ontdekken.'

'Is dat verstandig?' vroeg Annika. 'Ik bedoel… hij heeft je neergeslagen, Ruub! De volgende keer kon hij weleens… Ze stopte, alsof ze niet verder durfde te praten.

'Als hij me wilde vermoorden dan had hij dat gisteravond wel gedaan,' zei Ruby. 'Hij had er alle kans voor, er was niemand in de buurt en Pip zat binnen.'

'Denk je dat hij het was die bij je binnen is geweest?' vroeg Annika.

'Dat weet ik niet, maar het is wel waarschijnlijk. En of hij me echt kwaad wil doen, weet ik ook niet. Hij heeft daar genoeg kans voor gehad en deed het niet.'

'Nee, hij sloeg je uit liefde op je gezicht,' gromde Tristan. 'En wat gaat hij doen als hij merkt dat je zijn "goedbedoelde advies" niet opvolgt?'

Ruby gaf niet meteen antwoord. Ze wist namelijk niet wat de man in kwestie dan zou doen. Hij had haar gewaarschuwd voor de gevolgen, maar wat de gevolgen zouden zijn, had hij niet gezegd. Maar hij had haar ook eigenwijs genoemd. Letterlijk: *waarom ben je toch altijd zo eigenwijs.* Alsof hij haar kende.

Godnondeju.

Wie zei dat toch altijd?

'Geef me je telefoon,' hoorde ze Annika commanderen.

'Waarom?' vroeg Ruby.

'Ik ga mijn Zoek mijn iPhone-app aan die van jou koppelen.'

'Maar dat...' begon Ruby.

'Geen gemaar,' onderbrak Annika haar, terwijl haar vingers over het scherm van haar mobiel gingen. 'Ik wil je kunnen vinden als we je kwijt zijn.'

Ruby wist dat ertegenin gaan op dit moment geen effect zou hebben en dus keek ze toe hoe Annika hun iPhones met elkaar verbond. En ergens vond ze dat toch wel een veilig idee, moest ze toegeven.

De deurbel ging. Pip sprong blaffend van haar schoot en stoof de hal in.

'Dat zal de politie zijn,' zei Annika, terwijl ze Ruby haar telefoon teruggaf en die van haarzelf in haar broekzak stopte. 'Die heb ik gebeld.'

-24-

'Hou er rekening mee dat mijn vader nogal... bot kan zijn,' waarschuwde Matthias, nadat hij zijn Audi geparkeerd had en de motor had uitgezet.

Rond halfvier had hij haar opgehaald. Een kort moment had hij zijn ogen over haar gezicht laten gaan, maar had tot haar grote opluchting niets gezegd over de – nu nog – milde zwelling van en rond haar neus, die ze met make-up had weten te verdoezelen. Het gesprek met de politie had ook deze keer weinig opgeleverd. Ze had de man niet gezien en al had hij haar geslagen, ze konden niets doen. Behalve natuurlijk toezeggen dat ze vaker door de straat zouden rijden. Alsof dat wat zou opleveren; het had na de eerste keer duidelijk niets geholpen.

Ze glimlachte tegen Matthias. 'Ik ben wel wat gewend,' zei ze. 'Vaak ontdooien mensen tijdens het gesprek wel een beetje.'

'Het gaat in dit geval niet alleen om het gesprek,' legde hij uit. 'Na de verdwijning van Tess is mijn vader volledig in zichzelf gekeerd. Vooral nadat de getuige die hij vond niets concreets bijdroeg aan de opsporing. Hij was alleen nog maar bezig met Tess, het beheerste zijn hele leven. Hij schreef haar zelfs brieven.'

'Brieven?' herhaalde Ruby. 'Wat moet ik me daarbij voorstellen?' Ze wist het antwoord al voordat hij het zei. 'Al die jaren?' vroeg ze toen.

Hij knikte. 'Elke week een. En voor zover ik weet doet hij dat nu nog. Zullen we gaan?' Zonder op antwoord te wachten duwde hij het portier open en stapte uit.

De kleine voortuin zag er niet al te verzorgd uit. Er stond een bolvormige liguster, en hier en daar wat halfdode planten. De tegels op de grond waren behoorlijk ongelijk en tussen de voegen groeide onkruid.

Nog voordat ze de voordeur hadden bereikt, werd die al opengedaan. Er verscheen een rijzige man in de deuropening. Ondanks zijn leeftijd zag hij er, geheel tegen Ruby's verwachtingen in, nog behoorlijk kwiek uit. Zijn haar was zilvergrijs, zijn huidkleur neigde naar een lichte tint brons en zijn gezicht was doorgroefd met rimpels.

'Pa, dit is…'

De man zei niets, draaide zich om en liep de lange gang in. De deur liet hij open.

Matthias haalde verontschuldigend zijn schouders op. 'Zoals ik al zei, hij kan soms…'

'Het geeft niet,' onderbrak Ruby hem. 'Ik begrijp het wel.'

'Ik niet,' zei Matthias. 'Hij is niet de enige die Tess is kwijtgeraakt. Mijn moeder, mijn broers. Ik…' vulde hij zacht aan.

Dat was waar. Maar als Ruby één ding had geleerd in de jaren dat ze nu cold cases onderzocht, dan was het wel dat iedereen verdriet en verlies op zijn eigen manier verwerkte.

'Het geeft niet,' zei Ruby nogmaals. 'Echt.'

Matthias zweeg en liet haar voorgaan naar binnen. Hij sloot de deur achter hen en wees haar naar het eind van de gang, waar een deur naar rechts openstond die naar de huiskamer leidde.

'Koffie?' vroeg meneer Palmer.

Ruby knikte, enigszins overdonderd.

De man liep naar de keuken op grijze versleten pantoffels.

Ze nam plaats op de bank, Matthias op de andere hoek, en niet veel later kwam meneer Palmer de kamer in met een dienblad waarop kopjes en een thermoskan stonden.

'Heb je er iets in?' vroeg hij haar.

'Alleen melk,' zei ze.

Er viel een stilte waarin slechts het geluid van kopjes en lepeltjes te horen was. Uiteindelijk was meneer Palmer klaar en ging hij in de fauteuil aan de kopse kant van de salontafel zitten. Ruby merkte op dat hij een zenuwtrekje naast zijn oog had, een subtiel trillen dat haast niet opviel. Ze schraapte haar keel en zei: 'Ik ben blij dat u me wilt ontvangen.'

Meneer Palmer trok zijn wenkbrauwen op. 'Waarom zou ik dat niet willen? Ik zou je alles, alles geven als je mijn dochter terugvindt. Levend of dood,' vulde hij aan.

'Dat begrijp ik,' antwoordde Ruby. 'Maar mijn grootste beloning zou afsluiting zijn. Dat jullie als familie de antwoorden krijgen die jullie al zo lang zoeken.'

'Antwoorden?' herhaalde meneer Palmer. 'Die heb ik al. Wiebe Verkerk. Hij heeft mijn meisje gestolen.'

'Dat weten we niet, pa,' kwam Matthias ertussen.

'Waarom heeft hij dan vastgezeten?' snauwde meneer Palmer. 'Ze hebben hem veroordeeld. En Tess was niet de enige aan wie hij zich heeft vergrepen.' Hij keek nu naar Ruby: 'Alle bewijzen waren er. Die *nonce* had het voorzien op kleine kinderen. Hij heeft nooit willen zeggen wat hij met Tess heeft gedaan.'

Nonce?

Ruby keek opzij naar Matthias. 'Pedofiel,' verklaarde die.

Ze herinnerde zich nu weer dat Taylor Palmer uit Engeland kwam. Hij sprak volledig accentloos, maar blijkbaar waren er woorden die er in zijn moedertaal makkelijker uitrolden als hij zich opwond.

'Pa,' ging Matthias meteen verder. 'Ruby wil het gesprek graag opnemen. Dat had ik je verteld. Maar dan moet ze wel eerst haar apparatuur neerzetten.'

Meneer Palmer maakte een gebaar alsof het hem allemaal niets kon schelen en liet zich onderuitzakken in de fauteuil.

Terwijl Matthias zijn auto door het verkeer loodste, dacht Ruby terug aan het gesprek met zijn vader. Ze had het gevoel dat nog lang niet alles gezegd was. Ze had hem nog wel gevraagd naar details, naar hoe de betaling van het losgeld was gedaan. Maar ook daar was niets bijzonders mee. Het geld moest door de vader persoonlijk worden afgeleverd in een kluisje op het centraal station van Utrecht. Dat had hij gedaan, de zak met geld in het kluisje gelegd met het nummer dat de ontvoerders hadden opgegeven. Nog urenlang had de politie de kluisjes in de gaten gehouden, maar niemand was het geld komen ophalen. Althans, daar had het op geleken. Toen ze na een hele poos het kluisje gingen checken, was het leeg. Nooit was ontdekt hoe dat had kunnen gebeuren en de vader van Alexandra was woest geweest.

Toen het bericht was gekomen dat Tess kon worden opgehaald in het Julianapark, ging een politieagent naar de afgesproken plek toe. Hoe dat afliep wist Ruby al: er werd geen Tess gevonden en sindsdien ontbrak ieder spoor. De ontvoerders lieten nooit meer iets horen en het geld was verdwenen. Einde verhaal.

En dan die brieven. Natuurlijk waren die persoonlijk, maar toch had ze het geprobeerd en gevraagd of ze er enkele van mocht lezen. Taylor Palmer had haar verbijsterd aangestaard en was bijna in paniek geraakt, waardoor ze het gesprek een poosje hadden moeten pauzeren. Ze was er verder niet meer op doorgegaan, wilde de man ook geen hartinfarct bezorgen, maar wel had ze gezien dat het zenuwtrekje naast zijn oog steeds erger werd naarmate het gesprek vorderde.

Ze slaakte een diepe zucht, waardoor Matthias van opzij even naar haar keek.

'Je kunt er waarschijnlijk niets mee, hè?' vroeg hij.

Hoe kon hij het zeggen. Tot nu toe kwam alles wat ze gehoord had strikt genomen op hetzelfde neer – ze schoot er geen sikkepit mee op.

'Het zijn allemaal bevestigingen van wat er in 1987 gebeurd is,' zei ze. 'En daar kan ik inderdaad weinig mee.'

Matthias zweeg en sloeg af. De weg die hij nu volgde liep langs het water. In de verte zag ze huizen en links van hen begon de zon al wat te zakken. Ze had al eerder gemerkt dat hij een andere route naar huis nam, maar ze vermoedde dat dat te maken had met zijn uitnodiging om wat te gaan eten en dus had ze er niet naar gevraagd.

'Het is dan ook al een oude zaak,' zei Matthias.

Ze keek naar hem. 'Je lijkt Tristan wel.'

'Tristan?' vroeg hij.

'Mijn buurman,' verduidelijkte ze. 'Hij en mijn vriendin Annika helpen me altijd bij mijn zaken.'

'En Casper?' vroeg hij toen.

'Dat is de meest irritante en meest onbelangrijke figuur in mijn leven,' zei ze.

'Maar hij maakt er nog steeds deel van uit,' zei Matthias. 'Na… wat is het? Een jaar?'

'Is dat zo gek?'

'Niet als er een gemene deler is.' Matthias keek nu niet opzij, maar hield zijn blik strak op de weg gericht.

'Een gemene deler?' herhaalde ze. 'We zijn getrouwd geweest!'

'Ja, en nu hebben jullie je eigen leven. Zei je niet dat hij een nieuwe vriendin had?'

Ruby sloeg haar armen over elkaar. 'Ja, een zwangere vriendin. Maar wat doet dat ertoe?'

'Blijkbaar kunnen jullie elkaar niet loslaten,' zei Matthias.

'Dat komt door hem!' riep ze. 'Hij stalkt me gewoon!'

'O, dus dat is het,' reageerde Matthias. 'Het is zijn schuld. Jij hebt totaal geen gevoelens meer bij hem.'

Ruby zweeg, wist niet zo goed wat hij nou precies bedoelde. Natuurlijk had ze geen gevoelens meer voor Casper. Ze was blij dat ze van hem af was. Toch?

'Heb je niet af en toe de wens dat jíj zwanger van hem was?' vroeg Matthias toen zacht.

'Wat?' Met een ruk keek ze opzij. 'Hoe kóm je erbij!'

Matthias gaf geen antwoord

'Waarom denk je dat?' wilde ze weten.

'Omdat ik denk dat jij een hele sterke kinderwens hebt.'

Ruby zweeg. Hoe wist hij dat? De enige die daarvan op de hoogte was, was Annika. Maar dat kwam omdat ze met haar eigenlijk alles deelde. Verder niemand. 'Hoe... hoezo?' hakkelde ze.

Hij glimlachte kort. 'Ik voel zoiets aan,' legde hij uit. 'Mijn vrouw Marieke straalde hetzelfde uit toen ik haar leerde kennen. Met als gevolg dat er al vrij vlot een baby kwam.'

'Heb je daar spijt van?'

Even dacht hij na. 'Nee,' zei hij toen. 'Behalve dan dat mijn vrouw er zo kort van heeft kunnen genieten.' Hij reed de auto een oprit op en stopte op wat een groot erf leek.

'Waar zijn we?' vroeg Ruby. Ze had totaal niet opgelet waar ze heen waren gereden.

'Hier woon ik,' antwoordde hij. 'Mijn moeder heeft gekookt.'

Ruby's mond zakte een stukje open. Ze was ervan uitgegaan dat ze naar een restaurant zouden gaan.

'Vind je het erg?' Matthias had de motor afgezet en draaide zich nu naar haar toe.

'Ik… nee… nee, natuurlijk niet. Maar ik dacht…' Ze keek naar het huis, dat veel weg had van een grote boerderij, en zag dat de voordeur openging. Een klein meisje met donkere krullen kwam naar buiten gerend, terwijl Matthias' moeder in de deuropening bleef staan.

Matthias lachte en opende het portier. Hij stapte uit en was nog net op tijd om het meisje, dat op hem afstoof, op te vangen. Ze sloeg haar armpjes om zijn nek en verborg haar gezicht in zijn schouder.

Ruby keek ernaar en voelde een steek van gemis. Hij had gelijk: ze had een enorme kinderwens. Dat wist ze al langer, maar nu ze hem zo zag, met dat meisje op zijn arm, nu voelde ze het des te meer.

Haar portier werd opengetrokken door Matthias en ze stapte uit.

'Dit is Ruby,' zei hij tegen het meisje. 'Ruby, dit is Yinte.'

Het meisje keek om en lachte naar haar.

'Dag Yinte,' zei Ruby. 'Ik heb al veel over je gehoord.'

Yinte legde verlegen haar hoofd tegen Matthias' schouder, maar bleef naar Ruby kijken.

'Kom,' zei Matthias. 'Laten we naar binnen gaan.'

Hoewel Ruby anders verwacht had, bleek Matthias' moeder geweldig gezelschap. Zo gereserveerd en afwijzend ze tijdens hun eerste gesprek was geweest, zo onderhoudend was ze aan tafel. Ze had een viergangenmenu gekookt en voor Yinte waren er pannenkoeken.

'Die maakte ik vroeger ook altijd voor jullie,' zei Alexandra tegen Matthias. 'Met appel en kaneel.'

'O ja, mijn moeder ook,' beaamde Ruby. 'Jeugdsentiment. En dan met rozijntjes waar je gezichtjes mee kon maken.'

Matthias knikte. 'Ja, dat deed ik ook, volgens mij,' zei hij. 'In het restaurant van pap, toch?' Hij keek naar zijn moeder.

'Soms,' zei Alexandra. 'Als er kinderen waren. En als jij er dan ook toevallig was, had je de pest in, omdat je vond dat je vader die alleen voor jullie mocht maken.'

Ze lachten allemaal, wat voor Alexandra het startsein leek om nog meer komische anekdotes uit Matthias' jeugd te vertellen.

'Je ziet het,' zei Matthias tijdens het dessert van zelfgemaakte chocolademousse. 'Er waren ook wel leuke momenten.'

Alexandra werd meteen weer somberder. 'Te weinig,' zei ze. 'Hoe ouder ik word, hoe meer ik besef dat ik mijn andere kinderen tekort heb gedaan.'

Matthias zweeg en Ruby besefte maar al te goed waarom.

Ruby wist niet goed hoe ze moest reageren en toen de stilte ongemakkelijk werd, zei ze: 'Het eten was heerlijk. In een restaurant zou ik er een smak geld voor moeten betalen.'

Alexandra glimlachte. 'Mijn man heeft me het een en ander bijgebracht voor wat betreft koken.'

'Hij had een vegetarisch restaurant toch?' vroeg Ruby.

'Dat klopt,' beaamde Alexandra. 'Maar hij was het zelf niet. Vegetariër bedoel ik. En ik ook niet.'

Ruby trok haar wenkbrauwen op. 'Is dat niet gek?' vroeg ze. 'Je zou toch zeggen dat je een restaurant begint vanwege je eigen principes.'

Alexandra glimlachte. 'Een vriend van hem was vegetariër en klaagde altijd dat er zo weinig restaurants waren die dergelijke gerechten op het menu hadden staan. Taylor zag een gat in de markt en startte het restaurant.'

'En die vriend werd chef-kok,' vulde Matthias aan.

'Dat klopt,' zei Alexandra. Ze liet haar lepel zakken en staarde voor zich uit. 'Wat zou er eigenlijk van hem geworden zijn?'

'Van Ricardo?' vroeg Matthias.

Alexandra knikte. 'We hebben nooit contact gehouden.'

'Is hij niet gewoon vertrokken nadat Puur Vegetarisch sloot?'

'Nee, hij was al eerder weg.'

'Uw man verkocht het toch nadat… eh…' begon Ruby.

'Ja, nadat we gescheiden waren. Vijf jaar lang ging hij elke dag met steeds meer tegenzin naar de zaak, totdat hij er uiteindelijk helemaal de brui aan gaf. Het heeft in mindere mate ook tot onze scheiding geleid. Hij heeft zijn leven eigenlijk nooit meer goed op de rit gekregen.'

'Dat spijt me,' zei Ruby.

'Ach, hij was altijd al zwaar op de hand,' zei Alexandra met een zucht. 'Nooit ging er iets gewoon goed, altijd zag hij apen en beren op de weg. We mochten ook nooit te veel geld uitgeven omdat hij bang was dat we in de problemen zouden komen als er eens een mager jaar kwam. Maar begrijp me niet verkeerd,' ging ze meteen verder. 'We hebben het nooit slecht gehad. Dat magere jaar waar hij zo bang voor was, kwam nooit. En ik moet zeggen dat ook ik zwaarmoedig werd nadat Tess verdween. Ik heb eigenlijk nooit meer ten volle van iets kunnen genieten.'

Dat begreep Ruby wel. Haar blik ging naar Yinte, die zonder aandacht te vragen op haar stoelverhoger zat te genieten van haar chocolademousse. Het was een lief, tevreden meisje, zag Ruby. En ze leek sprekend op Matthias, met haar donkere krullen en dito ogen.

'Behalve van haar,' klonk Alexandra's stem. Blijkbaar had ze Ruby naar Yinte zien kijken. 'Van haar geniet ik elke dag.'

'Het is ook een heerlijk kind,' zei Ruby.

Alexandra wierp haar een warme glimlach toe en heel even voelde Ruby een steek van jaloezie. Zou zij ooit zo van een kind kunnen genieten? Haar eigen kind? Alexandra was dan wel de oma van Yinte, maar toch had ze het meisje in haar leven. Ruby had niets, geen kind, geen kleinkind, zelfs geen partner, en soms vroeg ze zich af of het ooit nog zover zou komen.

'Wil je nog koffie?' hoorde ze Alexandra vragen.

Ze herpakte zichzelf en knikte, op het moment dat haar mobiel aangaf dat ze een berichtje had ontvangen. Snel haalde ze hem uit haar zak en zag dat het van Casper kwam. *Ik dacht dat je weg zou zijn? Maar je auto staat voor de deur en er brandt licht in je woonkamer. Is die Matthias soms bij je thuis?*

'Van je ex?' klonk Matthias' stem.

Ze keek op, verward. 'Eh… hoezo?' vroeg ze.

'Je gezicht spreekt boekdelen,' antwoordde hij.

Hoe kon het in godsnaam dat hij haar na twee, drie ontmoetingen al zo kon lezen? Bezat hij zo veel mensenkennis?

Ze knikte. 'Maar het is niet belangrijk,' zei ze. Ze typte terug dat ze wist dat het licht brandde, dat hij haar verder gewoon met rust moest laten, en zette toen het geluid op stil.

-26-

Het begon al donker te worden toen Matthias Ruby thuisbracht. Daarvoor had hij haar nog een rondleiding door zijn bedrijf gegeven. Een enorme loods achter het woonhuis, met daarnaast een kantoor. In de loods stonden ontelbare bloempotten, in allerlei formaten. Het had indruk op Ruby gemaakt; nooit had ze vermoed dat er zo veel verschillende soorten bloempotten bestonden.

'Denk je dat je nu verder kunt met je onderzoek?' vroeg Matthias, nadat hij zijn auto de oprit van Ruby's huis had opgedraaid en de motor uitzette. 'Ik bedoel, je zei eerder al dat de verklaring van mijn vader hoofdzakelijk bevestiging van feiten was.'

Eigenlijk wist ze dat nog niet. Ze moest eerst het gesprek met zijn vader uitwerken; pas als ze de beelden terugzag, kon ze bepalen of er toch niet ergens een flintertje informatie was dat ze kon gebruiken. Soms merkte ze dingen op die tijdens het gesprek aan haar voorbij waren gegaan.

'Misschien,' zei ze. Ze keek hem van opzij aan. 'Je ouders zijn het niet echt eens over Wiebes rol in het verhaal, hè?'

Matthias glimlachte. 'Kwestie van twee verschillende karakters,' zei hij. 'Mijn moeder wil altijd graag in iedereen het goede zien en mijn vader zocht een zondebok en een verklaring. En omdat hij niemand anders de schuld kan geven, wijst hij naar degene die in zijn ogen het meest verdacht is, zonder daarbij naar de feiten te kijken.'

'En die feiten zijn…?' moedigde ze hem aan.

'De dingen die niet kloppen. Bijvoorbeeld dat Sanne in Rotterdam verdween en Tess in Utrecht. Sanne werd dood gevonden, Tess is nog altijd zoek. En waarom werd er voor Tess losgeld gevraagd en voor Sanne niet? Er is totaal geen overeenkomst tussen die twee zaken, behalve dan dat het om baby's draaide.'

Ruby dacht aan het gesprek met Alexandra van Rede. Die had dat ook al gezegd. En toch was de politie, evenals Taylor Palmer, vast blijven houden aan Wiebe als dader. Tunnelvisie van de betrokkenen, inclusief van Jonathan Visser en Ellie van Niehoff?

Misschien. En misschien was dat ook wel de reden dat Ellie niet zo meegaand was geweest.

'En wat is nu je volgende stap?' hoorde ze Matthias vragen.

'Eerst een ontmoeting met Isabella de Ruyter,' zei ze. 'Die staat voor morgen gepland. En vervolgens een gesprek met Wiebe,' zei ze. 'Maar daarvoor moet ik wachten tot ik toestemming krijg.'

'Toestemming van wie?'

'Van Wiebe zelf, blijkbaar. Hij zit in een speciale woongemeenschap.'

Matthias zweeg en even verwachtte ze dat hij mee wilde naar dat gesprek. En dan zou ze nee moeten zeggen. Het leek haar namelijk geen goed idee om hem mee te nemen naar de man die veroordeeld was voor onder andere de ontvoering van zijn zusje.

Maar hij vroeg het niet. In plaats daarvan zei hij: 'Zou hij nog details weten, na vierendertig jaar?'

Ruby haalde een schouder op. 'Geen idee, dat zie ik dan wel. Kom je binnen nog wat drinken?' vroeg ze er meteen achteraan.

Matthias knipperde met zijn ogen. De overgang van Wiebe Verkerk naar iets drinken had hij blijkbaar niet verwacht. En dat was ook de bedoeling; het was niet Ruby's gewoonte om met buitenstaanders over een zaak te praten, vooral niet als die buitenstaander een direct betrokkene was. Toch vond ze het deze keer moeilijk. Ze voelde zich goed bij Matthias. Het was alsof ze hem al jaren kende, zo gemakkelijk ging de omgang met hem haar af.

Oké, af en toe had ze die kriebels in haar buik, vooral als hij haar aankeek met die donkere ogen van hem – met zo'n blik alsof hij tot in het diepst van haar ziel keek.

'Eh,' begon Matthias, terwijl zijn blik naar het dashboardklokje ging. 'Wordt dat niet te laat? Je zei net dat je morgen al vroeg weg moet.'

Ze glimlachte. 'Dat heb ik helemaal niet gezegd,' zei ze. 'Maar als je geen zin hebt…'

'Nee nee.' Hij schudde zijn hoofd. 'Het is alleen…'

'Of denk je nog steeds dat we dat beter niet kunnen doen?' onderbrak ze hem.

Hij keek haar recht aan. 'Nee,' zei hij toen. 'Deze keer niet.' Hij hield haar blik nog even vast, voordat hij zijn portier openduwde en uitstapte.

Ruby deed hetzelfde en zwijgend liepen ze naar haar voordeur. Ze wilde net haar sleutel pakken, toen vanaf de zijkant van het huis een schim op hen afkwam en bijna slaakte ze een gil. Ze greep in een reflex Matthias' arm vast en stapte achteruit.

'Dus dit is die kerel waar je mee weg bent geweest,' klonk een stem.

Ruby liet haar adem ontsnappen van opluchting. 'Casper,' zei ze. 'Wat doe jij hier?'

'Ik kom kijken wat je allemaal uitspookt,' zei Casper. Het klonk een beetje lijzig. Was hij dronken? Maar Casper was helemaal geen drinker. En al helemaal niet zo veel dat hij de controle over zichzelf verloor.

'Waarom?' vroeg ze.

Casper deed nog een stap naar voren tot hij vlak voor Matthias stond. 'Nou?' vroeg hij met stemverheffing. 'Is dit 'm?'

'Ik ben Matthias Palmer,' zei Matthias. 'En u bent?'

'Matthias Palmer,' herhaalde Casper. En toen, scherp: 'Wat moet jij met Ruby?' Hij ging dreigend voor Matthias staan.

Dit was niet de Casper die ze kende. Hij kon irritant zijn, lastig, soms zelfs onbeschoft, maar nooit boosaardig. En dat was hoe hij nu op haar overkwam: boosaardig. Ze wrong zich tussen hem en Matthias in en duwde hem een stukje achteruit. 'Je hebt gedronken. Ga naar huis.'

'Niet voordat hij daar me verteld heeft wat hij van je moet.'

'Hij moet niks van me. Bovendien gaat het je niks aan.'

'O nee?' riep Casper nu. 'De vorige keer was je bijna dood, weet je nog? Dat laat ik niet nogmaals gebeuren.' Hij schoof Ruby ruw opzij en haalde vervolgens met gesloten vuist uit naar Matthias.

Maar die zag het aankomen. Hij greep met zijn ene hand Caspers vuist beet, met zijn andere diens schouder en draaide toen in een oogwenk zijn arm op zijn rug.

Casper mompelde kreunend iets onverstaanbaars en probeerde zich los te trekken, maar Matthias drukte zijn arm nog een klein stukje verder omhoog. Daarna boog hij zich naar voren en fluisterde iets in Caspers oor, om hem daarna een duw in de richting van de oprit te geven.

'Ik doe het alleen maar voor jou, Ruby!' riep Casper. 'Dat weet je toch?'

'Ga naar Claire, Casper,' zei Ruby. 'Ze zal wel op je zitten te wachten.'

'Je hebt met hem geslapen, hè?' ging Casper verder. 'Je bent zó dom bezig. De vorige keer heeft hij je bijna vermoord!'

Ruby werd nijdig. 'Ga weg, Casper,' beet ze hem toe. 'Je hebt hier niets te zoeken.'

'Ik wil alleen...'

'Rot op!' riep ze nu.

Casper zweeg; deed een stap naar voren en toen weer naar achteren, terwijl hij Ruby verbijsterd aankeek. Maar na een laatste vuile blik op Matthias koos hij er toch voor om weg te gaan. Hij liep langs de Audi van Matthias, wierp nog eenmaal een blik over zijn schouder en verdween toen.

Er viel een beladen stilte, waarin zowel Ruby als Matthias

zweeg. Uiteindelijk ademde Ruby diep in en weer uit.

'Sorry,' zei ze zacht. 'Normaal doet hij zoiets nooit.'

Matthias glimlachte. 'Ik kan hem geen ongelijk geven,' zei hij.

'Wat bedoel je?'

'Je bent nu eenmaal het beschermen waard,' verklaarde hij.

Ze glimlachte. 'Ik weet niet wat hem de laatste tijd bezielt,' zei ze. 'Hij is getrouwd, krijgt binnenkort een kind. En toch blijft hij me opzoeken.'

'Hij is bezorgd om je,' zei Matthias met een stelligheid die haar verbaasde.

'Maar waarom? Als hij zo beschermend is, waarom is hij dan bij me weggegaan?'

Matthias zweeg even. Toen sloeg hij zijn arm om haar heen, trok haar tegen zich aan en zei: 'Dat hij bij je weg is gegaan wil niet zeggen dat hij niet meer om je geeft.'

Verwonderd keek ze naar hem op. 'Wil je zeggen dat hij nog van me houdt?'

'Liefde is niet van het ene op het andere moment over, Ruby.'

Ze snoof. 'Hij rommelde al maanden met Claire voordat hij me vertelde dat hij wilde scheiden en dan zou hij nog van me houden?'

'Niet op de manier als toen jullie verliefd waren,' zei Matthias. 'Anders. Als een broer.'

Ruby zweeg. Was Casper daarom zo irritant vaak in haar buurt? 'Maar waarom jaagt hij me dan altijd zo op de kast?' vroeg ze toen.

'Omdat jij degene bent die dat toelaat.' Hij kneep in haar schouder. 'Wees wat milder naar hem toe. Misschien dat het dan beter gaat tussen jullie.'

Ze dacht aan Casper. Aan de keren dat hij haar had gewaarschuwd. Kwam vragen hoe het ging. Omdat hij als een soort broer om haar gaf en haar wilde beschermen?

'Ach,' verzuchtte ze. 'Dat is ook wel zo. Maar ik kan er niets aan doen dat ik ben zoals ik ben.'

'Waarom zou je daar ook iets aan willen doen?' vroeg Matthias, nog steeds met zijn arm om haar heen.

Vragend keek ze naar hem op.

'Je bent goed zoals je bent,' vulde hij aan.

Ze wilde weten wat hij daar precies mee bedoelde, maar voordat ze dat kon vragen, had hij zijn lippen op die van haar gedrukt en kuste hij haar kort maar teder. Maar daar nam ze geen genoegen mee. Ze legde haar hand in zijn nek en trok zijn gezicht naar zich toe om hem nu zelf te kussen. De kriebel in haar buik zwol aan tot het gefladder van een wolk vlinders en ze wilde meer. Veel meer.

'Kom,' fluisterde ze zacht. Ze nam hem bij de hand en trok hem mee naar de voordeur, waar ze ineens bedacht dat Annika binnen zat.

Ze bleef staan; teleurstelling schoot door haar heen.

'Wat is er?' vroeg Matthias.

'Mijn vriendin zit binnen. Ze past op Pip.'

Het bleef even stil. 'Dan moeten we...'

Ze legde haar vinger tegen zijn lippen. 'Niet zeggen,' fluisterde ze. 'Want ik wil het niet horen.' Ze kuste hem nogmaals en voelde hoe zijn handen onder haar shirt verdwenen. Hij wilde dit ook. Net zo graag als zij.

'De auto,' hijgde hij in haar oor. 'De achterbank is ruim genoeg.'

- TEGENSTELLINGEN! – VLOG #3074 -

<start met compilatie van foto's: baby Tess, park waar ze verdween, krantenartikelen, foto ouders 1987, eindigen met foto van Tess en Matthias als baby, langer in beeld (foto van Taylor Palmer, met toestemming) – duur: 3 minuten>

Daar ben ik weer, lieve volgers, met een gloednieuwe Pathway to justice-vlog. Het onderzoek naar de verdwijning van baby Tess Palmer gaat momenteel nog een beetje traag, maar ik kan jullie wel vertellen dat ik toch wel wat tegenstellingen ben tegengekomen. Zo sprak ik deze keer met Taylor Palmer, de vader van Tess, en hij houdt er een heel andere mening op na dan zijn ex-vrouw Alexandra en oud-rechercheur Jonathan Visser. Die tegengestelde mening omvat hoofdzakelijk de schuldvraag of Wiebe Verkerk de ontvoerder van Tess is of niet.

<foto van Tess' ouders in 1987>

Taylor Palmer denkt nog altijd dat Wiebe Verkerk zijn dochter heeft ontvoerd. 'Hij was een bekende van de politie,' reageerde hij. 'Hij stal wederom een baby, er werd een link gelegd met Tess en dat was voldoende.' In tegenstelling tot wat ik eerder dacht, kwam de tip die naar Wiebe als dader van de ontvoering van Tess leidde pas drie dagen nádat hij was opgepakt met baby

Fleur die hij een krap jaar na Tess in het Julianapark uit de wagen haalde. En eigenlijk is dat best gek. Want betekent dat dat Wiebe niet veroordeeld zou zijn als die tip er niet was gekomen? Taylor Palmer denkt van wel. 'Alles wees in zijn richting.'

Taylor Palmer was trouwens behoorlijk emotioneel tijdens het gesprek, leek af en toe ver weg met zijn gedachten en vroeg zich regelmatig hardop af waarom Tess nooit was thuisgekomen. Hij refereerde hiermee aan Fleur die in goede gezondheid werd aangetroffen toen Wiebe Verkerk werd aangehouden. Maar helaas heb ik daar geen antwoord op. Nog niet, in ieder geval. Taylor Palmer was echter heel stellig toen hij me zei om vooral met Wiebe Verkerk te gaan praten. 'Hij moet je kunnen vertellen waar hij Tess heeft gelaten!' Natuurlijk gaan we dat binnenkort doen, lieve volgers.

Ik vroeg Taylor naar de losgeldeis, naar het briefje dat ze ontvingen, de stijl waarin het geschreven was en de precieze tekst die erop stond. Volgens hem was het getypt, op een oude Adler schrijfmachine, had de politie gezegd. De stijl leek hem niet relevant en daar wist hij dus ook niets over te zeggen. Maar naar mijn mening is de stijl juist wél relevant: Wiebe Verkerk zou met zijn verstandelijke vermogens nooit een briefje op een volwassen manier kunnen schrijven – als hij al slim genoeg was om losgeld te eisen. Toen ik Taylor vertelde dat zijn ex Alexandra het met me eens was, werd hij een beetje nijdig. 'Alexandra heeft die pedofiel altijd de hand boven het hoofd gehouden,' zei hij. 'Zei dat hij geen vlieg kwaad deed, maar wat was hij goddomme dan met die andere baby van plan? Hij hield van baby's was de verklaring. Dat is toch ziek?'

Of dat laatste zo is, blijft de vraag – want wilde Wiebe de baby's echt kwaad doen, of kon hij door zijn beperking de gevolgen niet overzien en deed de paniek die erop volgde de rest?

En dan was er nog de losgeldeis: tien miljoen gulden, ruim vierenhalf miljoen euro, om Tess levend terug te krijgen. Wat had Wiebe met dat geld willen doen, als hij al het besef had van de waarde ervan? Taylor en Alexandra hadden überhaupt niet zo veel geld. Zoals ik al eerder vertelde werd het betaald door de ouders van Alexandra. 'Voor hem een fooitje,' zei Taylor. Naar mijn mening ook een geluk, voor hem en zijn vrouw – want als zijn schoonouders niet zo bemiddeld waren geweest, hadden ze Tess sowieso nooit meer teruggezien. Wat er dus ook weer op wijst dat de ontvoerders moeten hebben geweten dat Tess' opa die tien miljoen kon ophoesten, anders zouden ze er toch nooit aan begonnen zijn?

Ook de getuige die hij zelf vond heeft volgens Taylor weinig gedaan om het onderzoek op gang te houden. De compositietekening die op aanwijzingen van Isabella de Ruyter werd gemaakt was volgens hem vaag en was er niemand die erop leek. Wiebe niet, maar ook Martin, de eerste ex van Alexandra, niet. 'De politie moest toch wat?' antwoordde Taylor, toen ik hem vroeg waarom ze Martin vlak na het maken van die tekening oppakten. 'Er werd al genadeloos op hun vingers gekeken, een aanhouding zou hun imago vast wel opvijzelen.'

<krantenfoto Martin van Elderen in 1987>

Zou dat werkelijk zo zijn, lieve volgers? Zat het onderzoek vast en zocht de politie naar manieren om beter voor de dag te komen? Het is nog te vroeg om daar over te oordelen. In ieder geval is Taylor Palmer gebroken door de verdwijning van zijn dochter, die nu vierendertig zou zijn. 'Ik heb altijd gedacht dat ze wel weer terug zou komen. Ze kon toch niet van de aardbodem zijn verdwenen? Het klopte niet, er werd betaald. Waarom zouden ze mijn dochter dan ineens stelen?' Alle jaren dat ze nu vermist is, schreef hij brieven aan haar. Eerst elke dag, later eens per week. Het zijn er inmiddels ruim tweeduizend, vertelde hij, en hij bewaart ze in een grote doos. Op mijn vraag waarover hij aan haar schreef, antwoordde hij: 'Wat schrijft een vader aan zijn vermiste dochter? Dat ik spijt heb. Dat ik de tijd zou terugdraaien als ik kon. Het was mijn taak om voor haar te zorgen, haar te beschermen. En ik heb haar daarin teleurgesteld. Ik was niet oplettend genoeg.' En vlak voordat ik vertrok zei hij: 'Vind mijn dochter. Alsjeblieft.'

<afbeelding doos met brieven> met toestemming van Taylor Palmer

En Tess vinden is natuurlijk ook mijn bedoeling, beste volgers, al zal deze zaak niet zo een-twee-drie zijn opgelost. Dit onderzoek mag dan misschien wat moeizamer gaan, vooral omdat sporen vervaagd zijn en het geheugen van getuigen, als die er al zijn, vertroebeld, maar ik geef niet op! Mijn volgende stappen zijn de gesprekken met Isabella de Ruyter en met Wiebe Verkerk. Voor het laatste gesprek wachten we nog op bericht of Wiebe ons wil ontvangen, maar eigenlijk ga ik ervan uit van wel. Ik hou jullie op de hoogte!
Dank voor het kijken! Vergeet niet te liken, of nog beter: abonneer je op mijn vlog en wees verzekerd van alle updates! En mocht je nog informatie hebben, hoe klein of onbeduidend ook, meld het dan, via een e-mail, privébericht of gewoon onder deze vlog.

- ELLIE -

-27-

28 februari 1986

Met een diepe zucht liet Ellie van Niehoff de gebruikte zwanger-schapstest in de prullenbak glijden. Weer negatief. De zoveelste keer al. Hoe ze ook hun best deden, er kwam geen nieuwe zwan-gerschap voort uit hun pogingen. Het leek wel alsof haar lichaam het niet meer accepteerde.

Nou kon ze zich daar wel iets bij voorstellen – na vier miskra-men en een prematuur geboren kindje dat nog geen uur geleefd had. Maar Felix en zij, ze wilden zo graag een kind. Ze hoefde er geen drie of vier. Eentje. Eentje was genoeg.

Ellie waste haar handen, plensde wat water in haar gezicht en keek naar zichzelf in de spiegel. Klein gezicht, sproetjes op haar neus, gave huid, groene ogen en donker krullend haar in een korte coupe. Iedereen zei dat ze een leuk smoeltje had.

Een leuk smoeltje. Zelfs Felix zei het vaak genoeg, al waren zijn woorden eerder: een knap smoeltje. Na al die jaren hield hij nog steeds van haar. En zij van hem. Ondanks al hun tegenslagen op het gebied van kinderen krijgen. Nog geen enkele keer hadden ze elkaar verwijten gemaakt. Nog nooit hadden ze de schuld bij de ander gelegd. Dat was ook de reden dat ze nooit onderzoek hadden willen laten doen: er zou een oorzaak gevonden kunnen worden. Dat Felix niet in staat was om kinderen te verwekken. Of dat zij geen eisprong had – tenslotte was haar cyclus altijd al onregelmatig geweest, soms een week of zes, en af en toe zelfs na twee weken al. Dat ze vermoedde dat de fout dus bij haar lag, had ze nooit durven uitspreken, ook niet tegen Felix. Die had helemaal geen weet van haar cyclus, daar sprak ze niet over met hem.

Ze haalde bij wijze van kam haar vingers door haar korte krullen en zuchtte. Misschien speelde stress ook wel een rol. Ze zat tenslotte al een flinke poos tussen de verhuisdozen. Ze zouden vorig weekend zijn overgegaan van hun flatje in Amersfoort naar een eengezinswoning in de Bloemenbuurt in Utrecht, maar Felix was nog steeds niet klaar met de verbouwing. Het was een klein huisje, maar groot genoeg voor hen en een toekomstige baby. Het had drie slaapkamers, waarvan Felix er twee had samengevoegd, een grote zolder en een heerlijk zonnige achtertuin. Ze keek ernaar uit om daar hun gezinnetje te stichten.

Maar de verbouwing was wat moeizamer gegaan, met het gevolg dat hun verhuizing was uitgesteld tot volgende maand. Nog langer tussen de dozen en niets kunnen vinden – ze had daarom op haar werk aangegeven dat ze extra diensten wilde draaien. Ze was sinds een jaar financieel rechercheur bij de politie in Amersfoort. Van gewone straatagent had ze zich in zes jaar tijd opgewerkt. Het beviel haar prima, al had ze af en toe weleens de wens dat er wat meer actie in haar dagelijkse werkzaamheden zat.

Langzaam liep Ellie de trap af. In de keuken – kaal en hol – pakte ze een van de twee glazen die nog in de kast stonden en vulde het met water uit de kraan. Genoeg als ontbijt. Haar maag zat toch nog dicht vanwege de zenuwen over de zwangerschapstest. Zelfs nu ze de uitslag wist, voelde ze zich misselijk. Volgende maand moesten ze het maar weer proberen. Alles volgens schema, voor zover dat lukte.

Nieuwe ronde, nieuwe kansen, zou Felix zeggen. Ze wilde dat zij er zo makkelijk over kon denken.

-28-

7 juli 1987

'Ben je weer een beetje op orde?'

Ellie draaide zich om naar Jonathan Visser die haar met een vragende blik aankeek.

Ze glimlachte. 'Ja hoor, dank je,' zei ze. 'De woonkamer heeft een fris nieuw kleurtje en de slaapkamers ook. Nu alleen de keuken nog, dus het komt goed.'

'Het lijkt me een hele klus zo in je eentje?' merkte hij op, terwijl hij de deur naar de vergaderzaal voor haar openhield.

'Ach,' zei ze. 'Ik ben het inmiddels wel gewend om het alleen te moeten rooien.' Ze dacht aan Felix, die kort nadat ze in hun nieuwe huis in Utrecht trokken zomaar ineens overleed. Een hartaanval tijdens zijn werk als accountant. Helemaal geen inspannend beroep, gewoon werk met cijfertjes, dag in, dag uit. Hij had op een doorsnee woensdagmiddag lunchpauze genomen, was naar de kantine gelopen en daar in elkaar gezakt. Nog voordat de ambulance ter plaatse kwam, was hij al overleden.

'Het moet moeilijk voor je zijn,' hoorde ze Jonathan zeggen.

Ze keek naar hem op en zag de meelevende blik in zijn ogen. Hij moest aanvoelen dat ze aan Felix dacht en zijn compassie verwarmde haar als een wollen deken.

Een halfjaar geleden was het nu dat ze overplaatsing naar Utrecht had aangevraagd omdat het heen en weer reizen tussen Utrecht en Amersfoort, waar ze toen nog werkte, haar tegenviel.

Maar de herinneringen in hun huis kon ze uiteindelijk niet meer opbrengen, en dus had ze via haar werk een tussenwoning in de Vogelenbuurt gevonden waar ze afgelopen januari naartoe was verhuisd. De eerste weken had ze geen tijd gehad om haar nieuwe stek in Utrecht aan te pakken, maar onlangs had ze haar handen uit de mouwen gestoken, verf gekocht en was ze aan de slag gegaan. Ze had nooit kunnen denken dat ze dat in haar had.

Inmiddels werkte ze nu zo'n zeven maanden bij het team in Utrecht en ze had er nog geen seconde spijt van. Haar directe chef was Jonathan Visser, een fijne man, was ze inmiddels achter. Begripvol, geduldig. Maar daar verwachtte hij ook wat voor terug: betrouwbaarheid en loyaliteit. En dat kreeg hij onvoorwaardelijk van al zijn mensen. Ook van haar.

'Ik zal door moeten,' zei ze. 'Hoe dan ook.'

'Maar je hebt het hier wel naar je zin?' vroeg hij. 'Het is toch iets heel anders dan de financiële recherche.'

Ze glimlachte weer. 'De verandering heeft me goed gedaan,' zei ze. 'En ik heb fijne collega's, dat scheelt.'

'Dat hoor ik graag,' zei Jonathan. Hij gebaarde naar de tafels en stoelen in de vergaderruimte. 'Zoek een plek. We hebben een urgente zaak op ons bord gekregen.'

Ellie laveerde tussen de tafels door en nam plaats naast haar collega Astrid. Ze zag zowel bekende als onbekende gezichten in de zaak, iets waar altijd sprake van was bij een TGO – Team Grootschalig Onderzoek. Mensen werden overal vandaan gehaald om aan een zaak te werken. Deze keer ging het om een vermist kind. Een baby. Zes maanden oud en uit een kinderwagen gestolen terwijl de moeder er vlakbij zat.

Het kwam haar zo onwaarschijnlijk voor – als moeder zorgde je er toch voor dat je baby altijd in zicht was? Of lag dat aan haar? Was zij zo paranoïde dat ze haar kind nooit uit het oog zou verliezen?

Ze richtte haar blik op het whiteboard voor in de zaal waarop

Jonathan een aantal steekwoorden had geschreven en die nu een voor een toelichtte. Ze keek naar de foto van de baby. Zo klein nog. Misschien was ze te voorbarig. Misschien was er wel iets anders aan de hand. Een familiekwestie, bijvoorbeeld. De moeder was eerder getrouwd geweest – wie weet knelde daar iets.

'Ellie, jij en ik gaan nog een keer met de ouders praten,' hoorde ze Jonathan zeggen, en geschrokken keek ze op. Ze had totaal niet opgelet en geen flauw idee wie nu wat ging doen. Behalve dat zij met Jonathan op pad ging. Ze knikte.

'Oké, mensen,' sloot Jonathan af. 'Aan het werk. Elke seconde telt – het gaat om een baby.'

Stoelen werden verschoven, collega's verlieten de zaal. Zelf liep Ellie op Jonathan af, die zijn papieren bij elkaar zocht en in een map schoof. Ze vroeg zich af waarom juist zij met Jonathan naar de ouders ging.

Blijkbaar las hij de vraagtekens op haar gezicht. 'Ik wil dat jij meegaat,' verklaarde hij, 'omdat jij volgens mij de enige bent die zich kan inleven in hun wanhoop.'

Was dat zo? Zij was toch nooit een kind kwijtgeraakt? Niet op die manier althans. En ze zou ervoor zorgen dat dat nooit ging gebeuren ook.

Jonathan legde zijn papieren in zijn kantoor en greep zijn colbert van de stoel. Hij overhandigde Ellie een autosleutel en zei: 'Rij jij maar.'

Alexandra Palmer, de moeder van de vermiste baby Tess, zat stoicijns op de bank in de gezellige woonkamer. Het was een groot huis, klassiek Engels ingericht met veel licht hout en pastelkleuren. Ondanks het feit dat er vijf kleine kinderen in het gezin waren, zag het er opgeruimd uit.

Vijf kinderen. Eigenlijk zes, als je Tess meetelde. Het was ongelooflijk hoe oneerlijk het verdeeld was in de wereld. Sommige mensen hadden alles.

Een wat oudere dame zette een dienblad met kopjes en een thermoskan op de lage salontafel. Ellie zag in het gezicht dezelfde trekken als bij Alexandra Palmer, waaruit ze afleidde dat de dame haar moeder moest zijn. Alexandra's echtgenoot Taylor liep als een gekooide tijger op en neer door de kamer.

'Een hele dag!' gromde hij nijdig. 'Bijna vierentwintig uur is mijn kind nu al weg!' Hij wierp een woedende blik op Jonathan. 'Wat dóén jullie eigenlijk allemaal om haar te vinden?'

'We hebben weinig om mee te werken, meneer Palmer,' zei Jonathan met rustige stem. 'Maar ik verzeker u dat we alles doen wat in onze macht ligt om Tess te vinden.'

Taylor Palmer gromde iets onverstaanbaars en beende weer naar het raam. Ellie zag dat Alexandra even kort naar hem opkeek en haar blik toen weer naar buiten richtte. Ze was in shock, dat bleek uit alles. Ellie keek naar Jonathan, die haar bijna onmerkbaar toeknikte.

Ze ademde onhoorbaar diep in, liep naar de bank en ging voorzichtig naast Alexandra zitten. De vrouw leek het niet te merken, ze keek niet op of om.

'Mevrouw Palmer?' begon Ellie zacht. En toen er geen reactie kwam: 'Alexandra… het moet zo moeilijk voor je zijn.'

Er kwam nog steeds geen reactie en Ellie vroeg zich af of de vrouw haar überhaupt wel had gehoord.

'Alexandra,' ging ze toch door. 'Kun je me vertellen of je iets gezien hebt? Iemand bij de kinderwagen?'

'Collin,' klonk het zacht.

'Wat?' vroeg Ellie.

'Hij had zich pijn gedaan,' zei Alexandra bijna onhoorbaar. Nu keek ze wel opzij naar Ellie. 'Een schommel tegen zijn hoofd. Ik dacht… ik dacht dat ik wel even…' Een zachte snik ontsnapte aan haar keel. 'Het is mijn schuld,' fluisterde ze.

Ja, dat is het ook! Je had haar nooit alleen mogen laten!

Ellie dacht het, maar zei het niet. Hoe zou ze dat kunnen? En dus legde ze haar hand op Alexandra's arm en zei stellig: 'Nee, dat is niet waar. Niemand had jouw baby mogen pakken.'

'Misschien niet,' fluisterde Alexandra. Ze slikte. 'Maar toch is het gebeurd. Ik had hen nooit onbeheerd mogen achterlaten.' Ze keek Ellie nu recht aan. 'Waarom Tess? Waarom zij?'

Ze wilde dat ze daar het antwoord op wist.

-29-

14 juli 1987

'Ellie…'

Ze keek op naar Jonathan die naast haar bureau stond. Ze had hem niet horen aankomen en verbaasde zich erover dat hij er zo laat nog was. De meeste van haar collega's waren al naar huis – het liep tenslotte al tegen zevenen en zelf was ze bezig het dossier dat ze aan het bijwerken was af te sluiten.

'Er is een brief gekomen met betrekking tot de zaak-Tess Palmer,' zei Jonathan.

Meteen kwam Ellie overeind. 'Wat?'

'Ze willen tien miljoen.'

Ellie staarde hem aan. Tien miljoen gulden? Dat was belachelijk. 'Wie heeft die brief ontvangen?' vroeg ze.

'De ouders. In een blanco A4-envelop, samen met een van de sokjes die Tess droeg toen ze verdween. Ze vonden de brief op de mat – zonder postzegel, zonder adressering.'

'Persoonlijk bezorgd dus,' stelde Ellie. Ze trok haar jas van de stoel. 'We moeten er direct naartoe.'

Jonathan hief zijn handen. 'Niet zo snel. We kunnen daar weinig doen op dit moment. Pas als de Technische Recherche de brief heeft onderzocht kunnen we verder. En dan nog alleen als er iets uit het onderzoek komt.'

'Hoezo kunnen we weinig doen? We kunnen met de ouders praten. Misschien hebben zij iets gezien.'

'Derk en Mitchell hebben dat al gedaan toen ze de brief ophaalden. Er is de Palmers niets bijzonders opgevallen.'

Ze maakte een ongeduldig gebaar. 'Ik wil gewoon zélf met hen praten. Derk en Mitchell zijn zo subtiel als een hamer.'

Jonathan wierp haar een onderzoekende blik toe. 'Zeg je nou dat je je collega's incompetent vindt?'

'Nee, natuurlijk niet.' Ze keek even van hem weg en vervolgde toen: 'Ze zijn gewoon wat te oppervlakkig. Ze weten niet hoe ze tot mensen als de Palmers moeten doordringen.'

'Dus tóch incompetent?'

Ellie zweeg. Hoe kon ze hem nou uitleggen dat ze dat niet bedoelde. Of misschien een klein beetje. Derk en Mitchel waren niet… vindingrijk genoeg. Je moest wanhopige mensen met zo'n diep verdriet op een bepaalde manier benaderen. En daar was zij gewoon een kei in.

'Nee, niet incompetent,' verzuchtte ze. 'Gewoon. Ze zijn man.'

Jonathans wenkbrauwen schoten omhoog bij dat laatste woord. 'Man?' herhaalde hij.

'Ja, nou ja. Mannen kunnen zich veel minder goed inleven, dat is een feit.'

'O ja, een feit,' herhaalde hij.

Ze zag de pretlichtjes in Jonathans ogen en moest ineens ook om zichzelf glimlachen. Ze was een beetje vergeten dat Jonathan ook een man was. 'Ik wil gewoon met hen praten,' legde ze uit. 'Dat is alles.'

'Dat begrijp ik,' zei Jonathan. 'Maar niet nu. Het familiekoppel is nu bij hen. Ze brengen zo snel mogelijk verslag uit. Derk en Mitchell zijn nu met de brief onderweg hiernaartoe zodat we hem eerst even kunnen bekijken voordat hij naar de TR gaat. Wij kunnen nu dus niet veel doen. Morgen gaan we naar de Palmers om hen te instrueren over het afleveren van het geld.'

'Weet je al een locatie?' vroeg ze.

Hij schudde zijn hoofd. 'Dat hoop ik in die brief te lezen.'

Ze liet zich terug op de stoel vallen en zweeg. Het leek haar onmogelijk dat niemand iets gezien had. En het familiekoppel stond buiten het onderzoek vanwege eventuele conflicterende belangen. Zij waren er alleen om de Palmers te ondersteunen en dienden als liaisons tussen hen en het onderzoeksteam. Wat uithoren aanging had je daar dus ook niets aan.

Ze hoorde Jonathan zuchten. 'Ik weet dat je ongeduldig bent, dat zijn we allemaal. En we willen allemaal Tess terugvinden en liefst ook nog de daders in hun kraag grijpen. Maar dat lukt niet als we overhaast te werk gaan en maar in het wilde weg opereren. Bovendien heeft mevrouw Palmer iets kalmerends van haar arts gekregen en is voorlopig onder zeil, dus daar hebben we niets aan.'

'En de vader?'

'Die is samen met het familiekoppel bezig het losgeldbedrag bij elkaar te zoeken.'

Ellie fronste. 'Hebben zij zo veel geld?'

'Nee. Maar de ouders van Alexandra Palmer wel, begreep ik.'

'Ze gaan dus betalen?'

'Wat had jij dan verwacht?'

Dat wist ze eigenlijk niet. Als háár kind ontvoerd was, zou ze alles betalen wat de daders vroegen, al moest ze daar de Nederlandse Bank voor beroven. Maar ja, zij was niet rijk, en ze had ook geen rijke ouders, dus haar kind zou sowieso nooit ontvoerd worden. Maar zij zou haar kind ook nooit onbeheerd in een kinderwagen achterlaten, zoals Alexandra Palmer had gedaan.

Eigen schuld!

De twee woorden bleven af en toe de kop opsteken. Een slechte moeder, dat had de pers ook al geroepen. Hoeveel vrouwen waren er niet die alles over hadden voor een kind? Die hun baby nooit, maar dan ook nooit uit het oog zouden verliezen?

'Ik pik je morgenochtend vroeg op,' hoorde ze Jonathan zeggen. 'Halfacht, lukt dat?'

'Ik wil wachten op die brief,' zei ze.

Jonathans mondhoeken krulden omhoog. 'Waarom had ik dat verwacht?'

'Misschien omdat je me kent?' antwoordde ze met een lachje.

Hij wees naar haar en zei: 'Dat zal het zijn.' Zijn blik ging naar de klok. 'Ik verwacht ze elk moment. Met tien minuten in de vergaderzaal?'

Terwijl Derk en Mitchell met Jonathan in gesprek waren over de omstandigheden waarin de brief was afgeleverd, bekeek Ellie de brief zelf. Het A4'tje zat in een plastic hoes, maar toch kon ze voelen dat het papier van goede kwaliteit was. Dik en luxe. En als ze goed keek was het niet helemaal wit – eerder gebroken wit.

Haar ogen gingen over de getypte letters. Het waren acht zinnen van verschillende lengte.

Als je je baby terug wilt, stop dan 10 miljoen gulden in gemixte coupures en zonder opvolgende nummers in een sporttas. Leg die morgenmiddag om 17.00 uur in bagagekluis 04 op Utrecht Centraal. Leg de sleutel daarvan in het meest rechtse hokje van het openbare herentoilet in de hal en vertrek dan. Kom alleen. Geen politie. Tijdrekken om aan het geld te komen heeft geen zin. Met een vingerknip kan Victor van Rede het in handen hebben. Zodra we het geld hebben nemen we weer contact op waar je je baby kunt vinden.

Ellie fronste. Foutloos. De ontvoerders waren intelligent. Dat strookte niet met wat ze inmiddels van doorsnee kidnappers wist: vaak waren het minderbedeelden, mensen die niet veel geluk in het leven hadden gehad, die geld nodig hadden.

Ze legde de brief opzij en pakte de hoes met de envelop. Het enige wat erop stond was *Taylor Palmer* – in dezelfde getypte letters als de brief. Daar kwam ze dus ook niet verder mee. Misschien haar collega's van de Technische Recherche.

'Valt je iets op?' hoorde ze Jonathan vragen.

Ze keek opzij en zag hem samen met Derk en Mitch bij het whiteboard staan. 'We kunnen er een paar dingen uit afleiden,' zei ze, terwijl ze de hoes met de brief weer oppakte en naar hen toe liep. 'Als eerste dat de ontvoerder waarschijnlijk goed opgeleid is en ten tweede dat hij Tess wellicht niet ontvoerd heeft voor het geld.'

'Alsof tien miljoen niet voor het geld is,' wierp Mitch tegen.

'Waarom denk je dat, Ellie?' vroeg Jonathan.

Ze haalde haar schouders op. 'Goed opgeleid leidt meestal tot een goede baan. Dat is geen vaststaand feit, maar...'

'Wat je dus eigenlijk bedoelt is dat we niet met een doorsnee ontvoerder te maken hebben?' viel Mitch haar in de rede.

'Niet per se. Maar zijn profiel lijkt wel af te wijken. Ik wil er alleen maar op wijzen dat we in deze zaak ook buiten de gebaande paden moeten kijken.'

Derk sloeg zijn armen over elkaar. 'Vind je soms dat wij een tunnelvisie hebben?'

Dat was al de tweede in een halfuur tijd die haar verkeerd begreep. Of die zich gewoon aangesproken voelde en met zijn macho-ego meteen boven op de kast zat.

'Nee,' zei ze geduldig. 'Ik merk het gewoon op. Zodat we juist géén tunnelvisie ontwikkelen.'

Niemand zei iets, alsof ze niet helemaal vertrouwden wat ze zei. En net toen de stilte ongemakkelijk begon te worden, zei Jonathan: 'Ellie heeft gelijk. We moeten een open mind houden.' Hij keek naar Ellie: 'Maar jij ook – pin je niet vast op je eigen conclusies.'

Ze glimlachte. 'Maak je geen zorgen. Dat doe ik beslist niet.'

-30-

Een late donderdagnamiddag op het Centraal Station stond garant voor een enorme drukte. Ongetwijfeld was dat ook de reden dat de ontvoerders deze plek op dit tijdstip hadden uitgekozen om het losgeld achter te laten. Er waren veel mensen in winkelcentrum Hoog Catharijne dat op donderdagavond koopavond had en waarin het station volledig was opgenomen.

Vanaf een afstand observeerde Ellie Taylor Palmer die zich met een doorsnee rugtas door de vele reizigers op weg naar hun trein of de winkels begaf. Rondom het gebied met de kluisjes stonden meerdere burgeragenten. Zelfs Ellie kon ze er maar moeilijk uitpikken en dat was goed. Als zij het niet kon, dan was het voor de ontvoerders onmogelijk.

Taylor Palmer hees de sporttas wat hoger op zijn schouder, wierp nog eenmaal een blik over zijn schouder en liep toen het pleintje op waar de kluisjes zich bevonden. Hij was er niet alleen; enkele minuten geleden was een jong stel hem al voorgegaan.

Strikt genomen was het een gevaarlijke plek om agenten te posten. Daarom stonden de meesten van hen ook op plekken die geen direct zicht op de kluisdeurtjes hadden. Pas als Taylor Palmer de tas met het geld in kluisje 04 had gedeponeerd en de sleutel daarvan in het openbare toilet had achtergelaten, zouden agenten het pleintje oplopen, om de specifieke kluis in de gaten te houden en zodra de ontvoerders de tas kwamen ophalen, zouden ze opgepakt worden; niemand zou ongemerkt het geld kunnen weghalen.

Ellie zag Palmer weer tevoorschijn komen met het sleuteltje in zijn hand. Hun blikken kruisten elkaar kort, voordat hij haar voorbijliep, op weg naar de toiletten in de centrale hal. Ook daar stonden een paar agenten, en de toiletjuffrouw achter het tafeltje was eveneens een agente die de boel in de gaten hield. Zij zou de eerste zijn die de ontvoerder kon opmerken als hij met de sleutel uit het laatste toilethokje kwam. Dat was de verwachting tenminste; zij zou via haar portofoon doorgeven dat de man vertrok, zodat de anderen hem het hele traject naar de kluisjes in de gaten konden houden en op het moment dat hij het geld pakte konden oppakken.

Nonchalant bestudeerde Ellie de stadsplattegrond die ze had meegenomen, zodat ze wat minder zou opvallen. Ze had zich gekleed als een doorsnee toerist, met een petje op haar hoofd en een zonnebril, al was het juist vandaag behoorlijk bewolkt. Dus schoof ze de bril op haar hoofd en tuurde weer op haar kaart. Maar niet voordat ze eerst een korte blik in de richting van de kluizen had geworpen.

Het duurde een poosje voordat Jonathan naar haar toe kwam. 'De vermoedelijke verdachte heeft de sleutel,' zei hij. 'Hij had hem in zijn hand toen hij uit het toilet kwam en hij is nu onderweg hierheen.' Vervolgens beschreef hij de man zoals hij had doorgekregen.

Ellie voelde de opwinding door haar lichaam bruisen. Zou het? Zouden ze hem werkelijk te pakken krijgen en Tess thuis kunnen brengen? Als hij tenminste prijsgaf waar hij haar verborgen hield en geen handlangers had. Ze tuurde de hal door. Het was nog steeds onverminderd druk, misschien zelfs nog wel drukker dan eerst. Waarschijnlijk wilde iedereen nog even snel de laatste winkels in voordat om negen uur de deuren werden gesloten.

Jonathan gebaarde naar haar en knikte. Halverwege de hal

ontwaarde ze de verdachte: man van middelbare leeftijd, kalend, gekleed in een donkergroene ribbroek met daarop een crèmekleurig overhemd en een lichtbruin colbertje over zijn arm, precies zoals hij beschreven was. De man keek zoekend rond.

Ellie fronste haar wenkbrauwen. Waarom wist hij niet waar hij heen moest? Hij had toch zelf die plek gekozen? De man liep weer verder, keek omhoog naar de borden en ontdekte toen de kluisjes. Haastig liep hij ernaartoe. Op dat moment was hij voor Ellie uit zicht; ze kon niet zien wat hij deed. Maar dat hoefde ook niet – vier agenten in burger volgden hem en vervolgens hoorde Ellie harde stemmen. Jonathan wenkte haar en snel liep ze achter hem aan.

Daar stond de man, met zijn handen omhoog, zijn rug tegen de rij kluisjes achter hem gedrukt. Zijn ogen schoten alle kanten op, terwijl hij onder schot werd gehouden en niet leek te begrijpen wat er gebeurde.

Het schoot door Ellie heen. *Dit is 'm niet!*

Jonathan was als eerste bij hem. Hij pakte de sleutel uit zijn omhooggehouden hand en keek op het plaatje met het nummer. Vervolgens vloekte hij luid.

'Dit is de sleutel voor kluis nummer 09,' gromde hij tegen Ellie.

Negen? Haar gevoel was dus juist: dit was hem niet.

'Hoe komt u aan deze sleutel?' vroeg Jonathan aan de man.

Die keek hem benauwd aan en stamelde: 'D-die heb ik v-vanmiddag uit… uit d-de kluisdeur gehaald!'

'Wat heb je erin gestopt?'

'Mijn… mijn bagage. Ik… ik moest nog wat spullen kopen in het winkelcentrum. Voor… voor thuis.'

Ellie hoorde een Belgisch accent en vroeg: 'U bent Vlaams?'

De man knikte. 'Ik… ik neem straks de nachttrein naar Brussel. D-daar woon ik.'

Nu was het Ellie die vloekte. Ze waren misleid! Of was het gewoon misgegaan? Jonathan had zijn rug naar hen toegedraaid en ze wist dat hij nijdig was.

'Hoe kan dit?' blafte Jonathan in zijn portofoon. Er volgde een korte stilte. Toen een luid: 'Wat?' Vervolgens liep hij weg en hoorde Ellie hem razen tegen degene aan de andere kant van de lijn.

De Vlaamse man stond nog steeds met zijn handen omhoog toen Jonathan weer terug kwam lopen. Met de sleutel die hij de man had afgenomen, opende hij kluisje negen en haalde er een reistas uit. Behalve kleding, een boek en een thermosfles zat er niets bijzonders in.

Nogmaals vloekte Jonathan. Hij wenkte een van de agenten in burger en gaf die opdracht de boel af te handelen met de – ten onrechte aangehouden – Vlaamse man. Daarna pakte hij Ellie bij de arm en trok haar mee uit de buurt van de kluisjes.

'De sleutel is uit het toilethokje verdwenen,' zei hij nog net niet knarsetandend. 'Niemand heeft wat gezien.'

'Maar er is niemand bij de kluisjes geweest,' stelde Ellie. 'Dus het geld moet er nog zijn. En ik vrees dat we de hele operatie wel kunnen afblazen nu – de ontvoerder is ongetwijfeld gealarmeerd.'

'Ik hoop niet dat dit consequenties voor Tess heeft,' zei Jonathan.

'Wachten tot hij toch nog komt opdagen lijkt me sowieso niet aan de orde – de dader is er inmiddels allang vandoor.'

'Mét de sleutel,' vulde Jonathan aan.

Een agent in burger kwam haastig aanlopen, met naast hem een gezette man in het uniform van de Nederlandse Spoorwegen. 'Dit is meneer Dijkhof. Hij kan kluis nummer 04 voor ons openmaken.'

'Je gaat het geld weghalen?' vroeg Ellie.

'We hebben geen middelen om hier een paar man continu te laten observeren,' zei Jonathan. 'Bovendien, je zei het net zelf: de dader is er ongetwijfeld al vandoor. Die komt echt dat geld niet meer halen.'

Of wel.

Ellie dacht het, maar zei het niet hardop. 'Hoe kan het verdwijnen van de sleutel niet zijn opgemerkt?' vroeg ze. 'Er zat toch iemand van ons als toiletjuffrouw? Heeft zij niemand dat hokje zien binnengaan na die Vlaming?'

'Volgens haar is alleen hij in dat specifieke toilet geweest. Maar toen hij met een sleutel in zijn hand eruit kwam, dacht ze dat het onze verdachte was en heeft ze haar post verlaten.'

'Waarom heeft ze niet eerst gekeken of die sleutel echt weg was?' wilde ze weten. 'Er zijn meer kluisjes en niet alleen de ontvoerder hoeft met een sleutel te zwaaien. Bovendien,' ging ze in één adem verder, 'zou ik als ik de ontvoerder was die sleutel wegstoppen. Hij is gewoon niet gezien.'

'We kunnen speculeren wat we willen,' zei Jonathan, terwijl hij een blik wierp op Dijkhof die met een loper kluis nummer vier opende. 'We zullen moeten afwachten of de ontvoerder nog contact opneemt.'

Het juiste woord: of. Misschien had hij er wel genoeg van en liet hij niks meer van zich horen. Met alle gevolgen van dien voor de baby.

Dijkhof draaide het deurtje open en stapte opzij. Jonathan ging naar voren en na een blik in de kluis vloekte hij wederom luid.

Ellie stoof naar voren, keek, en hapte naar adem.

Het kluisje was leeg.

-31-

Niemand had iets gezien, er was een wildvreemde man ten onrechte aangehouden, en als kers op de taart was het geld verdwenen. Compleet. Met tas en al. Hoe had de ontvoerder kans gezien onopgemerkt die kluis leeg te halen? Ellie brak zich er al drie dagen het hoofd over.

Van de ontvoerders ontbrak tot nu toe elk spoor en ook baby Tess was nog niet boven water. Er was totaal geen teken van leven meer gekomen. Jonathan had dus ook de vrees geuit dat het kind niet meer terug zou komen, dat de dader of daders er met het geld vandoor waren en zich van de baby hadden ontdaan.

Het maakte Ellie misselijk. Ze staarde naar haar typmachine waarop ze bezig was een proces verbaal uit te typen. Ze had totaal geen zin meer. Weekenddiensten waren aan haar niet besteed – ze miste de drukte, de bedrijvigheid die er doorgaans op het bureau heerste. Maar ja, ze kwam er niet onderuit.

'Ellie!'

Ze keek op. Het was Jonathan die haastig op haar afkwam.

'Ze hebben bericht gestuurd!'

Meteen stond ze op. 'De ontvoerders?'

Hij knikte. 'Kom mee,' zei hij. 'Ze hebben laten weten waar Tess kan worden opgehaald.'

Opgehaald?

Ellie greep haar tas en volgde Jonathan de recherchekamer uit.

'Waar?' vroeg ze, terwijl ze moeite moest doen om de lange passen van Jonathan bij te houden.

'Ik wil dat jij haar gaat ophalen,' zei Jonathan, zonder antwoord op haar vraag te geven.

'Hoe hebben ze contact gezocht?' wilde Ellie weten, nadat ze zich naast Jonathan in de recherchewagen had laten zakken en hij de straat uit reed.

'Een telefoontje,' zei hij. 'We gaan nu direct naar het park.'

'Het park?' vroeg Ellie. Ze voelde zich ineens nogal onwetend over de hele situatie en dat maakte haar woedend. 'Verdomme Jonathan,' beet ze hem toe. 'Vertel me nou wat er precies aan de hand is! Ik blijf geen vragen stellen!'

'De ouders zijn gebeld, tien minuten geleden, dat Tess in het Julianapark kan worden opgehaald. Ze zouden haar bij de hertenkamp achterlaten.'

Ellie zweeg. Lag het aan haar of klonk dit bepaald idioot? Hoe lieten ze een baby achter in een park? Ze hadden haar zonder wat dan ook meegenomen uit de kinderwagen, dus hoe dachten ze dat te doen? Haar gewoon op de grond leggen?

Jonathan stopte de wagen plompweg langs de kant van de weg. 'Je weet waar de hertenkamp is?'

Ze knikte. 'En de ouders? Zijn zij in de buurt?'

'Thuis,' zei Jonathan. 'De vader wilde direct naar het park, maar we hebben hem tegengehouden. We weten niet hoe we de baby zullen aantreffen.'

'Ik vind dit maar raar,' begon Ellie. 'Hebben ze Tess onbeheerd…'

'Dat weten we niet. Er staan collega's bij elke uitgang van het park. Ga nu maar!'

Ellie stapte uit en keek naar de ingang. Het was niet zo ver naar de hertenkamp. Maar het park was vooral in deze tijd van het jaar dichtbegroeid en ze was er niet gerust op. Keek de ontvoerder toe als ze de baby pakte? Of was hij er gewoon vandoor gegaan nadat hij haar had neergelegd? Ze kon zich er geen voorstelling van maken. Zelf zou ze nooit een baby in het wild neerleggen en er maar het beste van hopen – er kon van alles met het kind gebeuren.

Ze ging sneller lopen. In de verte zag ze de hertenkamp. Er liepen meer mensen; op zondag was het altijd vrij druk in het park, vooral bij de speeltuin en de herten.

Waar was Tess?

Nergens bespeurde Ellie iets wat kon duiden op een achtergelaten baby. Hadden ze haar misschien in de struiken gelegd? Ze keek over haar schouder. Struiken genoeg. Ze hoorde niets. Haar blik ging naar de dienstingang van de hertenkamp, een meter of tien verderop. Daar! Lag daar wat? Het leek op een shopper. Hadden ze haar daarin…?

Ellie zette het op een lopen, naar het hek. De witte shopper stak fel af tegen het vale bruin van het hek; een van de hengsels bewoog door de zwakke wind. Ze knielde neer en biddend tot een God waarin ze niet geloofde, opende ze de tas.

-32-

Een maand geleden was het nu dat Ellie naar het park was ge-gaan om Tess op te halen op de plek die de ontvoerders hadden aangegeven. Maar het enige wat ze mee terug had kunnen ne-men naar de recherchewagen was een lege shopper. Ze was nog een hele poos blijven rondlopen bij de hertenkamp, zoekend, wat Jonathan woedend had gemaakt, omdat ze zo lang niets had laten horen.

En nu dook er ineens een getuige op. Hoe kon dat? Waar kwam ze vandaan? Want het ging om een vrouw, had Jonathan gezegd. En ze zou informatie hebben die wellicht betrekking had op de verdwenen baby.

Ellie was er nogal sceptisch over. Maar ook een beetje veront-rust. Wat wist die vrouw? Wat had ze gezien?

'Waarom komt ze nu pas naar voren?' vroeg ze aan Jonathan, die haar stond op te wachten bij een van de verhoorkamers.

'Blijkbaar woont ze in het buitenland en is ze slechts eens per maand in Utrecht om haar baas te briefen.'

'En hoe komt het dat ze nu nog over de zaak hoorde? De media zijn gestopt met het als voorpaginanieuws te brengen.'

'Je vraagt te veel,' zei Jonathan. 'Vooral over dingen waarop ik nu geen antwoord heb. Zo meteen weten we meer.' Hij trok de deur van de kamer open en liet Ellie voorgaan.

Achter de tafel waar doorgaans verdachten met hun advocaat

zaten, zat nu een grove vrouw van in de veertig. Ze had donker haar, geknipt in een boblijn, en donkere ogen achter een vrij grote bril. Ondanks haar schijnbare alledaagsheid had de vrouw een bekoorlijke charme.

'Mevrouw De Ruyter?' vroeg Jonathan, terwijl hij met een uitgestoken hand naar de tafel liep.

De vrouw stond op en knikte. Ze schudde eerst Jonathans hand en toen die van Ellie voordat ze weer ging zitten.

'U hebt gebeld omdat u informatie zou hebben over de ontvoering van Tess Palmer?' begon Jonathan nadat hij samen met Ellie tegenover haar had plaatsgenomen.

De vrouw knikte nogmaals. 'Het spijt me dat ik nu pas naar voren kom,' zei ze, 'maar ik ben buitenlands vertegenwoordiger voor MediMeasure en ben slechts eens per maand in Nederland. MediMeasure is een groothandel in bloedsuikermeters,' verduidelijkte ze, toen zowel Jonathan als Ellie haar vragend aankeken. 'Met vestigingen in heel Europa, waaronder Portugal.'

'Ah,' zei Jonathan, terwijl hij wat papieren bekeek. 'U woont in Portugal?'

'Ja, dat klopt,' zei Isabella de Ruyter. 'In Lissabon. Ik bezoek ziekenhuizen en artsen in die regio.'

'Wanneer hoorde u over de ontvoerde baby?' vroeg Jonathan.

'Gisteren,' zei Isabella meteen. 'En het was bepaald toevallig. Ik heb een kamer in het Smits en toen ik mijn weekendtas in de kast wilde zetten, vond ik een krant van begin vorige maand. Op de voorpagina stond een heel stuk over de verdwijning van een baby uit het Julianapark en dat deed me denken aan de vorige keer dat ik hier was. Op 6 juli. Ik was op de zaak geweest om mijn maandverslag toe te lichten en had nog een paar uur voordat ik in de vroege avond zou terugvliegen naar Portugal. Omdat het behoorlijk warm was, besloot ik die tijd te overbruggen in het park.'

'Waar was u precies in het park?' vroeg Ellie.

'Dat... weet ik niet meer zo goed,' antwoordde Isabella enigszins aarzelend. 'Ik meen in de buurt van een kinderboerderij?'

'Een hertenkamp?'

Isabella keek op. 'Ja, dat kan best.'

'En wat was het dat u opviel?' wilde Jonathan weten.

'Die man,' zei Isabella meteen. 'Met een baby.'

'Dat weet u zeker?'

'Het is moeilijk me daarin te vergissen,' zei ze. 'Het kindje huilde aan een stuk door.'

'En dat vond u raar?' vroeg Ellie.

'Nou...' begon Isabella. 'Niet zozeer dat die baby huilde, maar wel dat degene die hem vasthield niks deed om hem te troosten. Ik bedoel... normaal spreek je zo'n kindje toch geruststellend toe, fluister je wat geruststellende woordjes. Maar deze man deed niks. Hij hield het kind op een ongelukkige manier tegen zich aan gedrukt, met een lichtgekleurd wollen dekentje eromheen. Beige, of misschien lichtgeel. Het leek alsof de baby totaal niet belangrijk voor hem was. Nee...' onderbrak ze zichzelf. 'Dat was het niet. Eerder alsof hij er geen aandacht voor had, en dan bedoel ik niet alleen dat huilen, maar gewoon het hele kindje. Alsof het hem niet kon schelen dat het zo overstuur was.'

'Alsof het niet zijn eigen kind was, wilt u zeggen?'

'Ja. Nee, dat bedoel ik niet,' zei Isabella. Ze dacht even na voordat ze vervolgde: 'Meer alsof hij... ergens anders was met zijn gedachten. Een beetje zoals een moeder die om haar kind te plezieren in het park is maar met haar hoofd voornamelijk bij haar job. Begrijpt u?'

Of Jonathan het begreep kon Ellie niet bepalen, maar zelf begreep ze wel wat Isabella bedoelde.

'Kunt u de man beschrijven?' vroeg ze.

Isabella dacht even na en zei toen: 'Behalve dat hij gewoon alledaags was niet echt. Een man die nergens in afweek. Niet groot, niet klein, niet dik, niet dun. Blond haar, kort, geen bril, geloof ik.'

'Blank of getint?' wilde Jonathan weten.

Isabella haalde kort haar schouders op. 'Ik vermoed dat hij geen donkere huid had, dat was me vast wel opgevallen, maar of hij echt blank was kan ik ook niet zeggen.'

Ellie kon een diepe zucht nog net binnenhouden. Fijn. Hier hadden ze wat aan.

'Misschien dat u toch wilt meewerken aan een compositietekening?' probeerde Jonathan.

'Uiteraard is dat geen probleem.'

'Is u verder nog iets opgevallen?' vroeg Ellie. 'Was er nog iemand anders in de buurt, heeft de man met iemand gepraat?'

Isabella schudde haar hoofd. 'Niet dat ik me kan herinneren,' zei ze. 'Ik zat op een bankje en zag hem voorbijlopen met de baby in zijn armen. Dat is alles. En als het kind gewoon in een kinderwagen had gelegen, zou hij me niet eens zijn opgevallen.'

Precies. Dat was het punt: een baby zonder kinderwagen. Terwijl er op nog geen tweehonderd meter afstand een kinderwagen zonder baby stond. Wie was die man? En hoe had hij zonder dat iemand het merkte Tess uit de wagen gehaald en meegenomen?

-33-

3 september 1987

Het verdwenen beertje. Als je niet beter wist zou het zomaar de titel kunnen zijn van een detectiveroman. Helaas was het bittere ernst. Het beertje van baby Tess was zoek. Alexandra Palmer was boodschappen gaan doen en had het tweelingbroertje van Tess meegenomen, in dezelfde kinderwagen als toen, met nog steeds dat bruine, teddystoffen beertje van Tess naast het blauwe konijntje van Matthias. Sinds Tess verdwenen was, verloor ze de kinderwagen geen moment meer uit het oog en ook de andere kinderen uit het gezin werden constant in de gaten gehouden. Een logische reactie op wat er gebeurd was. Maar toch moest ze op een bepaald moment haar aandacht op iets anders hebben gericht; toen ze thuiskwam zag ze pas dat het beertje weg was.

Alexandra Palmer was compleet overstuur geraakt en had van haar huisarts iets kalmerends gekregen. Ze was de volgende dag pas weer in staat geweest een normaal gesprek te voeren. Ellie was langsgegaan, maar er was niets bruikbaars naar voren gekomen, behalve dat Alexandra's man Taylor had gezegd dat hij niet beter wist dan dat het beertje al weg was sinds de ontvoering.

Het spoor liep volledig dood. Diverse mensen waren ondervraagd, personeel van het restaurant van Taylor Palmer, buren, vrienden, familie, de vrouwen uit het park. Niemand had iets gezien of gehoord. En ook de verklaring van de getuige Isabella de Ruyter had niet tot aanhouding van de dader geleid.

Ellie staarde naar de papieren voor haar op het bureau. Nog even en het dossier werd gesloten. Misschien was dat maar beter ook. Tess zou toch niet gevonden worden en het werd tijd dat iedereen verderging met zijn leven, hoe moeilijk dat ook was. En zij als geen ander wist hoe moeilijk het kon zijn: doorgaan zonder degene die je zo liefhad. Maar Alexandra had een meer bevoorrechte positie dan Ellie ooit had: zij had haar man en andere kinderen nog. Ellie had niemand gehad met wie ze haar verdriet had kunnen delen.

Totdat Joyce kwam. Dat kleine bundeltje baby. Toen ze haar voor het eerst in haar armen hield, gewikkeld in dat wollen dekentje, wist Ellie dat ze haar nooit meer zou loslaten. Joyce maakte haar leven compleet en voor het eerst na de dood van Felix had ze zich weer gelukkig gevoeld. Ze zou de hele wereld aankunnen, zolang ze Joyce maar had. En nooit, nooit, nooit zou ze zo onachtzaam met haar omgaan als Alexandra Palmer met haar kinderen had gedaan. Niemand zou Joyce van haar afpakken. Niemand.

-34-

18 april 1988

Ellie keek naar de ietwat gezette man die door twee agenten naar een verhoorkamer werd gebracht. Even daarvoor waren er al twee oudere mensen gearriveerd, van wie Ellie vermoedde dat het zijn ouders waren.

Hij moest nu iets van twintig jaar oud zijn. Wiebe Verkerk. Hij woonde hier in Rotterdam en was vier dagen geleden opgepakt nadat hij in het Julianapark een baby uit een wandelwagen had getild en meegenomen. Hij logeerde bij zijn oma en opa in Utrecht en kwam vaak in het park. Een anonieme tip die de politie gisteren had ontvangen, had hen erop gewezen dat Wiebe vaker kinderen uit kinderwagens had gehaald, waardoor de verdwenen baby Tess ineens weer onder de aandacht van de recherche kwam. Het onderzoek naar haar verdwijning stond inmiddels op een laag pitje, omdat er geen nieuwe aanknopingspunten meer waren, en de grootte van het team was gaandeweg teruggebracht tot een magere drie man, onder wie zijzelf – op haar eigen verzoek overigens. Maar nu lag het onderzoek weer helemaal open.

Wiebe Verkerk bleek bovendien twee jaar eerder ook al eens verhoord te zijn in verband met een verdwenen baby: Sanne de Vos. Zij werd weggehaald uit een tuin in Rotterdam, op het moment dat de moeder heel even naar binnen ging om een kop koffie te halen, en werd enkele maanden later dood teruggevonden.

Wiebe kende Sanne en haar moeder, maar er waren geen aanwijzingen dat hij iets te maken had met haar dood.

De baby waarmee Verkerk een paar dagen terug werd aangetroffen, Fleur, mankeerde overigens niets, wat in zijn voordeel werkte. Wat niet in Verkerks voordeel uitpakte was het feit dat hij dus vaker betrapt was bij het uit kinderwagens halen van baby's.

Vanwege Wiebes geestelijke achterstand werd de zaak voornamelijk achter gesloten deuren behandeld om geen heksenjacht te ontketenen. Tot nu toe lukte dat aardig. Maar lang zou dat vast niet meer duren; de ouders van Sanne konden elk moment aan de bel trekken, verwachtte ze. Hoofdzakelijk omdat voor de dood van hun kind nooit een dader was opgepakt.

Ellie voelde een vreemde prikkeling over haar rug lopen. Zou deze man werkelijk een babydief zijn? Volgens een collega was Verkerk verstandelijk beperkt. 'Niet goed snik' waren de precieze woorden geweest. Was Wiebe Verkerk dat? Waarschijnlijk wel, waarom waren zijn ouders anders meegekomen? Hij had geen syndroom van Down – hij zag er eigenlijk doodnormaal uit – maar zijn gedrag, zijn bewegingen hadden iets kinderlijks.

Ze keek op naar Jonathan, die diep in gedachten voor zich uit staarde. 'Gaat het wel?' vroeg ze.

Hij schrok van haar stem en knipperde een paar keer met zijn ogen. 'Ja. Ja, sorry. Het gaat. Mijn vrouw...'

Meer hoefde hij niet te zeggen. Bijna iedereen op het Utrechtse bureau wist dat Jonathans vrouw ziek was. Dat hij af en toe afwezig was omdat hij thuis dan nodig was, of met haar naar het ziekenhuis moest.

'Hoe is het nu met haar?' vroeg ze.

Hij haalde zijn schouders op, maar ze wist dat dat geen onverschilligheid was. Eerder een houding die hij zich had aangemeten.

'Ze gaat hard achteruit,' zei hij. 'Harder dan we verwachtten.'

Ellie wist niet zo goed hoe ze daarop moest reageren en was

blij toen een van hun Rotterdamse collega's kwam vertellen dat ze naar binnen mochten. Ze volgde Jonathan de verhoorkamer in, waar Wiebe Verkerk achter een tafel zat, met naast hem zijn vader.

Ze namen naast elkaar plaats aan de andere kant van de tafel.

'Ik begreep dat u geen advocaat wilt?' begon Jonathan met een blik op Verkerk.

De jongeman keek opzij naar zijn vader, die hem toeknikte, en schudde toen zijn hoofd. 'Hij heeft niets verkeerd gedaan,' zei de vader in zijn plaats. 'Dus hij vindt het niet nodig.'

Nu ze zo tegenover hem zat, vond Ellie hem er niet bepaald uitzien als een babyontvoerder. Eerder als een bang vogeltje: in elkaar gedoken, zijn handen in elkaar geknepen in zijn schoot, met ogen die angstig de kamer rondgingen en zich op geen enkele plek leken te kunnen focussen.

'Dat is ons verteld,' zei Jonathan. 'Maar toch wil ik nogmaals benadrukken dat het misschien wel beter is.'

Meneer Verkerk zocht Wiebes blik. 'Hoor je wat de agent zegt, Wiebe? Het is beter als je wel een advocaat neemt.'

'Waarom?' vroeg Wiebe. 'Ik wilde alleen maar spelen. Dat is toch niet verkeerd?'

'Nee, dat is niet verkeerd. Maar het is wel verkeerd om kinderen mee te nemen zonder te vragen. Hun mama weet toch niet dat jij alleen maar met hen wil spelen?'

Daar leek Wiebe over te moeten nadenken, maar toen knikte hij toch aarzelend. 'En daarom moet ik een advocaat?' wilde hij weten.

'Precies,' zei zijn vader.

Weer dacht Wiebe na. 'Oké. Maar toch heb ik niks slechts gedaan,' zei hij er meteen achteraan. 'Helemaal niks slechts.'

Het duurde anderhalf uur voordat de advocaat – hij stelde zich voor als meester Mariënburg – ter plaatse was. Hij was gebeld door meneer Verkerk en wist blijkbaar al overal vanaf toen hij binnenkwam. Het was Ellie een raadsel dat hij er niet meteen voor had gezorgd dat Mariënburg bij het gesprek zat. Was het misschien een tactiek van de advocaat, om zo te laten zien hoe Wiebe in zijn eigen onschuld geloofde?

Of Wiebe werkelijk onschuldig was, viel te bezien. Ellie had zijn dossier bekeken en nu bleek dat hij tot vier keer aan toe baby's uit kinderwagens had gehaald 'om mee te spelen'. Waarom hij niet eerder was aangehouden, was de vraag – omdat hij zwakbegaafd was? Volgens zijn dossier had hij het verstandelijke vermogen van een kind van tien. Was dat ook de reden dat ze hem niet diepgaander hadden verhoord na de dood van Sanne?

'Wiebe,' hoorde ze Jonathan vragen. 'Je weet waarom je hier zit?'

De jongeman keek opzij naar zijn vader en vervolgens naar Mariënburg, die hem bemoedigend toeknikte.

'Ja,' zei Wiebe. 'Omdat ik een paar dagen terug dat baby'tje heb meegenomen. Maar ik wilde alleen maar spelen, heus waar!'

'Maar je weet toch dat je dat eerst moet vragen?' zei Jonathan. 'Dat hebben je vader en je moeder je toch gezegd?'

Wiebe zweeg, leek te aarzelen. Maar toen knikte hij toch.

'Waarom deed je dat dan niet?'

Wiebe haalde zijn schouders op. 'Ik vind baby's leuk,' zei hij als antwoord.

'Dat weet ik,' zei Jonathan. 'En je vond Sanne ook leuk, hè?'

Wiebe zweeg, alsof hij diep moest nadenken en Ellie vroeg zich af of hij zich haar überhaupt nog herinnerde.

Wiebe schudde zijn hoofd. 'Ik mag van mama niet met baby's spelen.'

'Waarom niet?'

'Omdat ik ze dan misschien laat vallen. Of pijn doe.' Hij keek even opzij naar zijn vader en toen weer naar Ellie. 'Mama zegt altijd dat ik mijn eigen kracht niet ken.'

'Maar met Sanne speelde je vaker, toch?' zei Jonathan.

Wiebe fronste zijn wenkbrauwen. 'Ja, vroeger. Lang geleden. Toen mocht ik in de tuin spelen.'

'Van Sannes moeder?'

Hij knikte. 'Ik kreeg limonade.'

'En heb je Sanne toen meegenomen?' vroeg Ellie.

'Mag ik vragen waar dit naartoe gaat?' onderbrak Mariënburg haar. 'Het is bekend dat mevrouw De Vos, Sannes moeder zoals u weet, een zwak had voor Wiebe. Hij kwam er regelmatig over de vloer. Ik begrijp dus ook niet zo goed wat uw motivatie is om mijn cliënt ervan te beschuldigen Sanne te hebben meegenomen.'

'Hij heeft vaker baby's meegenomen,' zei Jonathan scherp. 'En hij kende Sanne, die zoals ú weet dood werd teruggevonden.'

'Dat wil niet zeggen dat híj haar heeft meegenomen en gedood heeft. Maar als jullie daar bewijzen voor hebben, dan hoor ik die graag.'

'En dan hebben we ook nog Tess Palmer,' ging Jonathan door, zonder op de woorden van de meester in te gaan.

Mariënburg staarde eerst Jonathan aan en toen Ellie. 'Tess Palmer? De baby die uit het Julianapark in Utrecht verdween?'

Zowel Jonathan als Ellie zwegen.

'Dat is belachelijk!' brieste meneer Verkerk ineens. 'Jullie kunnen Wiebe niet elke verdwenen of dode baby in de schoenen schuiven!'

Wiebes ogen drukten ineens een zekere angst uit. Hij begon op zijn stoel heen en weer te schuiven, terwijl Verkerk, Mariënburg en Jonathan in een heftig debat verwikkeld raakten en waarin Jonathan uit de doeken deed dat Wiebe in de week dat Tess Palmer verdween bij zijn oma in Utrecht logeerde en door diverse getuigen in het park was gezien.

Ellie keek ondertussen naar Wiebe, die met grote ogen van de een naar de ander keek, duidelijk nerveus, zelfs een beetje schuw.

Toen schudde hij langzaam zijn hoofd en mompelde iets.

'Wat?' vroeg Ellie, terwijl ze zijn blik zocht.

Hij keek niet op, bleef zijn hoofd schudden. De stemmen van de drie mannen gingen door, Mariënburg praatte nog wat harder, meneer Verkerk riep er boos iets doorheen. Jonathan probeerde de boel te sussen. En Wiebe… die schudde steeds woester zijn hoofd, drukte toen zijn handen tegen zijn oren en uitte een langgerekte schreeuw, die Verkerk, Mariënburg en Jonathan onmiddellijk deed zwijgen.

Meteen hurkte Verkerk naast de stoel van zijn zoon en probeerde op hem in te praten, maar Wiebe bleef compulsief zijn hoofd schudden, terwijl hij met zijn handen die nu tot vuisten waren gebald steeds maar weer tegen de zijkanten van zijn hoofd sloeg.

'We stoppen het verhoor,' zei Jonathan, terwijl hij opstond. 'Later proberen we het nog een keer en tot die tijd houden we Wiebe in verzekerde bewaring.'

'Dan wordt hij gek,' protesteerde Verkerk. 'Wiebe kan er absoluut niet tegen om opgesloten te zitten.'

'Ik heb geen andere keus.'

'Misschien is huisarrest een beter idee?' opperde Ellie, zonder haar ogen van Wiebe te halen. 'Want als we hem opsluiten, komen we geen stap verder. Morgen kunnen we in zijn eigen omgeving met hem praten.'

'Hopelijk is dit de juiste beslissing,' zei Jonathan, toen ze Wiebe met zijn vader door de deur van het politiebureau zagen verdwijnen.

'Daar komen we gauw genoeg achter,' reageerde Ellie, met haar blik nog steeds op de deur gericht.

Jonathan keek vermaakt opzij. 'Je hebt medelijden met die jongen.'

'Helemaal niet.'

'Dat is heel begrijpelijk, hoor. Ik heb ook de neiging hem als een kind te zien. Gewoon omdat hij een naïeve hulpeloosheid uitstraalt. Ik kan me voorstellen dat dat moedergevoelens bij je oproept.'

'Moedergevoelens?' herhaalde ze. 'Belachelijk!'

'Vind je?' vroeg Jonathan.

'Ja, natuurlijk!' riep ze. 'Ik zou geen goede rechercheur zijn als het eerste het beste kindse figuur medelijden bij me opwekt. Schuldig is schuldig, en ik kan me er iets bij voorstellen dat hij Sanne de Vos heeft gedood, maar ik geloof niet dat hij iets te maken heeft met de ontvoering van Tess. Bovendien zijn mijn moedergevoelens gereserveerd voor een ander kind.'

Ze had meteen spijt van haar laatste woorden toen Jonathan haar met opgetrokken wenkbrauwen aankeek. 'Wil je zeggen dat jij een kind hebt?'

Ellie knikte stroef. Ze praatte niet graag over haar thuissituatie. En al helemaal niet over haar dochter. Dat ging niemand iets aan.

'Een jongen of een meisje?' vroeg Jonathan.

'Meisje,' zei ze.

Er viel een stilte die zij niet van plan was op te vullen. Misschien hield hij er dan over op. Maar dat bleek ijdele hoop.

'Hoe heet ze?' vroeg Jonathan.

Ze keek opzij. Hij leek oprecht geïnteresseerd. 'Joyce,' zei ze.

'Hoe oud?'

'Zestien maanden.'

Jonathan maakte een korte hoofdbeweging. 'Dan is ze geboren rond de tijd dat je bij ons team kwam, toch?'

'Dat klopt. Vlak daarvoor.'

'Waarom heb je het nooit over haar gehad?' wilde Jonathan weten.

Ze haalde onverschillig haar schouders op. 'Ik zat net pas bij de Utrechtse politie,' onderbrak Ellie hem. 'Ik kende jullie amper.'

'Maar over je man Felix heb je me wel verteld,' zei Jonathan. Hij zocht haar blik en ze zag de empathie in zijn ogen. Hij wist van haar pijn, omdat hij zelf over niet al te lange tijd dezelfde pijn zou voelen. Zijn vrouw was inmiddels terminaal en had niet lang meer te leven. Er was dag en nacht een verpleegkundige bij hem thuis.

Ze glimlachte kort. 'Ik mis Felix nog elke dag,' zei ze zacht. 'Door over hem te praten hou ik hem levend.'

Jonathan zweeg en ze vroeg zich af wat er door hem heen ging. Dacht hij nu aan zijn vrouw? Of hij later over háár zou praten? Iedereen ging anders om met rouw en verdriet. Ze wist dat Jonathan en zijn vrouw geen kinderen hadden. Dat moest een eenzaam vooruitzicht voor hem zijn. Zij was zelf altijd bang geweest alleen achter te blijven. Alsof ze had geweten dat Felix en zij niet samen oud zouden worden. En nu had ze Joyce. Ze zou er alles aan doen om haar niet kwijt te raken; ze kon niet meer zonder haar.

-35-

17 maart 1989

De veroordeling was een feit. Wiebe Verkerk zou voor twaalf jaar achter de tralies verdwijnen voor het ombrengen van Sanne de Vos en het meenemen en mogelijk doden van Tess Palmer. De ontvoering zelf bleef deels onopgelost omdat het losgeldbriefje impliceerde dat er van een handlanger sprake was, maar daarover liet Wiebe niets los.

Twaalf jaar. Ze had op minder gerekend. Gehoopt, eigenlijk. Behalve het feit dat er geen harde bewijzen waren dat hij de baby's kwaad had gedaan en dat niemand wist of Tess al dan niet nog leefde, liep Wiebe Verkerk, hoewel hij inmiddels eenentwintig was, geestelijk behoorlijk achter. Dat was bekend, bij zowel de politie als het openbaar ministerie. Dat hij als volwaardig was veroordeeld, vond ze moeilijk te verteren, maar toch was het alsof het recht zegevierde. Ze had zijn blik gezien toen ze het bij Wiebe thuis weer over Sanne hadden en die had haar genoeg gezegd – Wiebe was niet zo onschuldig als hij eruitzag. Ze had daarover niets tegen haar collega's verteld en al helemaal niet tegen Jonathan. Want als ze dat deed, zou alles voor niets zijn geweest.

Wiebe Verkerk was de afsluiting van een dossier dat op geen enkele andere manier kon worden gesloten. Het team was opgeheven, de zaak was het archief ingegaan als partieel opgelost. Klaar. Over en uit. Iedereen moest verder met zijn leven.

Terwijl ze de deur van het archief openduwde, besefte ze het. Dat zij nu de enige was die alles wist. Wie Tess had ontvoerd, waar ze nu was, waarom ze niet meer was thuisgekomen. En ook dat Wiebe Verkerk niet degene was die haar had meegenomen. Dat hij voor dat feit onschuldig vastzat. Maar er was geen andere optie. Niemand mocht weten wat er die dag bij de hertenkamp werkelijk was gebeurd. Er stond te veel op het spel. Levens zouden verwoest worden. En alleen al daarom was het belangrijk dat het dossier van de zaak-Tess Palmer moest verdwijnen. Zodat niemand er ooit meer in zou kunnen duiken. De waarheid moest verborgen blijven. Voor altijd.

Ze luisterde even of ze niemand hoorde aankomen, trok toen een van de enorme dossierkasten open en zocht tussen de mappen. Niet veel later trok ze de dikke map van de zaak-Tess Palmer eruit. Even bleef ze ermee in haar handen staan. Een kort moment sloot ze haar ogen en ademde diep in – karma had zich van zijn beste kant laten zien! Toen stak ze de dossiermap onder haar arm, duwde de la dicht en verliet het archief.

- RUBY -

November 2021

-36-

Na de avond waarop Casper half toeter stennis had geschopt voor haar deur, had Ruby drie dagen niets meer van Matthias gehoord. Ze had zich afgevraagd of dat door haar kwam, of Matthias soms genoeg van haar had. Maar dat was natuurlijk onzin; Matthias en zij... in zijn auto. Het was geweldig geweest. Veel beter dan ooit met Casper. En als Matthias zich al geërgerd had aan de situatie met haar ex, dan was dat absoluut niet tegen haar gericht – daar was de achterbank van Matthias' auto getuige van geweest.

Uiteindelijk stond hij weer voor de deur met een bos zonnebloemen – hoe wist hij dat ze daar zo van hield? – en waren haar twijfels in rook opgegaan. Hij had haar gevraagd wat Casper bedoeld had toen hij had gezegd dat 'hij haar bijna had vermoord'. En zij had het hem verteld. Over de zaak-Cynthia Vlaskamp en haar beslissing de dader te confronteren. Over Youri Stegeman die haar had neergestoken, wat haar bijna fataal was geworden. Wat ze hem niet vertelde waren de dingen die ze niemand verteld had. Die niemand wist, die ze diep had weggestopt. De dingen die haar nog steeds nachtmerries bezorgden en haar 's nachts wakker hielden.

Hij had geluisterd, zonder te oordelen, zonder te zeggen hoe dom ze was geweest. En het had vertrouwd gevoeld. Daarna waren ze nog een paar keer samen uit geweest. Hij had haar nogmaals mee naar huis genomen, naar zijn dochter Yinte, die haar verbazingwekkend snel haar vertrouwen schonk en die Ruby net zo snel in haar hart sloot, wat voor Matthias de weg vrijmaakte.

Het was daar niet bij gebleven. Er volgden lange wandelingen over het strand gevolgd door eten bij Karl, en daarna wijntjes bij haar thuis. Maar na die ene keer waren ze nooit meer zo ver gegaan – het was alsof ze er geen behoefte aan hadden; dat ze genoeg hadden aan elkaars gezelschap. En toch wist ze ook dat dit niet alles was; blijkbaar hadden ze meer tijd nodig. Had híj meer tijd nodig. Ze dacht terug aan twee dagen geleden, toen ze samen op het strand hadden gewandeld.

Langzaam zakte de zon steeds verder weg in zee; de lucht was geschakeerd met verschillende kleuren rood en oranje, wat als een zachte gloed werd weerkaatst door het water.

'Ze mag je graag,' zei Matthias, terwijl ze samen langs de kustlijn liepen.

'Dat is wederzijds,' reageerde ze. 'Yinte is een heerlijk kind.'

'Ze lijkt op haar moeder,' zei hij zacht.

Er viel een stilte, waarin hij over het water in de verte staarde.

'Je mist haar, hè?' vroeg ze toen.

Hij keek naar haar en glimlachte. 'Elke dag,' zei hij. 'Ze was mijn alles, mijn hele leven. De moeder van mijn kind.' Weer bleef het even stil. 'Maar jij maakt veel goed,' vervolgde hij toen.

Een weldadige warmte stroomde door haar heen toen ze die woorden hoorde. Ze had ervoor gewaakt zich aan hem op te dringen. Ze wist hoeveel hij van Marieke had gehouden; dat had ze aan alles gemerkt. Dat hij dit nu zei deed haar goed, het vertelde haar dat ze op de goede weg waren.

'En dat Yinte je ook graag mag vind ik zó fijn,' zei Matthias. 'Want ik zou nooit verder willen met iemand die geen klik met haar heeft.'

Ze haakte haar arm door die van hem en trok hem tegen

zich aan. 'O, dus je wilt verder met me?' vroeg ze met een
lachje.
Hij lachte niet terug. 'Alleen als jij dat ook wilt,' zei hij.
Haar lichaam begon te tintelen en in haar maag fladderde
een zwerm vlinders. Of ze dat ook wilde? Niets liever. En
alhoewel ze diep vanbinnen nog steeds die angst voelde om
weer te worden afgewezen als iets niet ging zoals hij wilde,
keek ze naar hem op. 'Wat een vraag,' zei ze.
Zijn enige reactie was zijn lippen op die van haar en ze
wist dat dit het begin was. Het begin van meer. Hoelang
het zou duren voordat hij zijn hart volledig voor haar zou
openstellen wist ze niet, en wachten was ook niet echt haar
beste eigenschap, maar iets in haar zei dat ze geduld moest
hebben.

Toen ze die avond samen de liefde hadden bedreven wist ze het
zeker: ze hield van Matthias. Met heel haar hart.

-37-

Het had een hele poos geduurd voordat Ruby eindelijk het bericht kreeg dat Wiebe Verkerk geen bezwaar had tegen bezoek. Ze had meteen een afspraak gemaakt en vandaag was het zover.

Al eerder had ze een gesprek gehad met Isabella de Ruyter, maar dat had amper iets opgeleverd. Ze had op de dag dat Tess verdween een man met een huilende baby gezien, precies wat de Palmers ook aan Ruby verteld hadden. Isabella kon zich verder niets meer herinneren, althans niets wat uit de toon viel. Geen andere mensen, geen verdachte auto's en al helemaal geen Volkswagenbus die de toenmalige ex van Alexandra van Rede in zijn bezit had. Langs die kant liep alles dus gewoon dood.

Het enige nieuwe feit dat Isabella haar gaf was dat de baby blijkbaar in een geel dekentje gewikkeld was geweest. Voor zover Ruby wist, was er ten tijde van de ontvoering niets uit de kinderwagen meegenomen. Betekende dat dat de ontvoerder het zelf had meegebracht? Daar kon ze alleen maar naar gissen. En het bracht haar ook geen stap verder.

Ruby's hoop op een doorbraak was nu volledig gevestigd op Wiebe Verkerk. Ze had geen idee wat ze kon verwachten van een man met het verstand van een kind. Kon hij zich nog dingen herinneren of was hij alles allang vergeten?

Ze pakte haar jas en tas, vertelde Pip dat hij even op het huis moest passen, en vertrok. Het was inmiddels een stuk kouder geworden. De lucht zag grijs; donkere wolken joegen langs de hemel.

Het was niet zo heel ver rijden naar het Thomashuis. Het lag in de kop van Noord-Holland, in de gemeente Hollands Kroon, en na drie kwartier draaide Ruby haar Mini vanaf de landweg het smalle pad naar de woongemeenschap op. Ze kwam terecht op een groot, vierkant plein waar enkele auto's geparkeerd stonden en zette die van haar naast een groene bestelwagen.

Zodra ze uitstapte kwam er al iemand op haar af. 'U bent mevrouw Van Wageningen?'

Ruby knikte. Ze pakte haar tas en draaide zich toen weer naar de jonge vrouw. Ze had rood haar, net als Ruby, alleen wat donkerder, en ze droeg een bril met een zwart montuur.

'Ik ben Wanda, een van de woonbegeleiders,' zei de vrouw. 'Kon u het vinden?'

'Dat was niet zo moeilijk,' zei Ruby met een lachje. 'Met wat hulp van mijn navigatie.'

Ook de vrouw lachte nu, wat haar gezicht iets zonnigs gaf. 'Wiebe is binnen,' zei ze. 'Loopt u mee?'

Terwijl Ruby haar volgde gingen haar ogen naar de grote boerderij waarin de woongemeenschap gevestigd was. Ze had bij het langsrijden de lage ramen al gezien en zich verwonderd over de prachtige plek. De donkere wolken hadden inmiddels plaatsgemaakt voor aardig wat zon, die het vocht van de velden rondom de boerderij deed verdampen en daardoor een ijle, laaghangende mist veroorzaakte. Ze snoof de koele lucht op. Ruimte en rust was wat de bewoners hier zeker wel vonden.

Ze liep langs een grote schuur waarnaast een weide te zien was met daarin een paar schapen, geiten en alpaca's. Een eindje verderop zag ze ook twee pony's. Onder een grote overkapping stonden konijnenhokken waar kippen voorlangs scharrelden. Rondom waren een soort speeltoestellen neergezet. Ruby was behoorlijk onder de indruk.

Wanda opende een glazen deur en draaide zich om naar Ruby, die nog steeds om zich heen keek.

'Een fijne plek,' zei Wanda met een glimlach.

'Dat mag je wel zeggen,' reageerde Ruby. 'Hoeveel bewoners hebben jullie hier, als ik vragen mag?'

'Negen,' antwoordde ze. 'Ze hebben allemaal hun eigen plekje hier. De zorgverleners wonen hier eveneens, zodat de lijntjes kort blijven.' Ze liet Ruby voorgaan naar binnen en sloot de deur. 'We voorzien hier ook in dagbesteding, dus we weten precies wat er allemaal speelt binnen de groep.'

Ze kwamen in een gezellige woonkeuken waar twee mannen – bewoners, vermoedde Ruby – aan het aanrecht iets stonden te bakken. Een andere man zat aan een lange eettafel in een goudkleurige oorfauteuil een boekje te lezen.

'De cake is bijna klaar, Wanda!' riep een van de mannen aan het aanrecht, terwijl hij breeduit naar hen lachte.

'Top!' zei Wanda. 'Lekker voor bij de thee vanmiddag!'

De man ging weer verder met zijn bezigheden en Wanda liep nog een stukje voor Ruby uit, naar een zithoek aan de andere kant van de enorme ruimte. De bank en stoelen waren groot en blauwgrijs van kleur en de twee kleinere stoeltjes die bij de openslaande tuindeuren stonden waren gebroken wit. In een daarvan zat een al wat oudere man die met een Rubiks Cube rommelde. Het ding moest al eeuwenoud zijn; volgens Ruby werden ze tegenwoordig niet meer gemaakt.

'Wiebe, hier is mevrouw Van Wageningen,' zei Wanda.

'Ruby, alsjeblieft,' zei Ruby.

Wanda glimlachte en keek weer naar Wiebe. 'Je had gezegd dat ze wel op bezoek mocht komen, toch?'

Wiebe knikte, zonder op te kijken van zijn Rubiks Cube.

'Wiebe, misschien kun je straks je spelletje afmaken?'

Weer knikte hij, draaide de kubus nog één slag en legde hem toen op de tafel. Daarna keek hij op en haakte zijn ogen in die van Ruby. Hij zag er anders uit dan ze gedacht had. Ze had zich toch een bepaalde voorstelling van hem gemaakt, maar als ze niet beter wist, zou ze kunnen denken dat hij gewoon net als zij was.

'Dag Wiebe,' zei ze. 'Fijn dat je met me wilt praten.'

'Ik hou van bezoek,' zei Wiebe bij wijze van antwoord.

'Nou, dat komt goed uit, want ik hou van op bezoek gaan.'

Even zweeg Wiebe, terwijl hij haar bleef aankijken. Toen lachte hij breeduit, op zo'n ontwapenende manier dat Ruby besefte dat hij inderdaad geestelijk nog een kind was. 'Misschien wil Ruby wel wat drinken, Wanda,' vervolgde hij.

'Misschien wel,' beaamde Wanda. En met een blik op Ruby: 'Koffie?'

Ruby knikte.

'Ik zal het even halen,' zei Wanda. Ze gebaarde dat Ruby kon gaan zitten en verdween.

Wiebe keek Ruby weer aan alsof hij haar wilde peilen, en ze vroeg zich af of hij soms in haar hoofd kon kijken. Maar dat was natuurlijk belachelijk. Mensen als Wiebe waren nu eenmaal open en oprecht. Die gaven er niet om wat je van hen dacht en staarden je gewoon recht aan, zonder te veroordelen, zonder te kwetsen.

Wanda kwam terug en zette een mok met koffie voor haar op de tafel, samen met een gezellige suikerpot en bijpassend melk-kannetje. 'Als er wat is, dan roep je maar,' zei ze.

Ruby knikte, maar besefte toen pas dat Wanda het tegen Wiebe had.

'Heb je geen koekjes?' probeerde Wiebe met een guitige lach.

Wanda glimlachte. 'Tussendoor geen koekjes, dat weet je. Wil je misschien een appel?'

Hij haalde zijn neus op en schudde zijn hoofd.

'Koekjes zijn ook veel lekkerder, hè?' zei Ruby, in een poging om het ijs te breken.

'Ik hou van koekjes,' was Wiebes antwoord.

'Maar je hebt geen koffie om ze erbij te nemen.'

'Ik lus geen koffie,' zei Wiebe Verkerk met een grimas. 'Vies bitter spul.'

Ruby glimlachte. Het gaf haar een apart gevoel tegenover een kind in een volwassen lichaam te zitten. Tijdens het eerste telefoongesprek dat ze had gehad met de zorgondernemer van het Thomashuis, had ze geprobeerd wat informatie over hem los te krijgen, maar dat was amper gelukt. Het enige wat ze te weten was gekomen was dat Wiebe het erg naar zijn zin had in de woongemeenschap. De jaren in de gevangenis hadden hem echter beschadigd, was haar verteld. Wiebe was in beperkte mate zijn natuurlijke onschuld kwijtgeraakt. Niet onlogisch, natuurlijk. Wel vroeg Ruby zich af of hij begreep wat er al die jaren geleden precies gebeurd was. En of hij besefte had waarom hij daarvoor werd opgesloten.

'Ken je Tess Palmer nog?' vroeg ze, nadat ze haar koffiemok had gepakt en er een poosje rustig in had geroerd.

Hij schudde zijn hoofd.

'Ze verdween lang geleden en jij kreeg daar de schuld van, weet je nog?'

Wiebe keek haar met half toegeknepen ogen aan. 'Tess was die baby,' zei hij toen. 'Ze zeiden dat ik haar gestolen had.'

'En had je dat?'

Hij schudde deze keer wild zijn hoofd. 'Ik vind baby's lief,' zei hij. 'Maar mama zei dat ik mijn eigen kracht niet kende en dat ik daarom geen baby'tjes mocht oppakken.'

'Maar je deed het toch,' stelde Ruby.

Wiebe zweeg, keek omlaag en schuifelde met zijn voeten over de vloer. Toen knikte hij.

'Waarom?'

'Ik vind baby'tjes lief. Mama zei dat ik het altijd moest vragen als ik een baby'tje wilde aanraken, maar als ik dat deed, werden ze kwaad. Hun mama's. Ze vonden mij "die achterlijke". Dus toen dacht ik, als ik het niet vraag, kunnen ze ook niet boos op me worden.'

Daar was geen speld tussen te krijgen. 'En Sanne?' vroeg ze.

Wiebes gezicht lichtte op. 'Sanne is lief!' zei hij stellig. 'Haar mama liet me altijd met haar spelen, op een kleed in de tuin.'

'Heb je haar weleens meegenomen de tuin uit?'

Aarzelend schudde hij zijn hoofd. 'Ik mocht komen wanneer ik wilde en als Sannes mama tijd had, mocht ik altijd blijven. Ik kreeg zelfs boterhammen!'

'Dat was heel lief van Sannes moeder,' zei Ruby. 'En dat weet je allemaal nog? Het is wel al erg lang geleden.'

Wiebe haalde zijn schouders op. 'Het zit gewoon in mijn hoofd en als ik het deurtje opendoe, komt het eruit.'

'En daarna stop je de herinnering weer weg achter het deurtje?'

Hij keek haar toen opgetogen aan. 'Ja! Heb jij ook zulke deur-tjes?'

'Waarom vraag je dat?'

Hij haalde weer zijn schouders op. 'Je bent de enige die weet hoe het werkt. Anderen snappen het niet, vinden dan dat ik niet zulke rare dingen moet zeggen.'

'Ik snap het wel,' zei Ruby. En toen meteen erachteraan: 'Zeg, Wiebe. Herinneringen aan de kindjes in het park, zitten die alle-maal achter hetzelfde deurtje?'

Hij schudde zijn hoofd. 'Niet allemaal.'

'Heb je een speciaal deurtje voor Sanne en een speciaal deur-tje voor Tess?'

Nu reageerde hij niet meteen, maar leek te moeten nadenken. Uiteindelijk zei hij: 'Voor Sanne is er een mooi deurtje dat ik soms opendoe. Voor Tess weet ik niet. Ik ken Tess niet.'

'Ze zeggen dat je in het park was toen zij er ook was met haar mama en haar broertjes.'

'Misschien,' zei hij. 'Ik hou van het park.'

'Ook het park in Utrecht?'

'Oma en opa wonen daar. Soms ga ik daar ook naar het park.' Hij keek ineens dromerig voor zich uit. 'Opa is dood,' zei hij toen.

Dat was te verwachten – Wiebe zelf moest nu zelf begin vijftig zijn.

'Dat spijt me,' zei ze zacht.

Wiebe haalde nogmaals zijn schouders op. 'Lang geleden,' zei hij. 'Ik mocht bij oma wonen nadat mama doodging.'

Dat was nieuw voor Ruby. 'En wanneer kwam je hier dan wonen?' vroeg ze. 'Toen je oma ook doodging?'

Hij schudde zijn hoofd. 'Oma werd te oud. Ze kon niet meer voor me zorgen en moest toen net als ik naar een ander huis.' Hij zuchtte diep. 'Ze waren lief, oma en opa. Net als mama.'

'En je papa?'

Hij wierp haar een korte blik toe, maar zei niets. Blijkbaar had hij niet zo'n heel goede band met zijn vader gehad.

'Wiebe,' begon ze weer. 'Als je al je deurtjes afloopt, is er dan ergens eentje waarachter je dingen bewaart uit het park in Utrecht? De kindjes daar, de baby's?'

Wiebe zei nog steeds niets, en keek haar niet aan. Met zijn blik op de grond gericht leek hij opnieuw diep na te denken.

'Er was die man,' zei hij toen.

'Welke man?'

'Die steeds naar me stond te kijken.'

'Naar jou?'

Hij knikte. 'Ik was bij opa en oma en ik mocht in het park gaan spelen. Er waren veel baby'tjes met hun mama bij de speeltuin. Ik pakte er soms eentje op.' Hij lachte een beetje onzeker. 'Dat mocht niet, maar ik deed het toch.'

'En daarna?'

'Ik speelde met ze. Totdat hun moeders kwamen die de babytjes weer wegpakten en in de kinderwagen legden.'

'Dat lieten ze toe?' vroeg Ruby. 'Dat je zomaar hun kind uit de wagen haalde en met hen ging spelen, bedoel ik?'

Hij haalde zijn schouders op. 'Niet altijd. De mensen die ik kende wisten wel dat ik dat soms deed. Maar vreemde mensen waren soms erg boos. Maar ik wilde het niet eerst vragen, want dan...'

'Dan konden ze ook niet kwaad worden,' vulde Ruby aan. 'Dat zei je al.'

Wiebe keek naar zijn schoenen en zei niets.

'En die man?' vroeg Ruby. 'Hij keek naar je. Wat wilde hij van je?'

'Weet ik niet. Hij zei niets en toen hij merkte dat ik hem zag, ging hij weg. Maar ik had hem eerder gezien.'

'Wie, die man?'

Wiebe knikte. 'Toen we pannenkoeken gingen eten. En later weer, in het park, bij de hertjes. Met een mevrouw. Zij hield een baby vast.'

'Je bedoelt dat ze Tess in haar armen had?'

'Een baby,' verbeterde Wiebe.

'En kende je die mevrouw?'

'Toen nog niet. Maar later zag ik haar nog een keer.' Hij zweeg, frunnikte aan een denkbeeldig pluisje op zijn spijkerbroek.

'Later? Wanneer dan?'

Geen reactie.

'Wiebe? Waar zag je die mevrouw nog een keer?'

Hij haalde zijn schouders op. 'Weet ik niet meer.'

'Weet je een naam?'

Hij schudde zijn hoofd. 'Die ben ik vergeten.'

'Ze zit niet achter een van de deurtjes?' probeerde Ruby.

'Nee, daar zitten alleen lieve herinneringen.' Met een ruk stond hij ineens op. 'Ik wil niet meer verder praten,' zei hij stellig.

'Wiebe,' begon Ruby. 'Alleen jij kan me helpen. Wie was die mevr...'

'Je moet weggaan,' zei Wiebe. 'Ik wil niet meer praten. Wanda!' riep hij er meteen achteraan.

'Wiebe...' probeerde Ruby nogmaals, maar hij drukte zijn handen tegen zijn oren en schudde zijn hoofd, steeds wilder.

Wanda kwam snel aanlopen en sloeg zijn arm om hem heen. 'Misschien is het beter als je later nog eens terugkomt,' zei ze tegen Ruby. 'Als hij zo is, krijg je niets meer uit hem.'

-38-

Na een kort gesprek met Wanda over Wiebe en zijn gedrag, stapte Ruby in haar auto. Ze had gezegd dat ze niet wist wat de agitatie bij Wiebe had veroorzaakt, maar dat was niet helemaal waar. Het was vanwege die man die hij gezien zou hebben, in het park, toen hij pannenkoeken ging eten met zijn opa en oma. En bij de hertenkamp, de plek waar de ontvoerders Tess zouden achterlaten nadat het losgeld was betaald. Met een vrouw en een baby. Toeval? Dat geloofde Ruby niet. En wie was de vrouw? Wiebe had haar nog een keer gezien daarna, maar waar? Het was jammer dat hij niet méér over haar kon vertellen – dat had weleens de doorbraak kunnen zijn waarop ze met smart zat te wachten.

Ze startte de motor en reed het terrein af. Zodra ze de openbare weg op reed, vroeg ze Apple CarPlay om Matthias te bellen. Hij nam direct op met een vrolijk: 'Ruby, wat fijn dat je belt, ik heb je gemist.'

Het deed haar glimlachen, maar niet voor lang. 'Ik kom net bij Wiebe Verkerk vandaan,' zei ze.

Er viel een stilte, waarin ze Matthias zijn adem kort hoorde inhouden. 'En?' vroeg hij toen.

'Wiebes oma leeft nog,' zei ze. 'Hij verklaarde dat ze in een verzorgingshuis zat en zijn verzorgster wist te vertellen dat ze in Zandvoort woont, in hetzelfde huis waar mijn moeder zit.'

Hij zweeg. Vroeg hij zich net als zij af of dat niet nét wat te toevallig was?

'Dat wist ik niet,' zei hij uiteindelijk. 'Ik ging er eigenlijk van uit dat zij allang was overleden. Ga je bij haar langs?' vroeg hij er meteen achteraan.

'Dat is wel mijn plan,' antwoordde ze. 'Ik heb nog even tijd dus ik wil er nu meteen naartoe rijden.'

'Ik ga mee,' klonk Matthias' stem resoluut. 'Met twintig minuten ben ik bij je thuis.'

Hij stond tegen zijn Audi geleund toen ze de oprit naar haar huis op reed. De zon scheen tussen de takken van de bomen door en leek een aureool achter zijn hoofd te vormen.

Even later liet hij zich naast haar op de passagiersstoel zakken. 'Is er nog meer uit dat gesprek gekomen?' vroeg Matthias, toen ze de weg naar Zandvoort opdraaide.

'Dat kun je wel zeggen,' zei ze. 'Wiebe heeft diverse keren een man in het park gezien die naar hem keek en hij zag hem ook toen hij met zijn opa en oma pannenkoeken ging eten. Maar het belangrijkste is dat hij hem ook heeft gezien bij de hertenkamp waar je zusje zou worden achtergelaten door de ontvoerders. Met een vrouw met een baby.'

Met een ruk keek Matthias opzij. 'Bedoel je dat hij de daders heeft gezien?'

Ze haalde haar schouders op zonder hem aan te kijken. 'Volgens iedereen is Wiebe zelf de dader, weet je nog wel?'

'Geloof jij dat ook?'

'Nee. Ik ben het met je moeder eens: Wiebe was een makkelijk slachtoffer, een zondebok. Het is allemaal niet zo simpel als het lijkt, vrees ik.'

Matthias zweeg even, terwijl Ruby haar auto door het verkeer laveerde. Toen zei hij: 'Waarom heb ik het gevoel dat je iets voor me verzwijgt?'

'Hoezo?' vroeg ze en ook nu hield ze haar ogen strak op de weg gericht om hem maar niet te hoeven aankijken.

'Je vaste overtuiging dat Wiebe onschuldig is,' zei hij. 'Je woorden dat het niet zo simpel is. Hoezo niet simpel? Wat weet jij wat ik niet weet?'

'Waarom denk je dat ik meer weet dan jij?'

Hij schokschouderde. 'Een gevoel. Ik ken je nog niet zo heel lang, maar lang genoeg om te weten dat je niet zomaar iets zegt. Al jouw woorden hebben betekenis.'

Nu keek ze wel opzij. 'Iemand wil dat ik stop met mijn onderzoek.'

Matthias' mond zakte een stukje open.

'Iemand die me dat op diverse manieren duidelijk heeft gemaakt,' ging ze verder.

'Zoals?' wilde Matthias weten.

'Hij volgt me,' verklaarde ze. 'En behalve dat hij me een dreigbrief stuurde, heeft hij me ook een keer persoonlijk benaderd. Hij waarschuwde me, zogezegd, en sloeg me toen knock-out.'

Verbijsterd staarde Matthias haar aan. 'Ben je nou serieus of zit je me te stangen?'

Ze keek hem ernstig aan. 'Geen grapje.'

'En dat vertel je me nu pas?' zei hij. 'Heb je de politie gebeld?'

'Die konden weinig doen,' zei ze. 'Behalve wat vaker door de straat rijden, maar volgens mij zijn dat eerder woorden dan daden. Tristan houdt de boel in de gaten thuis.'

'Ja, thuis. Maar zoals vanmorgen was je in je eentje helemaal naar...'

Ruby stak haar hand omhoog. 'Niet verder praten,' zei ze vinnig. 'Want je begint net als Casper te klinken. Jullie denken zeker dat ik van porselein ben, of zo. Ik ben goed in staat om op mezelf te passen.'

Ze wierp een korte blik opzij en kon zien wat hij dacht: dat ze al eerder een confrontatie met een geschifte dader had gehad, dat ze op haar gezicht was geslagen en dat dat moeilijk viel in te delen onder het op zichzelf passen.

'Ik ben alleen bezorgd,' zei hij.

'Dat weet ik. Maar ik denk niet dat de persoon die me volgt me werkelijk kwaad wil doen.'

'Nee, vandaar dat hij je buiten westen mept,' zei Matthias ietwat kregelig.

'Ik heb het gevoel dat ik hem ken. Zijn stem heeft iets bekends.'

Godnondeju.

Ze kon het in haar gedachten horen. De woorden, de stem. Maar van wie?

'Hij heeft je geslagen, Ruby,' zei Matthias.

'Maar hij heeft me niet vermoord,' reageerde ze.

Matthias snoof. 'Wat is dat nou voor een redenering. Daar had hij misschien de kans niet voor.'

'O, geloof mij maar dat hij daar genoeg kans voor heeft gehad,' wierp ze tegen. En voordat hij daarop kon reageren: 'In ieder geval, dat is dus waarom ik zeg dat het allemaal niet zo simpel is. Bovendien heb ik nog steeds geen antwoord op de vraag wie me op deze zaak heeft gewezen.'

'De oma van Wiebe?' opperde Matthias. 'Maar als Wiebe niet de dader is, dan is dat onzinnig. Bovendien kan zij nooit weten dat Tess nog leeft. Toch?'

'De vrouw is ver in de negentig en zit in een verpleeghuis,' zei Ruby. 'Weinig kans dat zij nog achter een computer kan kruipen om een reactie te plaatsen of een e-mail te versturen.'

Matthias zweeg. Ruby reed inmiddels het terrein van Duinzicht op en parkeerde haar auto.

39

Mevrouw Verkerk verbleef op een andere afdeling dan Ruby's moeder. De vrouw was lichamelijk beperkt, maar zeker niet dementerend en nadat Ruby en Matthias waren doorverwezen, liepen ze door de gangen.

'Dus hier woont je moeder?' vroeg Matthias.

Ruby knikte. 'Ze heeft een speciale vorm van alzheimer waardoor ze op vroege leeftijd al ziek werd.'

'Hoe oud is ze nu?'

'Achtenvijftig. Ze zit hier inmiddels al vier jaar.'

Hij zweeg en dat deed haar goed. Ze had geen behoefte aan troostende woorden – niet meer.

'Ik wil haar een keer bezoeken,' zei Matthias toen.

Met een ruk bleef ze staan. 'Waarom?' vroeg ze achterdochtig.

Hij liep nog een klein stukje door en draaide zich toen om. 'Omdat ik haar wil leren kennen,' antwoordde hij. Zijn stem klonk kalm en zo zag hij er ook uit. 'Is dat zo raar?'

Ze reageerde niet meteen. Het was niet zozeer raar, maar wel onverwacht. Casper had nooit meegewild naar haar moeder. Hij kon er niet tegen om mensen zo hulpeloos te zien, had hij altijd gezegd, en had dus ook nooit een voet in Duinzicht gezet.

'Nee,' zei ze. 'Niet raar.'

'Maar?' moedigde hij haar aan.

Ze zag zijn ogen, de blik die zo indringend was dat ze niet weg durfde te kijken. Waarom deed hij dat toch steeds? Haar uit de tent lokken, vragen stellen die ze helemaal niet wilde beantwoorden. Hij was zo verdomde begripvol en voelde blijkbaar precies aan wat haar het meeste dwarszat. Zoals Casper en zijn nieuwe vrouw. Zwangere vrouw. Het kind dat hij Claire wel, maar haar niet had gegund. De pijn die dat veroorzaakte, de pijn die Casper zo goed met slechts enkele woorden wist aan te wakkeren.

'Ruby?'

Ze schok op – Matthias stond vlak voor haar, zijn handen op haar schouders. 'Wat?' vroeg ze.

'Gaat het? Je was zo ver weg.'

Ze glimlachte. 'Niets aan de hand. Ik dacht gewoon aan… mijn moeder.'

Matthias bekeek haar nog even bezorgd, maar liet haar toen los. 'Het moet erg moeilijk voor je zijn.'

'Het went,' zei ze eenvoudig.

In de huiskamer van de betreffende afdeling vroeg Ruby een verzorgster naar mevrouw Verkerk. Die bleek in een hoge leunstoel bij het raam te zitten. Ze lachte vriendelijk toen Ruby en Matthias op haar afliepen.

'Wat gezellig,' zei mevrouw Verkerk. Haar stem was dun en fragiel. En zo zag ze er ook uit, haar huid rimpelig en droog en bijna doorzichtig. Haar ogen waren lichtgrijs en waterig, maar keken Ruby verrassend helder aan.

'We zijn bij Wiebe geweest,' begon Ruby, nadat ze tegenover de vrouw op een lage bank waren gaan zitten.

'Ach, Wiebe, hoe is het met m'n jochie?' vroeg mevrouw Verkerk. 'Ik heb hem al een poosje niet gezien. Soms komt hij op visite, samen met een begeleidster.' Ze zuchtte diep. 'Ik zorgde voor hem nadat mijn zoon en schoondochter waren overleden,' zei ze zacht. 'Hij is zo'n lieve jongen.' Ze keek op. 'Jullie komen toch niet om hem zwart te maken, hè? Hij heeft in de gevangenis gezeten, maar hij had niets te maken met die baby's. Hij hield van baby's! Hij zou ze nooit kwaad doen!' En toen, mompelend: 'Niet bewust, althans.'

'Wat bedoelt u daarmee?' vroeg Ruby.

De vrouw keek op. 'Dat hij soms zijn eigen kracht niet kende. Dat hij onbewust een baby… dat hij er iets te wild mee kon zijn. Daarom mocht hij van zijn moeder geen baby's meer aanraken.' Ze glimlachte. 'Wiebe was een kindervriend. Zijn geestelijke vermogens lagen op dat niveau, begrijp je?'

Ruby knikte.

'Hij zou ze nooit opzettelijk pijn doen,' zei mevrouw Verkerk nog een keer. Ze schudde haar hoofd. 'Echt niet.'

'Maar een van die baby's werd dood gevonden,' zei Ruby. 'En een andere is nog steeds vermist. Dat weet u?'

'Natuurlijk weet ik dat. Maar het was onzin dat Wiebe daar de schuld van kreeg. Hij nam ze nooit mee het park uit. Hij bleef altijd…' Ze zweeg ineens, alsof ze besefte dat ze iets gezegd had wat ze beter niet had kunnen zeggen. 'Zijn jullie van de politie?' vroeg ze toen.

Ruby glimlachte.

'Absoluut niet,' zei Matthias. 'Ruby hier onderzoekt de verdwijning van die ene baby. En ik ben de broer van dezelfde baby.'

Het leek ineens alsof mevrouw Verkerk wit wegtrok. 'De… de broer?'

Matthias knikte. 'De baby die verdween, Tess, was mijn tweelingzusje.'

'Tweelingzusje,' mompelde mevrouw Verkerk. Toen schudde ze haar hoofd. 'Nee, Wiebe had daar niets mee te maken.'

Het was voor het eerst dat Ruby zich afvroeg of mevrouw Verkerk echt nog wel helemaal bij de tijd was.

'Wiebe had niets te maken met de verdwijning van uw zusje,' zei de vrouw toen stellig, terwijl ze Matthias recht aankeek. 'Hij kende haar niet eens.'

Dat had Wiebe ook al gezegd. Maar Sanne dan?

'Sanne de Vos kende hij wel,' stelde Ruby.

'Sannes moeder was dol op Wiebe,' zei mevrouw Verkerk. 'Hij is ontelbare keren bij hen over de vloer geweest en nog nooit heeft hij het kind kwaad gedaan. Dat zou hij niet kunnen. Nooit. Hij hield van Sanne!'

'Wiebe zei dat hij een man had gezien die hem in het park in de gaten hield,' ging Ruby verder. 'Weet u daar iets van?'

'Ja, dat was de pannenkoekenbakker,' zei mevrouw Verkerk meteen.

Ruby knipperde even met haar ogen. 'Sorry?'

'De pannenkoekenbakker,' herhaalde mevrouw Verkerk.

'Eh… Wiebe vertelde dat hij die man had gezien toen jullie pannenkoeken gingen eten, maar ik dacht dat hij net als jullie een klant was.'

Mevrouw Verkerk schudde haar hoofd. 'Nee, mijn man, Wiebe en ik hebben een keer bij een restaurant gegeten, in het centrum van Utrecht nadat we een dagje uit waren geweest. Wiebe kreeg pannenkoeken die de kok zelf kwam brengen. Een heel lieve man, die goed wist om te gaan met een jongen als Wiebe.' Ze boog zich wat opzij en pakte haar handtas van de vloer. 'Wacht even, ik heb er nog een foto van. Kijk.' Haar bevende hand hield een foto vast die aan de kleuren te zien al wat ouder was.

Ruby stond op en ging naast mevrouw Verkerk staan om de foto te bekijken.

'Dit is Wiebe.' Ze wees hem aan.

Ondanks het feit dat hij daar ruim dertig jaar jonger was, herkende Ruby hem direct. Naast hem op de foto zat mevrouw Verkerk en achter hen stond een man in witte kokskleding, die een groot bord met een pannenkoek voor Wiebe op de tafel zette.

Ruby boog zich wat naar voren. Het gezicht van de man was niet heel duidelijk, maar toch ging er een vlaag van herkenning door haar heen. Maar hoe zou zij die man moeten kennen? Ze pakte de foto en hield hem vlak voor haar gezicht. Er kwam geen naam of wat dan ook naar boven.

'En dat was dezelfde man die Wiebe steeds in het park zag?' kwam Matthias nu.

Mevrouw Verkerk knikte.

'Heeft Wiebe dat aan de politie verteld?' vroeg Ruby.

'Nee, omdat hij de man niet associeerde met iets slechts. Ik denk ook niet dat hij Wiebe echt in de gaten hield. Je moet weten dat het park in die tijd heel druk bezocht werd. Die man was daar waarschijnlijk vaak, misschien wel met eigen kinderen en keek hij gewoon naar Wiebe.' Ze lachte even. 'Wiebe is natuurlijk geen gewone jongen, er werd altijd wel naar hem gekeken.'

Dat was waar. Maar dat verklaarde niet zijn aanwezigheid bij de hertenkamp in gezelschap van een vrouw met een baby.

'Ik herinner me ineens dat ik het zelf wél aan de politie heb verteld nadat Wiebe was opgepakt,' zei mevrouw Verkerk. 'Alle informatie zou toch welkom zijn in zo'n zaak, leek mij. Maar ze deden er niets mee. Wellicht dachten ze dat ik iemand anders wilde beschuldigen om mijn kleinzoon vrij te pleiten.'

Ruby staarde haar aan. Het is dat ze het met haar eigen oren hoorde, anders had ze het niet geloofd. Had de politie werkelijk niets gedaan met die melding? Al waren ze alleen maar met hem gaan praten. Was dit soms de reden dat het politierapport 'zoek' was geraakt? Omdat er dingen in stonden die niemand mocht weten, zoals de fouten die de politie toentertijd had gemaakt?

'En toen sloten ze hem op,' verzuchtte mevrouw Verkerk. 'Het heeft hem gebroken, weet u? Ik heb gesmeekt om een herziening van de zaak, maar ze wilden er niets van horen.'

'Ook Jonathan Visser niet?' vroeg Matthias.

'Jonathan... eh wie?' vroeg mevrouw Verkerk.

'Visser. Jonathan Visser. De rechercheur die het onderzoek leidde.'

Ze schudde haar hoofd. 'Die naam herinner ik me niet. Het

was een vrouw die me te woord stond. Ze zei dat ze niets voor me kon doen.'

Ruby fronste haar wenkbrauwen. Zou dat Ellie zijn geweest? Maar Jonathan Visser was de leidinggevende geweest in dat onderzoek, dus waarom had hij dan niet met mevrouw Verkerk gesproken? En waarom had hij er niets over tegen Ruby gezegd? Ze kon zich moeilijk voorstellen dat hij zoiets vergeten was. Details, ja, na zo veel jaar kon je die zijn kwijtgeraakt, maar toch geen duidelijke aanwijzing die het onderzoek een heel andere richting op kon sturen. Ze keek weer naar de foto in haar hand. Die man… hij betekende iets. Maar wat?

Een verpleegkundige kwam aanlopen met in haar handen een blad dat ze voor mevrouw Verkerk op de tafel zetten. 'Uw broodmaaltijd, mevrouw Verkerk,' zei ze. 'Ik heb het hier maar gebracht, dan kan uw bezoek nog wat langer blijven.' En zachtjes tegen Ruby: 'Ze krijgt nooit visite.'

Ruby glimlachte.

De verpleegkundige legde haar hand even kort op de schouder van mevrouw Verkerk. 'Geen vleeswaren, alleen kaas en jam.'

Mevrouw Verkerk keek naar haar op en knikte. 'Dank u wel, zuster.' Ze keek de vrouw na terwijl ze wegliep en richtte zich toen weer op Ruby en Matthias.

De woorden van de verpleegster bleven in Ruby's hoofd rondtollen.

Geen vleeswaren…

Alleen kaas en jam.

De haartjes in Ruby's nek gingen overeind staan. 'Bent u vegetariër, mevrouw Verkerk?'

De vrouw knikte. 'Al jaren. Ze wilden er hier niet aan, omdat ik volgens hen voedingsstoffen tekort zou komen.' Met een zachte blik keek ze nog een keer in de richting waarin de verpleegkundige was verdwenen. 'Patricia is degene die het toch voor me geregeld heeft.'

Heel even vonden Ruby's ogen die van Matthias voordat ze vroeg: 'Weet u de naam nog van het restaurant waar Wiebe pannenkoeken van de kok kreeg?'

Mevrouw Verkerk keek haar aan. 'Natuurlijk. Het heette Puur Vegetarisch.'

40

'Dit is echt veel te toevallig,' zei Ruby. Ze hadden nog even een bezoekje aan haar moeder gebracht en liepen nu door de gangen naar de uitgang. 'De kok in het restaurant van je vader heeft een link met Wiebe en daardoor ook met Sanne.'

'Dat valt te bezien,' zei Matthias, die onder het lopen de foto bekeek die ze van mevrouw Verkerk hadden mogen lenen. 'Vergeet niet dat Puur Vegetarisch een nieuw concept was in die tijd. Er kwamen altijd veel mensen, vertelde mijn moeder weleens. Kan het echt geen toeval zijn?'

Ruby keek hem van opzij aan. 'Na al de jaren waarin ik nu onderzoek doe naar cold cases, ben ik allergisch geworden voor toeval,' zei ze. 'Oké, het zou kunnen, maar ik wil toch eerst nog wat dingen nagaan voordat ik dat accepteer.'

'En hoe wil je dat doen?'

'Die kok vinden,' zei ze.

'Ricardo,' zei Matthias meteen en hij wapperde even met de foto. 'De chef-kok. Ik herinner me hem vaag. Fijne man, had een vrouw en een dochter. Maar meer weet ik niet, hij ging bij het restaurant weg nadat Tess verdween.'

'Hoelang daarna?' vroeg Ruby.

Hij haalde zijn schouders op. 'Een paar jaar? In elk geval voordat mijn vader de boel verkocht.'

'Denk je dat je vader hem zich nog kan herinneren?'

Matthias dacht even na. 'Dat weet ik niet.' Hij zuchtte. 'Mijn vader was geobsedeerd door de verdwijning van Tess en zelfs nu nog kan hij er diepgaand mee bezig zijn. Analyseren, ontleden, bestuderen, ontrafelen, uitpluizen. Alles keer op keer op een rijtje zetten. Ik denk dat het enige wat hij zich nog levendig herinnert alles is wat met die periode te maken heeft. En ik weet niet of Ricardo daaronder valt.'

'Maar ze waren toch vrienden?' stelde Ruby. 'Dat zei je moeder. Ze begonnen samen dat restaurant.'

'Dat is waar,' gaf hij toe. 'We zouden het hem moeten vragen. Alleen dat kan niet nu. Ik moet Yinte ophalen bij mijn moeder – die heeft vanavond haar kaartavondje.'

'Kaartavondje?' herhaalde Ruby. 'Bestaat zoiets nog?' En meteen daarna: 'Bridge?'

'Klaverjassen,' verbeterde Matthias. 'Met een paar van haar vriendinnen. Soms spelen ze zelfs om geld.'

Ze liepen langs de receptie naar de schuifdeuren toen Ruby ineens bleef staan. 'Geld,' zei ze, toen Matthias ook bleef staan en haar vragend aankeek.

'Geld?' herhaalde hij.

'Dit huis is een privéverzorgingshuis,' legde ze uit. Ze keek naar hem op. 'Dat kost geld. Véél geld. Wie betaalt het verblijf van mevrouw Verkerk?'

'Zijzelf?' probeerde Matthias. 'Ik heb werkelijk geen idee.'

'Ze lijkt me nou helemaal niet zo'n vermogende vrouw,' zei Ruby. 'Maar ik kan het mis hebben natuurlijk.' Ze liep verder en Matthias volgde. 'Ik denk dat Annika er wel achter kan komen.'

'Is ze dan zo gehaaid?' vroeg Matthias.

Ruby schoot in de lach. 'Ook,' beaamde ze. 'Maar dat ze iemand kent bij de directie van Duinzicht is de belangrijkste reden.'

Nu lachte Matthias ook. 'Jij hebt je vriendjes ook overal zitten, hè?'

'Dat moet ook wel, met mijn werk,' zei ze, terwijl ze de portieren van haar auto ontgrendelde. 'Maar Annika is een geval apart. Die ken ik al heel mijn leven. Dat is geen vriendin meer, dat is familie.'

Ze reden in stilte terug naar Ruby's huis, en had ze vroeger de stiltes tussen haar en Casper als ongemakkelijk ervaren, nu was daarvan geen sprake. Het voelde gewoon goed. Vertrouwd. En het gaf haar ruimte om alles wat ze vandaag te weten was gekomen op een rijtje te zetten. Ze had het gevoel dat de dikke knoop die deze zaak vormde zich langzaam begon te ontwaren. Ze zag nog geen oplossing, nog lang niet, maar toch voelde ze dat die Ricardo een belangrijke rol speelde.

'Kijk uit!'

Ruby's auto schoot opzij. Matthias hing half over haar heen en rukte aan het stuur. Vrijwel tegelijkertijd scheerde een grote SUV zo rakelings langs haar Mini, dat haar buitenspiegel met een klap tegen haar zijruit sloeg. Haar auto raakte de berm met twee wielen en stuiterde door het gras. Meteen gooide Ruby haar stuur weer om, zodat ze slingerend terug de weg op reed. Meteen daarna trapte ze op haar rem, stopte de Mini langs de kant, half in het gras, en leunde geschrokken met haar twee armen op het stuur; haar hart bonsde in haar borstkas. Wat was er gebeurd? Had ze zo zitten dromen dat ze niet goed had opgelet?

'W-wat gebeurde er?' vroeg ze aan Matthias.

Hij keek over zijn schouder door de achterruit. 'Die idioot stuurde zijn wagen recht op ons af!'

'Hè?'

'Hij reed zo onze weghelft op!' Hij keek haar bezorgd aan. 'Alles goed?'

Ze knikte en in een flits schoot de onbekende man door haar heen. Was hij het geweest in die SUV? Wilde hij haar nu echt dood hebben?

'Het was die man, hè?' hoorde ze Matthias zeggen. 'Over wie je vertelde.'

Ze legde haar hoofd op het stuur en ademde even diep in. 'Dat weet ik toch niet,' fluisterde ze.

'Hé.' Ze voelde Matthias' hand op haar rug. 'Kalm maar. Het is goed afgelopen.'

Dat kon hij makkelijk zeggen.

'Hé,' zei Matthias nogmaals. Hij sloeg zijn arm om haar heen en trok haar tegen zich aan. 'Er is niets gebeurd. Een beetje blikschade. We zijn er heelhuids afgekomen.'

Nu nog wel, ja!

Ze zei het niet hardop; wilde er ook eigenlijk niet aan denken. Het enige wat als een mantra door haar heen ging, was dat die kerel serieuzer werd in zijn pogingen haar te laten stoppen met haar onderzoek. Hoever zou hij gaan?

Godnondeju.

Het klonk zo bekend, maar toch ook weer onbekend. Ze wist zeker dat iemand in haar omgeving dat woord regelmatig had gezegd.

Ze duwde haar gezicht tegen Matthias' schouder en snoof zijn geur op. Een vleugje deodorant, babyshampoo en een hint van bosbessen. Waar dat laatste vandaan kwam wist ze niet, maar ze rook het echt.

'Gaat het weer?' hoorde ze hem vragen.

'Jawel,' zei ze, terwijl ze haar hoofd weer optilde. 'Ik ben me alleen rot geschrokken.'

Hij liet haar los. 'Het was een bestelbus,' zei hij. 'Ken je iemand met zo'n wagen?'

Ze schudde haar hoofd en keek naar de langs haar auto bungelende buitenspiegel. 'Tristan heeft een soort bestelwagen, maar die lijkt in niets op dat bakbeest dat mijn spiegel naar de ratsmodee heeft gereden.'

Matthias zweeg, nam haar peilend op.

'Wat?' vroeg ze.

'Denk je niet dat het verstandiger is als je ermee stopt?'

'Met het onderzoek?'

Hij knikte.

Verontwaardigd keek ze hem aan. 'Nooit,' zei ze. 'Ik laat me niet de wet voorschrijven door iemand die te laf is om zichzelf bekend te maken.'

'Hij heeft je al eens geslagen, Ruby,' zei Matthias. 'En als ik zojuist niet naast je had gezeten, had het deze keer veel erger kunnen aflopen.' Hij stopte even en vervolgde toen zacht: 'Ik wil niet weer iemand verliezen die...' Hij wendde zijn blik af en zweeg.

Ook Ruby zweeg. Hij had zijn zin dan wel niet afgemaakt, maar in haar gedachten vulde zij hem aan: *die me lief is.* Maar hoeveel ze ook van hém hield, ze kon nu niet meer stoppen. Omdat ze voelde dat de zaak op doorbreken stond.

-41-

Met moeite trok Ruby de keukendeur achter zich dicht. De novemberstorm die sinds afgelopen nacht met flinke plensbuien over het land raasde, had een kracht van zeker tien beaufort en had haar doen besluiten niet zoals elke ochtend de duinen in te gaan met Pip, maar slechts een kort rondje te lopen. Pip zelf was het daar helemaal mee eens geweest – wilde hij normaal gesproken absoluut niet naar huis, zelfs niet na een uur ravotten, vanmorgen was hij de eerste geweest die omkeerde. Ze waren nog niet eens een kwartier op pad geweest.

'Zeg, ga je lekker?' zei ze tegen de jack russell, die midden in de keuken de regen uit zijn vacht stond uit te schudden zodat het water in straaltjes van de keukenkastjes liep.

Hij keek haar aan en schudde nog een keer, alsof hij daarmee wilde zeggen dat haar mening hem gestolen kon worden. Vervolgens liep hij naar zijn waterbak en begon luidruchtig te drinken.

Hoofdschuddend trok ze haar regenjas uit, hing hem aan de kapstok in de hal en pakte de post van de mat terwijl ze terug naar de keuken liep. Daar legde ze de stapel enveloppen, duidelijk allemaal afkomstig van potentiële sponsors, op de tafel.

'Voorlopig hebben we genoeg sponsors,' zei ze tegen Pip, die ongeduldig trappelend naast haar stond en duidelijk zijn eten wilde. Ze opende de koelkast, pakte de bak met versvlees en vulde Pips voerbak. Daarna maakte ze voor zichzelf een ontbijtje van een croissant en koffie en ging daarmee aan de keukentafel zitten.

Ze startte haar laptop op en opende de vlog die ze de avond ervoor online had gezet. Alweer meer dan een half miljoen views,
zag ze, maar concrete tips waren er ook deze keer niet.

Ze zuchtte, terwijl haar ogen over de afsluitende tekst gingen.

Jullie zien het, lieve volgers: de vragen zijn er nog in overvloed,
maar de antwoorden laten het afweten. Is de zaak dan toch te
oud om nog te kunnen oplossen? Zijn alle sporen dusdanig bevroren dat we uitglijden over de té gedateerde informatie? Dat
idee had ik de laatste dagen wel. Maar nu met deze nieuwe informatie krijg ik weer hoop. Morgen volgt er een nieuw gesprek
met Taylor Palmer om te kijken wat hij zich nog herinnert van
Ricardo. Want behalve vrienden, werkten ze ook samen in het
restaurant. Dus als er iets speelde, moet Taylor Palmer daarvan
weten.

Daarnaast ga ik de plek bezoeken waar Sanne de Vos verdween.
Wellicht levert het wat op, een buurtbewoner die zich nog iets
herinnert bijvoorbeeld en dan hoop ik dat er op korte termijn
een doorbraak komt – want die ligt voor het grijpen, de aanwijzing die in één klap deze kluwen zal ontwarren, die bloot zal leggen wat er toen gebeurde en die overduidelijk naar de werkelijke
dader wijst. En misschien zelfs naar het antwoord op de vraag of
Tess Palmer nog leeft of niet.

Nog leeft of niet.

Dat was de hamvraag in dit hele onderzoek. Haar gutfeeling
vertelde haar dat er iets niet klopte met die Ricardo en ze was benieuwd wat Taylor Palmer over zijn vriend de chef-kok te vertellen had. Matthias zou haar vanmiddag rond vier uur oppikken
om naar zijn vader te gaan.

Maar vanochtend stond een ritje naar Rotterdam op de plan-
ning, naar de plek waar Sanne de Vos uit de achtertuin was verdwenen, een jaar vóór de ontvoering van Tess. Ze had gehoopt

dat de familie nog steeds op dat adres zou wonen, maar dat was niet zo, had onderzoek uitgewezen. Ze had Annika gevraagd of ze wilde proberen te achterhalen waar ze nu woonden, maar ze had weinig hoop dat dat zou lukken.

Terwijl ze een hap van het wat kleffe broodje nam, keek ze door het raam naar de grijze lucht buiten. Het leek lichter te worden. Dat was tenminste positief.

Met opgetrokken neus doopte ze de croissant in haar koffie in de hoop dat dat het kleffe een beetje zou neutraliseren maar het hielp niet veel en dus legde ze het terug op haar bord en pakte haar koffie, maar zodra ze de beker aan haar lippen zette, rook ze de geur en werd acuut misselijk. Ze moest ook geen croissant van twee dagen oud eten. Daar werd iedereen toch misselijk van?

Ze duwde zowel het broodje als de koffie van zich af en ademde even diep in en weer uit om de misselijkheid te laten zakken. Het hielp niet en meteen sprong ze overeind en rende de keuken uit.

Even later kwam ze weer terug en pakte bij het aanrecht een glas water waar ze voorzichtig een paar slokjes uit nam. Als ze maar niet ziek werd. Dat kon ze echt niet gebruiken, niet nu haar onderzoek een versnelling doormaakte. Misschien zou ze opknappen van een warme douche.

Toen ze na anderhalf uur in haar Mini de oprit af reed, voelde ze zich stukken beter. Ze keek naar haar buitenspiegel die ze met ducttape had vastgemaakt. De garage had morgen pas tijd om hem te repareren en ze kon niet zonder. Gelukkig was de spiegel zelf op twee grote barsten na nog intact.

Naast haar op de passagiersstoel zat Pip, die deze keer met haar mee mocht. Zodra ze uit Rotterdam terugkwam, zou ze met hem de duinen in gaan. Pip zelf vond het geweldig, strekte vanuit zijn veiligheidsgordel zijn nek om door het raampje naar buiten te kijken.

Het ritje was rustig en ontspannen en dat deed Ruby goed. Ze was de laatste paar dagen zo moe en ze begreep niet waardoor. Oké, deze zaak verliep anders dan alle andere zaken die ze had onderzocht. Bovendien was ze er veel meer bij betrokken. Het ging hier wel om een baby en daar had ze nog nooit mee te maken gehad in haar onderzoeken.

Of komt het door Matthias?

Hij was tenslotte de broer van Tess. Was hij het die haar zo betrokken maakte? Ze had genoeg zelfkennis om te beseffen dat ze meer om hem was gaan geven dan ze zichzelf normaal gesproken toestond. Maar ze kon er niets aan doen, haar lichaam reageerde zodra ze hem zag en haar verstand had dan helemaal niets meer in te brengen.

Ze parkeerde haar auto in een woonwijk niet ver bij De Oude Plantage vandaan, het park waar Wiebe Verkerk was opgepakt. Het weer was gelukkig opgeklaard; de zon deed haar best om door de wolken te breken en de wind was afgezwakt tot een matige bries. Ruby deed Pip aan de lijn en wandelde toen op haar gemakje naar het nogal solitair gelegen wijkje dat vlak tegen het park aan lag. De huizen waren gebouwd op een hoger gelegen plateau, het voormalige drinkwaterleidingterrein, en deden nogal futuristisch aan, als een soort gekantelde kubussen. De wijk was alleen te voet te bereiken.

Met Pip naast zich liep Ruby de wijk in en verbaasde zich over de bouw van de huizen – er was geen enkele baksteen, alleen metalen en kunststof dekplaten in de kleuren grijs, blauw en wit. In de zomer moest het binnen een oven zijn, als je geen airco had. Ze vervolgde haar weg tussen de huizen door – links de voorgevels van het ene woonblok, rechts de achtertuinen van het andere – in de richting van het park. Ze wist dat de familie De Vos aan het einde van zo'n straatje had gewoond, met enkel een strookje groen en een smalle weg voor bestemmingsverkeer tussen de wijk en het park. Geen wonder dat moeders met baby's uit deze buurt veelvuldig in De Oude Plantage kwamen – vooral voor jonge kinderen moest het in die tijd een walhalla zijn geweest.

Aan het eind van het pad liep een trap naar beneden die uitkwam bij de smalle straat. Er stonden een paar auto's geparkeerd maar verder was er geen verkeer. Ruby draaide zich om en berekende aan de hand van de huisnummers dat de tuin op de hoek links van haar de tuin moest zijn waaruit Sanne was verdwenen. Hij was grotendeels omgeven door hoge coniferen.

Langs het tussenpad was geen tuinhekje; dat zat aan de zijkant, waar eveneens een pad langs het huis liep. Zou de dader daar gewacht hebben tot hij kon toeslaan? Het was tenslotte de enige plek vanwaar je overzicht had en gemakkelijk door het hekje naar binnen kon glippen.

Ze liep een stukje die kant op, tot aan het hekje, en zag toen dat dat volledig overwoekerd was met hedera. De huidige bewoners gebruikten de achteruitgang blijkbaar niet. Ze probeerde tussen de bladeren door te kijken, maar behalve veel bomen en struiken zag ze niets. Ze keek naar links en naar rechts, maar het wijkje leek volledig verlaten.

In een opwelling beval Ruby Pip om te blijven zitten, zette haar voet op de onderste lat van het hekje en trok zich aan beide zijden aan de coniferen omhoog. Voorzichtig plaatste ze haar andere voet op een hoger latje en vervolgens op het derde. Als ze haar nek rekte zou ze misschien over de struiken heen in de tuin kunnen kijken.

'Lukt het?' klonk het ineens achter haar.

Ruby schrok zo dat ze bijna van het hekje viel. Ze kon nog net haar evenwicht bewaren, maar verloor haar grip op de coniferen en sprong dus maar op de grond.

'Ik hoop dat je een goede verklaring hebt,' zei de man die geduldig stond te wachten. Hij had een mobiel in zijn hand die hij omhoogstak. 'Ik ben de buurtwacht en de politie is zo gebeld.'

'Dat, eh… is niet nodig,' zei Ruby, terwijl ze haar handen aan haar broek afveegde en een vernietigende blik wierp op Pip, haar 'waakhond'.

'Nee, dat zegt elke inbreker,' reageerde de man. Hij was al wat ouder, niet al te lang en hij bekeek haar sceptisch.

'Ik wilde alleen de tuin maar bekijken,' zei Ruby bij wijze van een verklaring.

De man wierp een blik op de slecht onderhouden coniferen en de wilde hedera aan het tuinhek en keek toen weer naar haar.

Ruby wist wat hij dacht. De tuin was een wildernis en niet echt het bekijken waard. 'Het is voor mijn vlog,' zei ze. 'Pathway to justice. Deze tuin speelt een belangrijke rol in de cold case die ik momenteel onderzoek.'

'Cold case?' herhaalde de man. 'Je bedoelt de dood van Sanne de Vos?'

'Niet echt die zaak, maar wel eentje die eraan gelinkt is. De verdwijning van Tess Palmer.'

De man fronste zijn wenkbrauwen. 'Wacht even,' zei hij. 'Dat herinner ik me nog.'

Ruby haalde de foto van Wiebes oma tevoorschijn. 'Wiebe Verkerk werd veroordeeld voor de verdwijning en ook voor de dood van Sanne.' Ze liet de man de foto zien.

'Ja ja ja, ik weet het weer!' Hij wees naar de foto. 'Wiebe liep altijd in het park rond. Iedereen kende hem. Froukje was gek op die jongen.'

'En Froukje is…?'

'Sannes moeder. Hij kwam veel bij hen over de vloer.' De man pakte de foto nu vast en staarde ernaar. 'Ach ja, Wiebe.' Hij zweeg even, maar toen hield hij de foto wat dichter bij zijn gezicht. 'Die man…' zei hij toen, terwijl hij met zijn vinger op de afbeelding tikte. 'Die heb ik gezien.'

'Je bedoelt de kok?'

De man knikte. 'Ja. Hier in de steeg.'

'Weet je dat zeker?' vroeg Ruby. 'Voor zover ik weet woonde hij in die tijd in Utrecht.'

'Nee nee, het was niet toen met Sanne. Later. Een jaar of twee daarna, denk ik. Ik was toen ook al de buurtwacht.' Terwijl hij dat zei stak hij trots zijn borst naar voren. 'En ik betrapte hem daar, waar jij nu staat.'

'En heb je hem gevraagd wat hij hier deed?'

'Daar kreeg ik de kans niet voor. Zodra ik zijn kant op liep, verdween hij.'

Ruby zweeg. Dus Ricardo de kok was hier geweest. Waarom? Wat had hij hier te zoeken gehad?

Terwijl ze terug naar huis reed, overdacht ze het nieuwe flintertje informatie dat ze ontdekt had. Normaal gesproken waren dat dingen die de puzzel steeds verder afmaakten, maar nu bracht het haar alleen maar in verwarring. Ze snapte er niets meer van. Dat Ricardo iets te maken had met deze zaak was haar inmiddels wel duidelijk, maar wat was de rode draad?

Haar gedachten gingen naar het restaurant waar hij had gewerkt, Puur Vegetarisch. Het restaurant van Tess' vader. Die link stond vast. Maar de link tussen Sanne en de zaak-Tess was Wiebe. Niet Ricardo.

Ze naderde knooppunt Ypenburg en het verkeer werd drukker. Op een van de borden boven de weg zag ze UTRECHT staan. Misschien was het een goed idee om eens de plek te bezoeken waar dat restaurant was geweest. Ze had geen idee of het relevante informatie zou opleveren, tenslotte was het jaren geleden al gesloten, maar iets zei haar dat het belangrijk was.

Opnieuw dacht ze aan Ricardo, de chef-kok in het restaurant van Tess' vader. Ze waren vrienden geweest. Dat was tenminste wat Alexandra van Rede beweerde. Maar wat voor vrienden precies? Goede vrienden? Zakenpartners die net iets losser met elkaar omgingen? Of gewoon een sterkere dan normale band tussen werkgever en werknemer? Dat had ze niet zo goed kunnen oppikken uit het gesprek met Alexandra. Het feit dat het contact onderling na de verdwijning van Tess niet in stand was gehouden, deed vermoeden dat er iets niet goed zat met die vriendschap. Of ze was minder hecht geweest. Als voorbeeld keek ze naar haar ouders en die van Annika. Toen Annika's vader vertrok, waren Ruby's ouders er om Annika's moeder op te vangen. Toen Ruby's vader overleed, was het Annika's moeder die troost bood. Al die jaren was de vriendschap, zij het niet meer compleet, hecht gebleven. Welke kameraad liet een vriendschap doodbloeden als het gezin van zijn beste vriend door een hel ging?

-42-

Ze parkeerde om de hoek bij de Schoutenstraat, liet Pip deze keer in de auto wachten en liep vervolgens de smalle straat in waar het restaurant in de jaren tachtig had gezeten. Niet veel later stond ze voor het pand en keek omhoog. Het was gewoon doorsnee: een winkelgedeelte beneden en erboven appartementen. Het opvallendste was dat er nog steeds een restaurant in zat. En nog steeds vegetarisch. Ze stapte op de deur af maar het restaurant bleek gesloten.

'Ze gaan om twee uur pas open, juffie,' hoorde ze iemand zeggen. Ze keek opzij, naar de vrij oude man die met een sleutel de spierwitte deur naast het restaurant opende. Ze had hem helemaal niet horen aankomen.

'Om twee uur?' herhaalde ze.

De man knikte. 'Ze serveren daar alleen maar 's avonds. Geen lunch en al helemaal geen ontbijt.'

Ruby keek weer door het raam van het restaurant naar binnen. 'Hoelang zitten ze hier al?' vroeg ze.

'Och...' De man haalde zijn schouders op. 'Zolang ik me kan herinneren en dat is al erg lang.'

'En het is altijd van dezelfde eigenaar geweest?'

'Nee, dat niet. In de vijftig jaar die ik hier nu woon zullen er... even denken... drie verschillende zijn geweest. Eerst de man die het restaurant begon. Taylor Palmer. Die stopte ermee, een paar jaar nadat zijn dochter verdween. Hij verkocht het aan hoe-heetie-ook-alweer... een Amsterdammer. Paul Voorthuizen. Die liet de tent na korte tijd al failliet gaan. Toen heeft het een poosje leeggestaan en na een jaartje of zo kwam dit erin.'

'Kent u de eigenaar?' wilde Ruby weten.

'Ach, wat is kennen,' zei de man met een lachje. Hij zette zijn boodschappentas op het stoepje en propte zijn sleutels in zijn broekzak. 'We groeten mekaar, maar dat is alles. Ik heb nog nooit bij hem gegeten in ieder geval. Geef mij maar een lekker lappie vlees.' Hij grinnikte.

'Dus u weet verder niets van hem?'

'Behalve dat hij Cas heet?' Hij schudde zijn hoofd. En toen: 'Hoezo eigenlijk? Je gaat me toch niet vertellen dat je om geld komt, hè? Dat zou dan de derde eigenaar zijn met schuldeisers. Je zou bijna denken dat het aan het pand ligt.'

Rudy glimlachte. 'Ik kom niet om geld,' zei ze. 'Ik heb een…' Ze stopte ineens toen ze besefte wat de man zei.

'De derde?' zei ze. 'Bedoelt u dat de eerste eigenaar ook schuldeisers had?'

'Taylor Palmer? Dat kun je wel zeggen,' reageerde de man meteen. 'Heel grote problemen. Ze stonden hier regelmatig voor de deur. Van die enge gasten. Het waren duidelijk geen deurwaarders. Eerder criminelen.' De man dacht even na. 'Oké,' nuanceerde hij toen, 'bij Paul Voorthuizen waren het wel deurwaarders. En bij Cas heb ik ze nog niet gezien. Die heeft zijn zaakjes wel op orde, maar ik heb gehoord dat hij ermee wil stoppen. Hij gaat met pensioen.'

Ruby keek weer naar het restaurant. 'En Taylor Palmer?' vroeg ze toen. 'Hoe weet u dat het bij hem geen deurwaarders waren?'

De man grijnsde. 'Ik mag dan wel oud zijn, maar ik ben niet achterlijk, juffie. Ik weet heel goed wat ik heb gezien. Ik heb zelf gehoord dat ze eisten dat hij betaalde.' Hij wees met zijn duim over zijn schouder naar een steegje dat tussen de huizen doorliep. 'Bij de achterdeur. Nadat zijn dochter was verdwenen heb ik ze nooit meer gezien. Kort daarop verkocht hij de tent.'

Eisen dat hij betaalde.

Had Taylor Palmer schulden gehad bij de verkeerde mensen? Was zijn dochter daarom ontvoerd? Omdat hij niet wilde betalen? Deze informatie gaf een heel andere draai aan de zaak. Taylor had problemen gehad waar zelfs zijn vrouw niets van wist. Tenslotte had Alexandra zelf gezegd dat de zaak floreerde. Maar waarom was de politie daar niet verder in gedoken?

'Hebt u dit toentertijd ook aan de politie verteld?' vroeg ze aan de man.

Hij knikte. 'Uiteraard,' zei hij.

'U zei net dat u hoorde dat die… criminelen eisten dat Taylor Palmer betaalde. U weet niet om hoeveel geld het ging?'

De man krabde op zijn hoofd. 'Daar vraag je me wat. Laat me denken… Nee, volgens mij niet. Of anders kan ik me dat niet meer herinneren. De politie heeft daar ook niet naar gevraagd, of ik wist het toen ook al niet. Nee, het spijt me.' Hij kneep zijn ogen half dicht. 'Maar waar ík nog geen antwoord op heb, is waarom je dit allemaal wilt weten. Ben je soms een journalist en wil je die ouwe zaak weer oprakelen?'

'Ik ben geen journalist,' zei ze. 'Maar ik ben hier wel om een oude zaak op te lossen. Althans, dat probeer ik. Mijn naam is Ruby van Wageningen en ik heb een videokanaal op internet over cold cases. Pathway to justice.'

'Nooit van gehoord,' zei de man. 'Maar als het een cold case betreft, dan bedoel je vast de verdwijning van kleine Tess.'

'Dat klopt,' zei Ruby.

'Dan snap ik het,' zei de man. 'Ik heb haar een paar keer gezien, weet je. Ze kwam weleens naar het restaurant met haar moeder en haar broers. Ome Gerrit noemden die kinderen me. Ja, niet Tess en haar broertje, die waren daar nog te klein voor. Maar de andere jongens wel. Soms was het hier een dolle boel, als de zaak nog niet open was. Vooral in de vakanties kwamen ze vaak langs, soms zelfs met vriendjes en vriendinnetjes. De kok bakte dan frietjes voor de kinderen.' Hij keek Ruby ineens aan. 'Je weet dat Taylor zowat een half elftal aan jongens had?'

Ze knikte. 'Vijf. En Tess was het enige meisje.'

'Ach ja, Tess.' Ome Gerrit zuchtte. 'Zo'n schattige baby. Iedereen was gek op haar, maar dat kan ook komen omdat ze het enige meisje in het gezin was. Nadat ze verdween kwamen de jongens nog weleens hier, maar lang zo vaak niet meer.'

Een logisch gevolg. Taylor had zich van alles en iedereen afgesloten en duwde zelfs zijn eigen kinderen bij zich vandaan. Schuldgevoel? Was het door hem dat Tess ontvoerd werd, omdat hij had geweigerd zijn schulden te betalen? Als hij met dat van criminelen geleende geld zijn zaak had gered dan was het ook logisch dat de politie geen onregelmatigheden hadden ontdekt. Maar als Taylor uiteindelijk zijn schulden niet kon afbetalen, hadden de geldeisers misschien een andere mogelijkheid gezien: Taylors baby ontvoeren en het losgeld daarvan als afbetaling zien.

Ruby legde haar handen tegen de ruit van het restaurant en tuurde naar binnen. Het zag er allemaal netjes uit. Het was geen groot restaurant, ze schatte dat het ongeveer vijftien kleine en vijf wat grotere tafels had.

Het flitste ineens door haar heen: *blauw geblokte tafelkleedjes!*

Geschrokken stapte ze achteruit en staarde vanaf een afstandje door het raam, naar het dichtstbijzijnde tafeltje. Geen blauw geblokt tafelkleedje. Ook geen andere kleur, maar gewoon witte damast. Waarom had ze dan ineens aan blauw geblokte tafelkleedjes gedacht?

'Gaat het, juffie?' klonk de stem van ome Gerrit.

'Ik, ja… ja.' Ze schraapte haar keel.

'Gestoken?'

Ze keek opzij. 'Wat?'

'Werd je gestoken? Vanuit de vuilnisbakken in de steeg komen veel wespen.'

'Nee, sorry. Het was alleen…' Haar blik ging weer naar het tafeltje achter het raam. Witte damast. Vaasje middenin. Leeg. Pas als het restaurant openging, werden die gevuld. Met witte anjers.

Witte anjers…

Op blauw geblokte tafelkleedjes.

Ruby kreeg het ineens ijskoud. Ze hapte naar adem en deed nogmaals een stap achteruit, weg bij het raam vandaan.

'Gaat het echt wel? Ruby? Ruby was het toch?'

Ze slikte. Knikte. 'Ik… ik moet nu gaan,' zei ze. En met een geforceerde glimlach naar ome Gerrit: 'Ik heb nog veel te doen.'

'Begrijp ik,' zei hij, terwijl hij zijn tas oppakte en eindelijk door de deur het trappenhuis instapte. 'Als je nog vragen hebt voor je… dinges, kanaal, dan weet je waar ik woon.'

-43-

Verdoofd stapte ze in haar auto. Door haar hoofd spookten nog steeds de beelden van de gedekte tafeltjes. Geblokte kleedjes. Witte anjers… Het leek te echt. Te dichtbij. Herinneringen! Maar hoe konden het herinneringen zijn als ze nog nooit een voet in dat restaurant had gezet? Ze greep haar stuur met beide handen beet en kneep erin, zo hard dat haar knokkels wit wegtrokken. Pip probeerde op haar schoot te klimmen en in een reflex trok ze de hond tegen zich aan en begroef ze haar gezicht in zijn vacht.

Witte anjers…

De lievelingsbloemen van haar vader. Maar wat kon die hier nou mee te maken hebben? Toeval. Dat was het. Maar die geblokte kleedjes dan? Het beeld flitste weer door haar heen, maar nu zag ze ook mensen. Een man, een vrouw. Kinderen. Een babywagen. Iemand zong. Een kinderliedje.

Ineens duwde ze Pip terug op zijn stoel, startte de motor en reed gevaarlijk snel de straat uit.

Het kan niet!

Ze had geen herinneringen aan die plek. Ze was er nooit geweest. Haar geest speelde een spelletje met haar. Ze maakte deze beelden zelf – de bloemen bij de urn van haar vader, het cliché dat restaurants geblokte tafelkleedjes op tafel hadden. Ze voegde het gewoon zelf allemaal samen.

Maar die mensen dan?

Je eigen fantasie!

Dat moest. Het kon niet anders. Ze reed net de snelweg weer op toen misselijkheid haar overspoelde. Onmiddellijk stuurde ze haar auto de vluchtstrook op en haastte zich de berm in. Veel had ze niet om eruit te gooien, maar de bittere smaak van de gal die meekwam deed haar huiveren. Ze werd gewoon ziek, geen twijfel over mogelijk.

Terwijl ze met de rug van haar hand haar mond afveegde stapte ze weer in haar auto en bleef even met gesloten ogen zitten. Ze moest zichzelf herpakken, anders kreeg ze nog een ongeluk.

Maar die beelden… ze bleef ze voor zich zien, hoe vaak ze ook met haar ogen knipperde. Ze was nog steeds misselijk en ze slikte een paar keer om de nare smaak in haar mond weg te krijgen.

Na een keer diep in- en uitademen, werd ze wat rustiger. Er was vast een verklaring voor wat haar was overkomen. Daar zou ze later wel over nadenken, nu moest ze eerst thuis zien te komen. Ze startte de motor en reed de snelweg weer op.

Vlak nadat ze de A9 verliet en richting Haarlem reed, ging haar mobiel. Op het scherm van haar boordcomputer zag ze dat het Matthias was. Even twijfelde ze of ze het gesprek wilde aannemen, maar ze deed het toch.

'Ben je onderweg?' vroeg hij nadat ze had opgenomen.

'Ja,' zei ze. 'Ik moest wat dingen nalopen.' Ze likte langs haar ineens hinderlijk droge lippen. Moest ze hem zeggen wat er was gebeurd?

Het bleef even stil. 'Is alles wel goed?' vroeg hij toen.

'Ja,' zei ze weer. 'Ja, ik… eh…' En ineens liepen de tranen over haar wangen.

'Ruby, wat is er?' riep Matthias.

'Niks,' snikte ze. 'Niks, ik heb… ik ben gewoon…'

'Zet je auto aan de kant,' beval Matthias. 'Voordat je een ongeluk krijgt.'

Als ze zich beter had gevoeld had ze hem waarschijnlijk toegesnauwd dat hij op het dak kon gaan zitten, maar nu deed ze meteen wat hij zei. Op de een of andere manier bleven de tranen komen en ze wist niet waarom.

'Waar ben je nu?' vroeg Matthias.

'Op de v-vluchtstrook,' stotterde ze.

'Ja, dat snap ik, maar waar precies?'

Met waterige ogen keek ze rond. 'V-vlak bij De Zoete Inval.'

'Ik weet waar dat is. Blijf daar staan, ik kom je ophalen.'

'Nee!' riep ze met overslaande stem. 'Dat is... dat is te ver. Ik... Het gaat wel weer.'

'Je blijft daar staan, Ruby,' zei Matthias. 'Ik ben bij mijn moeder, we komen samen. We zijn er met tien minuten.'

Tegen de tijd dat Matthias arriveerde, voelde Ruby zich een stuk beter. Ze schaamde zich dat ze zich zo had aangesteld en had het liefst gezien dat hij en zijn moeder gewoon terug naar huis gingen en zij haar weg vervolgde. Maar daar wilde Matthias niets van weten.

'Stel dat het weer gebeurt,' gaf hij als reden. 'Nee, ik breng je veilig thuis.'

'Maar dan moet je me vanmiddag weer ophalen,' protesteerde ze.

'Jullie mogen ook met mij mee, hoor,' zei Alexandra. 'Dat is dichterbij en dan kun je je een beetje opfrissen.' Ze bekeek Ruby aandachtig, voordat ze vervolgde: 'Want je ziet er niet erg florissant uit.'

'En Pip dan?'

'Ik denk dat Yinte een heel leuk speelkameraadje aan hem heeft,' zei Matthias met een lachje.

Daar kon ze niets tegenin brengen. En eigenlijk zou ze het ook wel fijn vinden om niet meer achter het stuur te hoeven. Ze was zo moe. Haar rug deed pijn en ze was duizelig.

'Oké,' stemde ze in. Ze keek naar Alexandra die haar nog steeds nauwlettend opnam en glimlachte. 'Het gaat wel weer. Heus.'

Alexandra knikte een beetje maar zei niets. Ze nam de autosleutels van Matthias over en na een laatste blik op Ruby stapte ze in de Audi en reed de weg op.

'Kom,' zei Matthias. Hij pakte haar bij de arm en wilde haar naar haar auto leiden.

Maar dat ging haar te ver. Ze trok haar arm los en zei: 'Ik weet niet waarom ik ineens zo beroerd en emotioneel was, maar ik ga niet dood, dus behandel me niet als een patiënt, oké?'

Matthias hief zijn handen dat hij zich overgaf en ging achter het stuur zitten. Ruby stapte aan de andere kant in en nam Pip op schoot, die ze stevig tegen zich aan drukte. Ze had dan wel gezegd dat ze niet wist waarom ze zich zo irrationeel had gedragen, maar was dat ook zo? Die beelden van het restaurant. De anjers... het had allemaal zo echt geleken.

Ze keek opzij naar Matthias, die zonder problemen haar Mini het verkeer door loodste. Hij was ouder dan zij. Twee jaar. 'Matthias,' begon ze. 'Wat weet jij nog van het restaurant van je vader?'

Hij wierp een korte blik opzij en keek toen weer op de weg. 'Niet zo heel veel,' zei hij. 'Het ging dicht toen ik een jaar of vijf was. Hoezo?'

'Ik sprak iemand die zich herinnerde dat je moeder met je broers het restaurant bezocht.'

Het bleef stil. 'Dat kan,' zei hij uiteindelijk. 'Als kind gingen we er weleens heen met mijn moeder. Pa bleef toch onze vader, zei ze altijd. En omdat hij meestal druk was in het restaurant, gingen we daar naartoe.'

Ruby zweeg. Als Matthias een jaar of vijf was toen Puur Vegetarisch sloot, dan was zij op dat moment drie. Was het mogelijk dat ze er ooit geweest was? Met haar ouders? Het was de enige verklaring voor de beelden die ze voor zich had gezien. Waren het werkelijk herinneringen? Of begon ze nu echt door te draaien? Kreeg de stress van wat Youri Stegeman haar had aangedaan

haar dan toch nog in zijn greep? Ze sliep sinds die periode slecht
– was het misschien vermoeidheid?

'Waar denk je aan?' hoorde ze Matthias vragen. 'Heb je nog iets
anders ontdekt?'

'Dat weet ik niet,' zei ze zacht. 'Ik...' Ze kriebelde Pip achter
zijn oor om wat tijd te rekken en vroeg zich intussen af of ze Matthias moest vertellen van haar visioen. Of inbeelding. Of herinnering voor haar part. Het laatste wat ze nu kon gebruiken was
dat iemand die ze vertrouwde, waar ze diep vanbinnen meer om
gaf dan ze wilde toegeven, haar zou uitlachen.

'Ruby.'

Ze schrok op en zag dat ze al voor het huis van zijn moeder geparkeerd stonden. Matthias had zich naar haar toegedraaid en
keek haar bezorgd aan.

'Ruby, wat is er toch?' vroeg hij zacht. En toen, fel: 'Heeft die
kerel je weer bedreigd? Is dat het?'

Meteen legde ze haar hand tegen zijn borst. 'Nee,' zei ze. 'Nee,
ik heb hem niet meer gezien na gisteren.'

'Want als hij één vinger naar je uitsteekt zal ik die met alle ple-
zier van zijn hand verwijderen.'

Ze staarde hem aan en schoot in de lach toen ze zijn blik zag:
vastberaden en resoluut. 'Doe dat maar niet,' zei ze.

Hij greep haar hand tussen de zijne en keek haar aan. 'Waarom
heb ik het gevoel dat je iets voor me verzwijgt?' zei hij.

Ze zag zijn ogen en verdronk er bijna in. Hoe kon het toch
dat hij haar zo inpakte? Waarom had ze het gevoel dat hij geen
vreemde voor haar was, dat ze hem door en door kende? Had hij
dat gevoel ook? Ze wist het niet.

'We... we kennen elkaar net,' zei ze. Zijn blik was zo intens dat
ze zich met geen mogelijkheid kon losrukken.

'Ik dacht dat we dat punt inmiddels voorbij waren,' zei hij. 'We
kennen elkaar dan wel pas kort, dat is waar, maar moeten we ons
daardoor laten weerhouden om eerlijk tegen elkaar te zijn?'

Eerlijk. Ze was toch eerlijk tegen hem? Oké, ze vertelde hem niet alles, maar wat ze vertelde was altijd de waarheid.

'Youri Stegeman,' zei hij toen.

Ze schrok toen hij die naam uitsprak en onwillekeurig hield ze haar adem in.

'Er is meer gebeurd dan alleen het neersteken.' Hij vroeg het niet, zei het alsof het een feit was.

'N-nee,' zei ze. 'Waarom denk je dat?'

'Ik denk het niet, ik weet het zeker.'

Ze zag zijn intense blik en werd ineens kregelig. Waarom wilde iedereen zich altijd bemoeien met haar gevoelens? Annika, Marta, Tristan. En nu hij weer. Ze hadden het recht niet!

'Je hoeft het niet te vertellen,' ging Matthias door voordat ze iets kon zeggen. 'Ik ga je niet dwingen. Maar ik wil dat je weet dat ik er voor je ben, mocht je er met iemand over willen praten.'

Erover praten? Ze stopte het liefst die hele avond waarop Stegeman haar had vastgehouden diep weg. Zó diep dat ze er nooit meer aan hoefde te denken, laat staan erover praten. Alleen, het lukte niet. Elke keer weer dook hij op, elke keer weer deed hij de paniek bij haar oplaaien. Ze wilde net zeggen dat dat lief aangeboden was maar dat er niets te vertellen viel, toen zijn mobiel overging.

Zijn ogen hielden die van haar nog even vast, maar toen pakte hij zijn telefoon en bracht hem naar zijn oor. 'Aidan,' zei hij. 'Zijn er problemen?'

Ruby zag dat hij aandachtig luisterde en toen fronste. Ze herinnerde zich dat zijn broer Aidan bij hem op de zaak werkte.

'Ik kom er meteen aan,' zei Matthias. Hij verbrak de verbinding en keek haar aan. 'Mijn vader,' zei hij. En toen, schor: 'Hij is dood.'

-44-

Ruby had gezegd dat ze zelf wel naar huis kon rijden, maar daar
had Matthias niets van willen horen. Het was Alexandra die aan-
bood haar thuis te brengen, zodat Matthias naar het ziekenhuis
kon waar zijn vader momenteel verbleef. Zelf hoefde ze niet zo
nodig mee, gaf ze aan. En dus zat Ruby nu naast Matthias' moeder in de auto.

'Matthias zal je nog wel bellen over jouw auto,' zei Alexandra
nadat ze een poosje zwijgend hadden voortgereden.

'Het was niet nodig,' zei Ruby. 'Ik voel me een stuk beter. Echt.
Ik had best zelf naar huis kunnen rijden.'

'Waarschijnlijk wel,' gaf Alexandra toe. 'Maar Matthias is koppig, net als zijn vader. Alles moet gaan zoals hij wil en om geen
ruzie te krijgen doe je er het beste aan om daarin mee te gaan.' Ze
keek Ruby even kort van opzij aan. 'Bovendien zou ik niet willen
dat je juist nu een ongeluk krijgt onderweg.'

'Hoezo?' wilde Ruby weten.

Alexandra glimlachte. 'Lieve kind, wil je zeggen dat je het nog
niet doorhebt?'

'Doorhebt?' Ruby schudde haar hoofd. 'Ik begrijp het niet.'

'Je bent zwanger, Ruby. Ik zie het aan alles.'

Sprakeloos staarde Ruby haar aan. 'W-wacht even,' stamelde ze
toen. 'Wat?'

'Ben je misselijk? Draaierig? Emotioneel?'

Hoe wist ze dat?

'Je straalt het uit, lieve kind. Ik zou als ik jou was op korte termijn een test doen, of even langs je huisarts gaan.'

Ruby zweeg. De woorden van Alexandra moesten even indalen. Zwanger? Zij? Maar wanneer…

Matthias.

Die keer in de auto. Dat was nu zo'n tweeënhalve maand geleden. Ze had er helemaal niet bij stilgestaan dat ze… dat ze… Maar het kon wel. Het kon zéker wel. Ze slikte de pil niet meer sinds ze bij Casper weg was. En nu ze erover nadacht… wanneer was ze voor het laatst ongesteld geweest? Alexandra's woorden kwamen ineens bij haar binnen. Zwanger… echt?

'Gewenst?' vroeg Alexandra.

Ze knikte verdwaasd. Natuurlijk was het gewenst. Als ze überhaupt zwanger was. Alexandra kon wel van alles beweren. Ze moest een test halen. Vanavond nog. Ze keek opzij naar Alexandra, die haar ogen weer op de weg had gericht. Zij had zes kinderen gekregen. Zou ze werkelijk aan Ruby zien dat ze zwanger was?

'De misselijkheid gaat over,' zei Alexandra ineens. 'En de andere probleempjes ook. Al komen er weer andere voor in de plaats.' Ze glimlachte opnieuw, zonder naar Ruby te kijken. 'Maar als je die baby eenmaal vasthoudt, is alles vergeten. Alle pijntjes, kwaaltjes en ongemakken.'

Ruby reageerde er niet op. Een baby vasthouden. Haar eigen kind in haar armen. Daar had ze zo naar verlangd. Al die jaren met Casper. En ook nu bezorgde het haar een warm gevoel vanbinnen als ze eraan dacht dat het over een maand of zes, zeven misschien wel zo zou zijn. Maar ze voelde ook angst. Voor wat er allemaal kon gebeuren.

'Het is van Matthias, hè?'

Geschrokken vlogen haar ogen weer open.

'Ik zie hem dagelijks, lieve kind. En ik ken hem zó goed dat ik het meteen zie als er iets in zijn gedrag verandert.' Nu keek ze Ruby wel aan. 'Sinds de dood van Marieke heb ik hem niet meer zo gelukkig gezien.'

'Gelukkig?' herhaalde ze verdwaasd.

Nu lachte Alexandra hardop. 'Je ziet het misschien zelf niet, of je wilt het misschien niet zien, maar jullie passen bij elkaar als een paar schoenen. En ik merk aan alles dat Matthias om je geeft en jij om hem.'

Was geven om hetzelfde als houden van? Want ze begon er steeds zekerder van te worden dat ze van Matthias hield. Hoe vaak ze zichzelf ook wijsmaakte dat dat niet kon, dat ze elkaar daar nog te kort voor kenden, het maakte niets uit. Ja, ze gaf om hem. Ze gaf heel veel om hem.

En jij? wilde ze vragen. Gaf jij ook zoveel om je man, toen je zwanger was van je eerste zoon? En zo ja, waar is die liefde dan gebleven, dat je nu niet naar hem toe gaat?

Alexandra zweeg verder en niet veel later reed ze op aanwijzingen van Ruby de zandweg naar haar huis op. Ze stopte de auto op de oprit en keerde zich toen naar haar toe. 'Matthias is een gevoelige jongen,' zei ze. 'Meer dan mijn andere zoons. Wellicht komt dat door... door de verdwijning van Tess. Maar ik wil niet dat hij gekwetst wordt. Marieke en Yinte maakten zijn leven compleet; toen Marieke wegviel, stortte hij in.' Ze wierp Ruby nu een smekende blik toe. 'Doe hem geen pijn, Ruby.'

Ruby staarde haar aan. Waarom zou ze? Ze hield van hem! 'Dat zou ik nooit kunnen,' zei ze zacht.

Even nog hield Alexandra haar blik vast. Toen knikte ze met een glimlach.

Ze keek de auto na toen Alexandra wegreed. Waarom had ze zo'n apart gevoel over het gesprek met Matthias' moeder? Haar hand ging naar haar buik. Deze keer niet omdat ze voor de zoveelste keer de pijn ervaarde die Youri Stegeman haar had toegebracht, maar omdat ze iets hoopte te voelen wat Alexandra's woorden zou onderbouwen. Maar natuurlijk voelde ze niets.

Ze keek nogmaals de oprit af, die er nu verlaten bij lag en dacht aan Matthias. En zijn vader. Zo oud was hij nou ook weer niet geweest. Of was het waar dat verdriet je ouder maakte, dat je kon sterven aan een gebroken hart?

Pip blafte zachtjes en ze schrok op. Ze kon maar beter naar binnen gaan. De afspraak voor vanavond ging logischerwijs niet door, misschien kon ze de vrijgekomen tijd gebruiken om alles eens even op een rijtje te zetten – de informatie die ze tot nu toe had tot een samenhangend geheel breien. Als dat lukte tenminste, want voor nu zag ze het allemaal niet meer zo helder. En dan haar eigen 'visioen'. Ze had geen flauw idee wat ze daarvan moest denken.

Ze drukte haar hand tegen haar hoofd en sloot haar ogen. Ze kon natuurlijk ook gewoon naar bed gaan. Ze was zo moe, ze kon de slaap best gebruiken. O nee! Een test, ze moest nog een test halen bij de drogist.

Ze haalde haar huissleutel uit haar jaszak en opende de voordeur. Pip dartelde voor haar uit naar binnen, maar nog voordat ze zelf de hal in stapte, begon hij te grommen, zacht en laag, waardoor de haren in haar nek overeind gingen staan.

Was er iemand binnen?

Behoedzaam stapte ze over de drempel en greep meteen de honkbalknuppel, die ze na de vorige keer gelukkig terug op zijn plek had gezet, achter het gordijn vandaan. Als ze die kerel hierbinnen betrapte, sloeg ze hem direct tot halverwege het volgende millennium.

'Hallo!' riep ze, terwijl ze de woonkamer in liep. Er was niemand. En ook de keuken en de bijkeuken waren verlaten. Ze dacht aan die keer dat Pip opgesloten zat in haar studio, en meteen liep ze door de hal naar de trap. Ze was zo vastbesloten dat ze deze keer geen moeite deed om zich stil te houden.

'Ik ben gewapend!' riep ze toen ze beneden in de kelder kwam. 'En ik zal niet aarzelen om me te verdedigen!'

Er kwam geen antwoord. Ze hoorde niets en met grote passen

en de geheven knuppel liep ze haar studio in. Leeg. Alles zag eruit zoals ze het had achtergelaten. De mappen op haar bureau, het toetsenbord netjes onder het grote beeldscherm, de stoel aangeschoven. Alles, behalve...

Haar laptop!

Die was opengeklapt en ze zweerde dat ze hem gesloten had toen ze vanmorgen wegging. Dat deed ze namelijk altijd. Altijd klapte ze haar laptop dicht als ze hem niet meer gebruikte of als ze haar studio verliet.

Ze liep naar haar bureau en wekte het beeldscherm tot leven. En wat ze zag benam haar prompt de adem. Want het was niet haar desktop met een foto van Pip die zichtbaar werd. Het was een volledig witte achtergrond waarop in grote zwarte letters acht woorden stonden: GEEN WAARSCHUWINGEN MEER – DE CONSEQUENTIES ZIJN VOOR JOU.

-45-

Het berichtje op haar laptop had Ruby in eerste instantie hart-kloppingen bezorgd en het eerste wat ze deed was alle ramen en deuren in haar huis nalopen. Allemaal zaten ze dicht, met de haken er stevig op. Behalve de voordeur, die stond open. Maar dat was logisch; ze was erdoor naar binnen gekomen en had hem niet gesloten nadat ze de honkbalknuppel had gepakt.

Had hij eigenlijk op slot gezeten? Ze wist het niet meer. Ze had de deur met haar sleutel geopend, maar of ze hem daarvoor van het slot gedraaid had, was haar ontgaan.

Je moet je deur op slot doen, Ruby, iedereen kan zomaar bin-nenlopen.

Ze hoorde het Casper weer zeggen. Evenals haar eigen belofte aan Annika dat ze het alarmsysteem zou aanzetten. Maar altijd schoot dat erbij in, ze dacht er gewoonweg niet aan. Ze liep de keuken in, legde de honkbalknuppel op tafel en wierp een blik de tuin in. In een flits zag ze hem. Bij de oude appelboom!

Van schrik deed ze een pas achteruit. Ze stootte tegen een stoel, waardoor haar aandacht even werd afgeleid en toen ze nog een keer naar buiten keek, was hij weer weg.

Ruby was van nature geen angsthaas, maar ineens wilde ze niets liever dan iemand om zich heen hebben. Iemand die ze ver-trouwde. En dus greep ze haar sleutels, deed Pip aan de lijn en vertrok. Annika zou vast wel thuis zijn.

'Je blijft hier slapen,' zei Annika resoluut. 'Ik laat je niet terug naar huis gaan.'

Ruby hield met twee handen een beker thee vast en nam er langzaam kleine slokjes van. Het idee dat er voor de tweede keer iemand bij haar binnen was geweest en zich er nu niet meer om leek te bekommeren dat ze dat wist, had haar de zenuwen bezorgd. Toch weigerde ze om toe te geven aan een wildvreemde die haar doen en laten bepaalde. 'Lief van je,' zei ze tegen Annika. 'Maar ik denk dat ik een beetje te heftig reageerde.'

'Te heftig?' riep Annika. 'Een vreemde kerel breekt bij je in en laat zelfs een bericht achter! En wat voor bericht! We moeten de politie bellen.'

'Die doet niets,' zei Ruby rustig. 'De vorige keren ook niet.'

'Dus er moet je eerst iets levensbedreigends worden aangedaan voor de juten ingrijpen?' deduceerde Annika. 'Da's een geruststellende gedachte.' En toen, nijdig: 'Je had zeker je alarmsysteem weer niet aangezet?'

Ruby antwoordde niet en dat was voor Annika voldoende. Zuchtend liet ze zich naast haar op de bank zakken. 'Het zit me niet lekker, Ruub. Al die jaren dat je nu zaken voor je vlog onderzoekt heb ik nooit het idee gehad dat het gevaarlijk was. Na de vorige keer ging ik daar al aan twijfelen, en nu…' Ze zweeg even en vervolgde toen zacht: 'Je bent alles wat ik nog heb. Wat moet ik zonder jou?'

'Hé zeg,' zei Ruby. 'Ik ben er nog, hoor. Ik ga nergens heen.'

'Nee, dat zeg je nu. Maar je zag het aan die Youri Stegeman. Het scheelde niet veel of je…'

'Stop,' zei Ruby fel. 'Je maakt jezelf gek met zulke gedachtes. Ja, het had mis kunnen gaan, maar dat is niet zo. Ik leef nog en ik blijf leven en samen worden we oud en chagrijnig.'

Annika schoot in de lach en schudde haar hoofd. 'Je bent gek, wist je dat?'

'Allang,' zei Ruby. 'Je hebt het me vaker verteld.'

'Maar toch heb ik liever dat je vannacht hier slaapt.'

Ze wilde ertegen ingaan en zeggen dat dat niet nodig was, dat ze liever in haar eigen bed sliep, maar toen ze de blik van haar vriendin zag, slikte ze haar woorden in. Annika was oprecht bezorgd. Ze was altijd al een zorgzaam type, maar nu haar moeder er niet meer was, zocht ze blijkbaar iemand anders om haar affectie op te richten en Ruby kon het niet over haar hart verkrijgen om dat af te wijzen. Het was nog te kort geleden – Annika had tijd nodig om het verlies van haar moeder te verwerken. Bovendien was het misschien wel zo veilig. Vooral nu ze misschien zwanger was. Ze wist niet zo goed of ze dat al aan Annika moest vertellen – het zou haar misschien alleen maar nog ongeruster maken.

Ze nam een slokje van haar thee en zei: 'Taylor Palmer is dood.'

'Hè?' zei Annika. 'Hoe kan dat nou?'

'Weet ik nog niet. Matthias belt me morgen met meer nieuws.'

'Dat zal een klap voor hem zijn,' zei Annika zacht.

Er viel een korte stilte die doorbroken werd door Annika. 'Ik heb eens zitten denken.'

'Waaraan?' vroeg Ruby.

'Aan onze zaak. Het is gewoon niet logisch. Tess wordt uit de kinderwagen gehaald, er wordt losgeld betaald, de ontvoerders willen de baby daarna teruggeven, maar doen het niet. Dan hadden ze toch net zo goed niets meer kunnen laten horen?'

Ze had een punt. Ruby dacht weer aan het gesprekje dat ze vanochtend met ome Gerrit had gevoerd. Over schuldeisers. 'Ik ben vanmorgen in Utrecht geweest,' zei ze. 'Op de plek waar vroeger het restaurant van Tess' vader zat.'

'O?' zei Annika. 'Heeft dat wat opgeleverd?'

'Een aantal dingen,' zei Ruby. 'Onder andere dat er waarschijnlijk sprake was van schulden.'

'Schulden? Maar volgens Alexandra was het restaurant financieel toch gezond?'

'Jawel. Maar dat hoeft niet te betekenen dat dat ook zo was. Wie zegt dat Taylor Palmer zijn vrouw betrok in de financiële zaken van het bedrijf?'

'Ze zou dan toch iets gemerkt moeten hebben?' stelde Annika. 'Ik bedoel, als er minder geld binnenkomt, zou bepaalde luxe niet meer mogelijk zijn geweest, bijvoorbeeld.'

'Precies. Maar wat nou als die schulden indirect waren. Dat ze voortvloeiden uit een slechtlopende zaak. Stel,' ging ze meteen door, 'dat Taylor Palmer niet wil dat zijn vrouw weet dat het restaurant in de problemen zit. En om de schijn van een gezonde zaak op te houden geld leent bij een organisatie die niet, eh... legaal is.'

'Bij criminelen,' zei Annika meteen. 'Dat bedoel je toch?'

Ruby knikte. 'Vandaar dat Alexandra zei dat het restaurant financieel gezond was – volgens de boeken althans. Maar achter de schermen had Taylor Palmer wellicht enorme schulden.'

'Wacht eens even,' zei Annika na een korte stilte. 'Wil je zeggen dat die criminelen Tess ontvoerden en losgeld vroegen om zo hun geld terug te krijgen?'

'Bingo,' zei Ruby.

Annika keek haar geschokt aan. 'Jeetje, je bedoelt dat ze hem dwongen te betalen door Tess als onderpand te gebruiken?'

'Min of meer. De ontvoerders wisten dat Taylor een superrijke schoonvader had. Een makkelijke oplossing.'

'Maar waarom hebben ze Tess dan niet in het park achtergelaten zoals er in dat briefje stond? En als ze sowieso nooit van plan waren geweest om Tess terug te geven, dan hadden ze toch nooit gezegd dat ze daar te vinden zou zijn?'

Ruby fronste haar wenkbrauwen. Dat was zo, natuurlijk.

'Misschien ging er iets mis?' opperde Annika. 'Tess was nog zo klein, die kerels konden best weleens te ruw met haar zijn omgegaan. Haar hebben laten vallen of zo.'

'Dan zou ze dus dood zijn,' stelde Ruby.

'Ja. Ze sturen dat bericht en in de tijd tussen dat contact en het moment dat Tess in het park zou worden opgehaald is er iets gruwelijk misgegaan. Dat zou verklaren dat ze nooit in het park is gevonden.'

Er viel een korte stilte. Zou dat werkelijk gebeurd kunnen zijn? Ja, het klonk absoluut plausibel. Behalve dan het feit dat ze niet geloofde dat de ontvoerders belden waar ze Tess zouden achterlaten en haar pas daarná naar het park brachten. Ze zouden toch nooit het risico hebben willen lopen dat er in alle haast een paar agenten naar het park werden gestuurd? Nee, Tess was in het park toen de Palmers werden gebeld. Wat ook het vermoeden benadrukte dat het niet iemand was die alleen werkte.

'Een geloofwaardige theorie,' zei Ruby. 'Maar tijdtechnisch klopt het volgens mij niet.' Ze zuchtte diep. 'Dat er schulden waren, daar ben ik van overtuigd,' ging ze verder.

'Hoe weet je dat zo zeker?' vroeg Annika.

'Omdat ik gesproken heb met een buurman, die al zo'n veertig jaar boven het pand woont waar het restaurant was gevestigd.'

'En hij wist te vertellen dat Palmer schulden had?'

'Niet alleen Palmer,' zei Ruby. 'Ook de eigenaar na hem. Met één verschil. De tweede eigenaar kreeg deurwaarders aan de deur, Taylor Palmer criminelen. En ja, ik geloof dat de man die ik sprak wel degelijk het verschil heeft gezien.'

Annika blies wat haren voor haar ogen weg. 'Nou, als dat werkelijk zo is, dan is de prijs van zijn schulden wel érg hoog geweest.'

Dat stond buiten kijf. 'Hoe dan ook is het zuiver speculatief en niet te bewijzen.' Ruby keek op. 'Heb je nog van Tristan gehoord hoe het zit met Rosalie Nooitgedacht, de tweede echtgenote van Alexandra's ex?'

'Overleden,' zei Annika. 'Ze zat samen met hem op de motor die op een bevroren weggedeelte onderuitging en vol op een boom klapte.'

Weer een dood spoor. Het hield maar niet op. En dan had ze ook nog die zogenaamde herinneringen. Wat hadden ze te betekenen? Ze werd er onrustig van, omdat ze geen grip had op die situatie, maar vooral omdat ze geen flauw idee had waar die beelden vandaan kwamen.

-46-

Ruby kon de slaap niet vatten. Dat lukte haar zelden in een vreemd bed en alhoewel het huis van Annika voor haar na al die jaren als een tweede thuis voelde, lag ze ook nu alweer uren wakker. Buiten hoorde ze de wind aantrekken – het touw aan de vlaggenmast in Annika's tuin klapperde. Er was storm op komst, dat had ze al eerder gemerkt en alhoewel ze best van harde wind en een goede zuidwesterstorm hield, maakte het haar deze keer niet bepaald vrolijk.

Met een zucht draaide ze zich op haar andere zij en kneep haar ogen dicht. Aan het voeteneinde hoorde ze Pip snurken en jaloezie kroop in haar omhoog. Belachelijk natuurlijk – hoe kon ze jaloers zijn op een hond? Elke hond sliep overal zodra hij zijn ogen sloot. Een kat ook. Maar een mens had de onhebbelijkheid om te gaan liggen malen.

In de zaak-Tess ondervond ze veel meer tegenslag dan ze had kunnen overzien. Behalve het feit dat cruciale personen al waren overleden en ze daar dus niet mee kon praten, kreeg ze ook amper reacties op haar vlog. O, doorsneereacties kwamen er genoeg, meer dan een miljoen likes was niet vreemd. Nee, ze bedoelde gewoon iets waar ze wat mee kon. Tot nu toe had ze er slechts twee gekregen en die hadden niet of nauwelijks effect gehad op haar onderzoek. Het was om gek van te worden.

En ze maakte zich zorgen om Matthias. Voordat ze in bed was gekropen had ze hem nog gebeld, maar zijn mobiel was rechtstreeks naar de voicemail gegaan. Zou hij nog in het ziekenhuis zijn? En was het niet vreemd dat Alexandra niet met hem was meegegaan? Ze had in ieder geval een bericht ingesproken en gezegd dat hij haar moest bellen zodra hij nieuws had.

Opnieuw draaide ze zich om. De wekker op het nachtkastje gaf inmiddels 02:33 uur aan. Als ze niet gauw in slaap viel, was ze morgen helemaal niets meer waard. Ze voelde een vage steek in haar buik en een zachte kreet ontsnapte aan haar lippen. Had Alexandra gelijk? Was ze écht zwanger? Ze moest morgen meteen een zwangerschapstest kopen – door die hele toestand was ze dat totaal vergeten en ze wilde het zeker weten. Voor zichzelf, maar ook voor Matthias. Ze had geen flauw idee hoe hij ertegenover zou staan. Zijn vrouw Marieke was nog te nadrukkelijk in zijn leven aanwezig en een baby met Ruby zou weleens te veel van het goede kunnen zijn.

Haar blik viel op de rij knuffelbeesten op het hoge hoofdbord van het tweepersoonsbed. De vage omtrekken van de pluchen dieren – een paar konijnen, hondje, eendje, beertjes, een krokodil – vulden staart aan staart, neus aan neus de hele breedte. Annika was altijd al gek geweest op die dingen. Haar blik bleef rusten op het teddybeertje tussen de twee konijnen en ze dacht aan Tess. Het verdwenen beertje. Wat was daarmee gebeurd? Waarom hadden ze dat beertje alsnog uit de kinderwagen gehaald? Het meest voor de hand liggende was dat ze de knuffel voor Tess hadden opgehaald. Omdat ze het waren vergeten toen ze haar uit de kinderwagen haalden. Met andere woorden: de ontvoerders gaven om Tess en wisten toen al dat ze haar niet zouden teruggeven. Of…

Ze zag ineens de tijdlijn in de studio voor zich. Wanneer was het beertje eigenlijk precies verdwenen? Ze wist het niet meer. Dat moest ze nakijken, want als het verdween nádat Tess in het park zou worden achtergelaten, dan was er een reële kans dat ze nog leefde. Dat ze niet door onvoorzichtig handelen van de ontvoerders gedood was, zoals Annika had geopperd.

Maar waar was ze dan?

Wat was de reden dat de ontvoerders haar niet hadden teruggegeven? Het was allemaal zo vaag. Alsof ze met een enorme puzzel bezig was waarvan sommige stukjes in elkaar pasten, maar dan weer helemaal geen onderdeel leken te zijn van het hele plaatje.

Waar de gedachte ineens vandaan kwam, wist ze niet, maar ze hoopte met heel haar hart dat Tess, als ze nog leefde, niets wist over wie ze werkelijk was en waar ze vandaan kwam. Dat ze een goed en fijn leven had en dat er mensen voor haar gezorgd hadden die haar als hun eigen dochter beschouwden.

Het geluid van haar mobiel deed haar ogen openvliegen. Het dekbed waaronder ze lag zat strak om haar lichaam heen en onder haar kin, tegen haar borst, hield ze het teddybeertje vast dat op het hoofdbord van het bed had gezeten. De wekker gaf nu 6:19 uur aan. Had ze geslapen? Daar leek het wel op.

Haar mobiel bleef overgaan en haastig ontworstelde ze zich van beer en dekbed en kwam overeind. Misschien was het Matthias met nieuws. Maar op het display stond Caspers naam. Ze staarde ernaar, terwijl het geluid bleef doorgaan. Even sloot ze haar ogen. Hier had ze nu echt geen zin in. Ze drukte het gesprek weg, zette haar mobiel uit en gooide hem op het nachtkastje. Wat bezielde hem toch altijd om zo vroeg te bellen? Hij mocht de laatste tijd dan wel wat meegaander zijn geworden, hij bleef het gedrag van een stalker vertonen. Een bezorgde stalker, dat dan weer wel. En ineens vroeg ze zich af waarom hij zo niet was toen ze nog getrouwd waren. Waarom kon hij nu wel zorgzaam zijn? Kwam het door Claire? Maakte zij iets in hem los wat Ruby nooit had gekund?

De tranen liepen ineens over haar wangen en snikkend liet ze zich terug op het kussen vallen. Ze rolde zich weer in het dekbed en drukte het beertje zo stevig tegen haar borst dat het helemaal geplet werd. Maar het kon haar niet schelen. Ze had er genoeg van. Van Casper en zijn zwangere Claire, haar vlog, alles, maar bovenal van dat rotonderzoek waar maar geen oplossing voor leek te bestaan en dat blijkbaar meer in haar losmaakte dan ze wilde.

Een poosje later had ze zich herpakt. Ze draaide zich op haar rug en staarde naar het plafond. Misschien moest ze alles eens een poosje loslaten en er daarna met een frisse blik naar kijken. Vaak gaf dat goede inzichten en andere perspectieven.

Ze trapte het dekbed van zich af en gooide haar benen over de rand van het bed. Het was nog vroeg, maar slapen werd toch niets meer. Ze miste Matthias. Ze wilde met hem praten, over hun toekomst samen. Als die er was, tenminste. Hoelang kenden ze elkaar nu, iets meer dan twee maanden? Het leek veel langer. Ze had het gevoel alsof ze jaren geleden voor het eerst in zijn ogen keek. Die donkere poelen waarin ze kon verdrinken en die haar knieën week maakten. Waarom had hij nog niet gebeld? Ze bedacht ineens dat ze haar mobiel had uitgezet.

Verdomme!

Snel graaide ze haar mobiel van het nachtkastje en even later lichtte het display op. Ze wachtte even en eindelijk klonk het riedeltje dat ze een gemiste oproep had. Sterker nog, het waren er drie. Alle drie van Casper. Geen een van Matthias.

Ze zuchtte diep. Misschien moest ze hém gewoon bellen. Ze staarde naar het schermpje, maar toen ze de tijd zag, liet ze haar mobiel zakken. Het was nog veel te vroeg; ze was geen Casper die op de meest belachelijke tijden belde.

'Weinig geslapen, zeker?' zei Annika, toen ze de keuken in kwam waar Ruby nogal brak aan de eetbar zat.

'Hoe raad je het zo,' meesmuilde Ruby. Ze zette haar beker thee neer toen een nieuwe golf misselijkheid haar maag omdraaide. Bijna kokhalsde ze.

'Gaat het wel goed?' vroeg Annika bezorgd. 'Ben je ziek?'

Ziek? Het was maar wat je daaronder verstond. Haar blik schoot naar Annika, die haar nog steeds ongerust opnam.

'Ik ben gewoon een beetje misselijk,' zei ze.

'Misselijk?' herhaalde Annika. 'Waarvan? Je drinkt... thee!' En meteen erachteraan: 'Thee? Wat is er mis met koffie? Wat is er mis met jóú?'

Ruby zei niets.

'Jij hebt 's ochtends altijd koffie nodig om wakker te worden,' ging Annika verder. 'Thee drink je alleen maar 's avonds. Dus vertel op.' Ze keek Ruby recht aan, vijf seconden. Toen viel blijkbaar het kwartje. 'Nee!' zei ze met een lach. 'Heb je... Ben je...'

Het had geen zin meer om het te ontkennen, dus Ruby knikte aarzelend.

Annika uitte een kreet. Ze sloeg haar armen om Ruby heen en zoende haar op haar wang. 'Eindelijk! Daar heb je zo lang op gewacht! Ben je niet blij?'

'Pas als ik het zeker weet,' zei Ruby. 'Alexandra wees me erop. Ze kon het aan me zien, zei ze.'

'Ze heeft gelijk. Je straalt!'

Ruby snoof. 'Doe normaal,' zei ze. 'Je lijkt wel een shampoo-reclame.'

'Is het van Matthias?' vroeg Annika zonder op Ruby's protest te letten. 'Of mag ik dat niet weten?'

'Wat denk je zelf?'

'Wat, of het van Matthias is, of dat ik het niet mag weten?'

'Allebei.'

Annika glunderde. 'Ik ben zo blij voor je.' Ze richtte haar ogen naar het plafond en verzuchtte: 'Ik word tante!'

'Loop niet te hard van stapel,' waarschuwde Ruby. 'Ik moet vandaag eerst een test doen om het zeker te weten.'

'Ik heb er nog eentje liggen!' riep Annika. Ze sprong meteen op, rende de keuken uit en kwam niet veel later terug met een langwerpig doosje.

'Wat moet jij nou met een zwangerschapstest?' wilde Ruby weten.

Annika haalde haar schouders op. 'Je weet nooit wanneer je er eentje nodig hebt.' Ze schoof het doosje over de eetbar naar Ruby toe. 'Hier. Piesen. Ik wil het nu zeker weten. Hoelang geleden hebben jullie...'

'Dat gaat je niks aan,' snibde Ruby. Ze pakte de test, liet zich van de hoge stoel glijden en liep de keuken uit.

Een krappe tien minuten later hield ze een positieve test in haar handen. Als ze terugrekende was ze nu zeven weken. Waarom had ze niks in de gaten gehad? Langzaam liep ze de keuken in.

'En?' vroeg Annika meteen.

Ze hield de test omhoog en hoefde alleen maar naar haar vriendin te kijken om de boodschap over te brengen.

'O meid, gefeliciteerd!' riep ze en ze omhelsde Ruby weer stevig. 'Ik weet dat je zo naar een kindje verlangde,' fluisterde ze in haar oor.

Ruby liet haar begaan. Zelf was ze nog een beetje confuus en wist ze niet goed of ze nou blij moest zijn of niet. Een baby. Haar grootste wens. Al die jaren met Casper had ze ernaar verlangd. Maar nu ze werkelijk zwanger was en ze over een aantal maanden echt een baby zou krijgen, ging ze twijfelen. Wat als Casper gelijk had. Dat ze nog helemaal niet aan een kind toe was? En dan Matthias. Wat zou hij ervan vinden? Hij had al een kind. Van Marieke. Misschien wilde hij helemaal geen kind met haar!

'Je kijkt precies alsof je er niet blij mee bent,' zei Annika.

'Jawel, dat ben ik heus wel,' protesteerde ze. 'Alleen...'

'Alleen wat?' vroeg Annika, toen ze niet verderging.

'Het was niet de bedoeling. Matthias en ik... hij...'

'Hij heeft al een kind, bedoel je.'

'Ja. Nee. Nou ja.' Ze zuchtte. 'Volgens mij is hij nog helemaal niet over het verlies van zijn vrouw heen.'

Annika keek haar meewarig aan. 'Serieus?' Ze sloeg haar arm om Ruby heen en vervolgde: 'Als dat werkelijk zo was, lieve schat, dan had hij nooit met jou, eh... je-weet-wel.' En toen: 'Wanneer ga je het hem zeggen?'

'Zodra ik hem spreek. Maar ik krijg hem niet te pakken.'

'Je zegt het toch niet over de telefoon, hè?'

'Nee, Annika, niet over de telefoon. Hij zou nog bellen wanneer we mijn auto gaan ophalen die nog bij zijn moeder staat. Ik moet er vanmiddag mee naar de garage. Maar ik denk dat hij te druk is met dingen regelen voor zijn vader.'

'Geen probleem,' zei Annika. 'Ik ga wel met je mee om dat hondenhok van je op te halen.'

Nadat Annika haar in Vijfhuizen had afgezet, nam Ruby haar auto mee zonder bij Alexandra aan te bellen. Ze reed naar huis waar ze na een grondige inspectie of er niemand binnen was Pip zijn eten gaf en vertrok daarna zonder de jack russell naar haar afspraak bij de garage in Heemstede, waar ze haar Mini gekocht had. Heel even overwoog ze om Pip mee te nemen – was het veilig hem alleen te laten? – maar besloot dat niet te doen. De indringer had hem tot nu toe geen kwaad gedaan en diep van-binnen vermoedde ze dat hij dat ook niet meer zou doen.

Ze leverde haar auto af en kreeg te horen dat het een uurtje zou duren en dus besloot Ruby een wandelingetje in de buurt te gaan maken. Ze kwam uit bij een landgoed waar ze op een bankje ging zitten. Ze was nog steeds een beetje van slag – al-les buitelde door elkaar in haar hoofd, de zaak waar ze mee be-zig was, Matthias, haar onverwachte zwangerschap. En de man die haar bedreigde. Ze was constant op haar hoede, keek steeds rond of ze hem niet zag. En dat was niet alleen nu, ze had dat op-gejaagde gevoel al een poosje, maar vooral nadat hij die bood-schap op haar laptop had achtergelaten. Maar stoppen met de zaak? Dat nooit.

Nu ze echter zwanger was besefte ze wel dat ze voorzichtiger moest zijn. De gebeurtenissen met Youri Stegeman hadden haar al behoedzamer gemaakt. Nee, eerder angstiger. De laatste we-ken leek het wel of hij onder haar huid was gaan zitten, terwijl ze heel goed wist dat hij vastzat en haar geen kwaad kon doen. In tegenstelling tot de man die haar bedreigde. Die kon haar wél kwaad doen. Voor hém zou ze bang moeten zijn.

Haar mobiel ging en op het display zag ze een onbekend num-mer. Een kort moment kneep haar keel dicht. Ging hij haar nu ook al bellen? Maar meteen daarna besefte ze dat dat onzin was – als hij dat al deed, zou het met een afgeschermd nummer zijn. En dus nam ze op.

'Dag Ruby, je spreekt met Claire,' klonk het.

Claire?

'Ik wil met je praten,' zei Claire. Zoals altijd klonk haar stem zacht, maar niet onderdanig.

'Waarover?' vroeg Ruby.

'Over Casper.' Claire zuchtte. 'Casper is een man die in het he-den leeft en niet stilstaat bij de toekomst. Met alle gevolgen van dien. Toen jullie nog samen waren, had dat geen gevolgen, met wat jij verdient.'

In haar woorden hoorde Ruby geen bijbedoelingen – Claire zei eenvoudig waar het op stond en Ruby kon het er alleen maar mee eens zijn. Ergens had ze medelijden met haar. Hoogzwanger, een man die niets presteerde en tot slot geen geld om een behoorlijke kinderkamer in te richten.

'Je hebt nog steeds geen kinderkamer?' vroeg Ruby.

Het bleef even stil. Toen klonk het zacht: 'Ik heb amper kleertjes. Er is gewoon geen geld voor. En zelf heb ik geen baan meer. Toen ze hoorden dat ik zwanger was, hebben ze het zo gespeeld dat mijn functie "overbodig" werd.'

'Maar het geld dat ik Casper elke maand betaal,' wilde Ruby weten. 'Waar blijft dat dan?'

'Daar betalen we de vaste lasten en de boodschappen van. We zitten op een dure huur, Ruby, maar iets goedkopers is gewoon niet te vinden. Bovendien ben ik op dit moment ook niet in staat om te verhuizen.'

Ruby wist niet wat ze hoorde. Hoeveel betaalde ze Casper, toch een flink bedrag. Hoewel, als ze erover nadacht was het niet veel meer dan een mager salaris. En dan kregen ze ook nog een baby. Maar waarom vertelde Claire dit allemaal? Het was toch niet Ruby's probleem?

'Waarom bel je mij, Claire?' vroeg ze toen. 'Was het een idee van Casper om toch die drie maanden ineens te krijgen?'

'Nee, ik wilde het je gewoon uitleggen. Jij en Casper hebben een verleden samen en ik wil niet dat jullie elkaar gaan haten.'

'Ik haat Casper niet,' wierp Ruby tegen. 'En ik kan me niet voorstellen dat dit de reden is dat je me belt. Wat wil je écht van me?'

'Dat je je hand over je hart strijkt,' zei Claire. 'Ik wil alleen het beste voor mijn baby. Kun je ons geen voorschot geven? Met drie maanden vooruitbetaling kunnen we de baby tenminste een goede start geven.'

'En daarna?'

Het bleef even stil aan de andere kant. 'Hoe bedoel je?' klonk het toen. 'Het is een voorschot – de komende drie maanden hoef je Casper dan niet te betalen.'

'Ik bedoel na die drie maanden. Denk je dat Casper zich dan verantwoordelijker opstelt en een baan heeft? Want na drie maanden is de baby er nog steeds en heeft het nog steeds verzorging nodig. En dat kost geld.'

'Dat is zo. Maar het belangrijkste is dat we de basisspullen hebben die de baby nodig heeft: wat kleertjes, een goed bedje, een veilige commode. En daarna zie ik wel weer. Er is altijd nog de kringloop.' Er klonk een zacht lachje.

Ruby zweeg. Nu ze zelf een baby verwachtte, voelde ze zich op de een of andere manier solidair met Claire en ze vroeg zich af of deze vrouw moest boeten voor het onnadenkend handelen van Casper.

'Oké,' zei ze toen. 'Oké, ik zal je helpen. Maar niet met drie maanden vooruitbetaling.'

'Twee maanden dan?' reageerde Claire meteen.

'Nee,' zei Ruby. 'Met een gift. Een som geld, zeg vijftigduizend euro, waar jullie voorlopig mee vooruit kunnen.'

Er klonk een zachte kreet. 'Maar dat… dat ik toch niet accepteren?'

'Waarom niet? Het is nou niet zo dat ik het me niet kan veroorloven. En een baby heeft recht op een goede start. Maar er zit wel een voorwaarde aan.'

'En die is?' vroeg Claire.

'Dat alleen jij dat geld beheert.'

'Akkoord,' klonk het meteen. Gevolgd door een zacht: 'Dank je. Ik was ten einde raad. Ik had zelfs nachtmerries dat ze me mijn baby afnamen omdat we er niet voor konden zorgen en pas zouden terugkrijgen als ik veel geld betaalde. Maar toen we dat gedaan hadden kregen we hem niet terug. Ze vonden dat we

slechte ouders waren, omdat we ons onze baby hadden laten afpakken en gaven hem aan andere mensen. Ik deed daarna geen
oog meer dicht.'

'Dat klinkt inderdaad niet fijn,' zei Ruby. 'Maar gelukkig was
het maar een droom. Niemand zal je baby straks van je afnemen
omdat je...'

Ze zweeg plotseling, omdat nu pas tot haar doordrong wat
Claire precies zei. *Toen we dat gedaan hadden kregen we hem niet
terug, omdat ze vonden dat we slechte ouders waren...*

Ruby hield haar adem even kort in. Baby Tess. Meegenomen,
maar nooit teruggegeven, terwijl het losgeld betaald was. Ze
hoorde de woorden van ome Gerrit in Utrecht weer: *ze stonden
hier regelmatig voor de deur. Van die enge gasten, duidelijk geen
deurwaarders, eerder criminelen. Ze eisten van hem dat hij betaalde.*

En toen leek het alsof de mist die haar zicht al die tijd, gedurende haar hele onderzoek, vertroebeld had, optrok.

-48-

Nadat ze tegen Claire had gezegd dat ze terug zou bellen over hun gemaakte afspraak haastte Ruby zich het park uit, terug naar de garage, terwijl ze ondertussen probeerde Matthias te bellen. Voor de zoveelste keer kreeg ze de voicemail.

Verdomme!

Claires woorden hadden de puzzelstukjes op een andere manier samengevoegd. Ze was er ineens van overtuigd dat het zo moest zijn gegaan. Taylor Palmer had schulden bij de verkeerde mensen en daarom werd Tess ontvoerd. Dat idee had ze al eerder gehad. Maar niet dat Taylor en Alexandra al die tijd wisten wie hun baby had weggepakt – criminelen die geld eisten – maar dat ze daarover tegen iedereen hadden gezwegen, ook tegen de politie. En dat uiteindelijk iemand achter de reden was gekomen waarom Tess was ontvoerd en de ouders daarom niet meer geschikt vond. Of ging die theorie veel te ver?

Dat kon. Mensen deden echter rare dingen om te verbergen dat ze een fout hadden gemaakt. Ze vond het alleen té ongeloofwaardig dat Alexandra ervan zou hebben geweten. Zij was de moeder! En de keren dat ze haar gesproken had wezen er nou niet op dat ze iets verborg. Maar als ze aan Taylor Palmer dacht... zijn schuldgevoel, zijn wanhopige zoektocht door het park, dat kon erop wijzen dat hij radeloos was geweest. Logisch, Tess zou worden teruggegeven als er betaald was, maar in plaats daarvan was er geen spoor meer van haar te vinden.

Ze rende bijna de garage in. Het was zo verdomde jammer dat

ze Taylor niet meer met haar hypothese kon confronteren. Hij was de enige die wist of ze het bij het rechte eind had. Maar in plaats daarvan zou ze het op een andere manier bevestigd moeten zien te krijgen. Maar hoe? In elk geval moest ze met Matthias praten. Zo snel mogelijk.

'Is mijn auto al klaar?' vroeg ze aan de man achter de receptie. 'De rode Mini Electric.'

Tien minuten later reed ze in volle vaart het terrein van de garage af. Matthias had ze nog steeds niet te pakken gekregen. Ze wilde met hem naar zijn moeder om uit te zoeken of zij misschien toch meer wist. Maar nu moest ze maar zonder hem gaan.

Ze voegde in op de snelweg en moest zich beheersen om het gaspedaal niet tot op de bodem in te trappen. Als het werkelijk was gebeurd zoals ze dacht, dan kwam de oplossing dichterbij. Tenminste, als ze kon achterhalen wie Tess had meegenomen. Ze was ervan overtuigd dat Taylor, en mogelijk dus ook Alexandra, als zij medeplichtig was, wist wie de oorspronkelijke ontvoerders waren. En met dat nieuwe beginpunt kon haar onderzoek weleens een heel andere kant op gaan.

In de straat waar Alexandra woonde, was geen plek meer, dus ze parkeerde haar auto om de hoek. Alexandra's auto stond voor de deur; ze was dus thuis.

Ruby belde aan en wachtte.

Alexandra keek verrast toen ze Ruby voor de deur zag staan. 'Ruby,' zei ze. 'Wat kom jij nou doen? Matthias is hier niet. Die is met zijn broers de crematie van hun vader aan het regelen.'

'Ik kom niet voor Matthias,' zei ze. 'Ik kom voor jou.'

Even keek Alexandra haar bevreemd aan. Toen stapte ze opzij. 'Nou, kom dan maar binnen.'

Terwijl Ruby de woonkamer in liep, vroeg Alexandra achter haar: 'Hoe is het nu met je? Voel je je weer wat beter?'

Ruby draaide zich naar haar om knikte. 'Ja, veel beter.'

Alexandra zei niets, wachtte blijkbaar op een vervolg, en Ruby vroeg zich af of ze moest vertellen dat ze inderdaad zwanger was, maar ze besloot te wachten tot ze het Matthias had verteld.

'Wil je wat drinken?' vroeg Alexandra uiteindelijk.

'Nee, dank je,' zei Ruby. 'Ik kom eigenlijk alleen maar iets vragen. In de periode dat Tess verdween, hadden jullie toen financiële problemen?'

Alexandra hoefde niet lang na te denken voor een antwoord. 'Nee,' zei ze meteen. 'We hadden het goed.'

'En het restaurant?'

'Het restaurant?' herhaalde Alexandra. 'Wat bedoel je?'

'Liep dat goed?'

'Volgens mij heb ik dat toch al verteld? Het liep geweldig.' Ze hield haar hoofd een beetje schuin. 'Waar gaat dit over?' vroeg ze toen.

Er was geen manier om het vriendelijker in te kleden, dus Ruby gooide het er meteen maar uit: 'Ik vraag me af of je man het jou verteld zou hebben als het restaurant in zwaar weer zat. Of hij het jou zou zeggen als hij schulden had gemaakt.'

Alexandra reageerde niet meteen, maar Ruby zag een spiertje onder haar rechteroog trillen. 'Dat weet ik niet,' zei Alexandra toen. 'Taylor was van nature een doemdenker. Dacht altijd dat de toekomst zwarter was dan het heden. We moesten van hem ook altijd oppassen waar we ons geld aan uitgaven. Maar ook dat heb ik je al eerder verteld.'

'Zou het kunnen dat hij je op jullie uitgaven liet letten omdat er te weinig geld uit het restaurant binnenkwam?'

Nu kneep Alexandra haar ogen een beetje toe. 'Waar stuur je op aan?'

'Ik sprak laatst iemand die zich Puur Vegetarisch nog wist te herinneren,' zei Ruby, zonder antwoord te geven. 'Hij wist ook nog dat er regelmatig mensen in het restaurant kwamen die geld wilden hebben.'

'Geld?' herhaalde Alexandra. Ze schudde haar hoofd. 'Ik begrijp het niet. Waarom zouden ze geld...' Ze stopte even, staarde Ruby aan en vervolgde toen: 'Je bedoelt deurwaarders?'

'Dat dacht ik ook eerst,' zei Ruby. 'Maar volgens mijn bron waren het geen deurwaarders. Hij noemde hen "criminelen".'

Alexandra deinsde achteruit. 'Nee,' zei ze. 'Nee, dat kan niet!'

'Jij wist daar niets van?'

'Natuurlijk niet!' riep Alexandra. 'En jouw bron moet het mis hebben. Taylor had toch geen connecties met... met criminelen?'

Ruby zuchtte diep en ging op de bank zitten. Ze maande Alexandra ook te gaan zitten en zij nam plaats in de stoel tegenover Ruby.

'Ik had je gewaarschuwd dat er tijdens mijn onderzoek dingen naar boven konden komen die je niet leuk zou vinden,' zei ze zacht. 'Maar ik kan deze informatie niet zomaar aan de kant schuiven. Want als Taylor inderdaad schulden had bij de verkeerde mensen, dan komt de ontvoering van Tess in een heel ander daglicht te staan.'

'Bedoel je dat... dat ze Tess ontvoerden omdat Taylor hun geld verschuldigd was?'

'Dat is een mogelijkheid,' zei Ruby. 'Ik kan het hem helaas niet meer vragen, daarom kwam ik naar jou. Is er iets, wat dan ook, wat vierendertig jaar geleden een aanwijzing kan zijn geweest voor schulden?'

Alexandra dacht na; haar gezicht stond geschokt. Toen schudde ze langzaam haar hoofd. 'Ik weet het niet,' fluisterde ze. 'Ik weet het echt niet.' Ze sloot haar ogen en boog haar hoofd.

Ruby wist dat verder aandringen geen zin had. Als Alexandra niets wist, dan moest ze zich daarbij neerleggen.

'Wat misschien wel apart was,' zei Alexandra ineens, 'was dat Taylor plotsklaps interesse toonde in het werk van mijn vader en dan voornamelijk wat zijn jaaromzet was. Ik kan me dat nog herinneren, omdat mijn vader in die periode een aantal warenhuizen had overgenomen die op het punt stonden failliet te gaan.'

'En dat was hij anders nooit?'

'Nee. En ik dacht dat het kwam vanwege die overname. Ik bedoel, een heleboel mensen waren nieuwsgierig naar hoe dat allemaal in zijn werk ging. Ik zocht er niets achter.' Ze keek Ruby aan. 'Maar ik weet niet of deze informatie van enige betekenis is.'

'Als Taylor toen al schulden had, was hij misschien van plan om je vader om hulp te vragen.'

Alexandra schudde resoluut haar hoofd. 'Hij wist donders goed dat hij die hulp nooit zou krijgen. Mijn vader was een harde zakenman, hij zou nooit Taylors kastanjes uit het vuur hebben gehaald. Hij zou hem eerder failliet laten gaan zodat hij een les zou leren.'

'Waarschijnlijk wisten de ontvoerders dat dus ook,' zei Ruby. 'Je vader werd in de losgeldeis specifiek genoemd.'

'Iedereen wist het,' zei Alexandra. 'Iedereen in de zakenwereld althans. Soms denk ik weleens dat zijn harde mentaliteit hem uiteindelijk de das heeft omgedaan.'

'En niet de verdwijning van Tess?'

'Misschien voor een deel,' zei Alexandra na een korte stilte. 'Het geld dat hij kwijtraakte heeft hem nooit kunnen schelen, maar dat Tess niet terugkwam, brak hem en dat maakte hem harder en onverbiddelijker dan ooit.'

Ruby liet die woorden bezinken. Stel nou… stél nou dat Victor van Rede heel goed wist van de schulden van zijn schoonzoon. Was het dan mogelijk dat híj degene was die Tess uit het park had weggehaald vlak voor de overdracht? Dat híj degene was die Taylor wilde straffen voor zijn armzalige manier van vader-zijn? Hij zou er hard genoeg voor zijn geweest.

En Alexandra dan?

Victor van Rede zou zijn eigen dochter toch nooit straffen voor de fouten van haar echtgenoot? Hoe onverbiddelijk hij ook geweest mocht zijn, ze kon zich niet voorstellen dat hij zoiets had gedaan.

Alexandra bleef in de deuropening staan toen Ruby vertrok. Ze had beloofd tegen Matthias te zeggen dat hij haar moest bellen omdat ze iets belangrijks met hem had te bespreken. Alexandra had een beetje geglimlacht toen Ruby dat zei, alsof het een bevestiging was van wat ze allang wist: dat ze opnieuw oma ging worden.

Maar dat zou nog een aantal maanden duren en voor die tijd had Ruby een onmogelijke zaak op te lossen. Ze vreesde dat ze nu echt was vastgelopen. Ze kon dan wel een prachtige theorie hebben, maar zonder bewijs of een bekentenis stelde het niets voor. Bovendien bleef nog altijd de vraag waar Tess nu was en wie haar die tweede keer had meegenomen. Was er werkelijk niets verdachts te zien geweest toen de politieagent Tess ging ophalen, mensen in de buurt, vrouwen of mannen met baby's al dan niet in een kinderwagen? Dat zou ze eigenlijk nog moeten navragen. Al zou het waarschijnlijk net zo weinig opleveren als alle andere gesprekken die ze gevoerd had.

Ze draaide zich om naar Alexandra die nog in de deuropening stond en vroeg: 'Weet je misschien de naam nog van de agent die Tess na het betalen van het losgeld uit het park moest ophalen?'

'Ja,' zei Alexandra. 'Dat weet ik nog heel goed. Dat was Ellie van Niehoff, een rechercheur uit het team van Jonathan Visser.'

-49-

Ellie van Niehoff had Tess dus moeten ophalen. De stuurse rechercheur, die ervan overtuigd was dat de baby niet meer leefde.
Waarom dacht zij dat?

Ruby liep de straat uit, naar haar auto. Waarom was Ellie er zo
zeker van dat Tess dood was? Omdat Sanne ook dood was teruggevonden. Maar dat was nauwelijks een reden om dan maar aan
te nemen dat Tess ook niet meer leefde. Waarom bleef ze dan zo
stellig bij haar mening?

Ze dacht ineens aan Joyce, Ellies dochter, die in niets op haar
moeder leek. Uiterlijk niet, maar ook niet wat karakter betrof.
Ruby zag haar voor zich, met haar donkere ogen, het donkere
haar, de lichtgetinte huid...

Alsof ze door de bliksem werd getroffen bleef Ruby midden op
de stoep stilstaan. De gedachte die nu door haar heen schoot was
zo absurd, dat ze er bijna om moest lachen. Ellie van Niehoff was
een politieagent. Een rechercheur. Zij zou toch nooit een baby
stelen?

Of wel?

Had Ellie niet zelf gezegd dat Alexandra beter op haar baby's
had moeten letten? Een verwijt dat misschien dieper had gezeten dan iedereen dacht. Een verwijt dat kon leiden naar het willen straffen van de moeder. Was het daarom ook dat Ellie van
Niehoff niet had gewild dat Ruby beeldopnames maakte? Omdat
ze bang was dat iemand haar zou herkennen? Iemand die toen in
het park was en haar met Tess had gezien?

Ruby raakte er meer en meer van overtuigd dat het zo gegaan was. Alle puzzelstukjes pasten in elkaar. Joyce van Niehoff was in werkelijkheid Tess Palmer. Ze had hetzelfde donkere uiterlijk als Matthias, ze was van de juiste leeftijd. En haar moeder had een motief gehad, en de middelen en de gelegenheid. Het moest Ricardo zijn geweest die Tess het park uit gesmokkeld had – tenslotte had Wiebe hem daar gezien, met een vrouw. En die vrouw was dus Ellie van Niehoff. Met in haar armen baby Tess. Maar wat was dan de link tussen Ricardo en Ellie? Die moest er zijn en daar zou ze achter komen, zodra ze de puzzel helemaal compleet had.

Nog steeds stond ze midden op de stoep. Het enige wat ontbrak waren bewijzen. En om daar aan te komen zou ze Ellie moeten confronteren met wat haar vermoedens waren. Ruby zag geen reden om daarmee te wachten. Ze pakte haar mobiel en zocht in de lijst met contacten het nummer van Ellie. Deze keer duurde het niet lang voordat ze opnam.

'Ik heb niet veel tijd,' zei Ellie. 'Ik moet zo aan het werk.'

'Er is ook niet veel tijd nodig om te antwoorden op de vraag die ik je ga stellen,' reageerde Ruby koeltjes.

Het bleef even stil. 'En wat is de vraag?' vroeg Ellie.

'Wanneer is Joyce geboren, Ellie?' vroeg Ruby.

'J-Joyce?' herhaalde Ellie. 'Hoezo?'

'In december 1986, toch?'

'De vijfentwintigste,' zei Ellie. 'Joyce was een kerstkindje. Waarom?'

'De vijfentwintigste?' herhaalde Ruby. 'Niet op de drieëntwintigste?'

'Nee, Joyce is op eerste kerstdag geboren en niet...' Ze stopte abrupt. 'Denk jij dat Joyce... dat zij Tess is?'

'Je moet toegeven dat dat een heel reële gedachte is,' zei Ruby. 'Jij werd gestuurd om Tess op te halen. Je had alle tijd om met iemand af te spreken om Tess het park uit te brengen. Was Jonathan niet zo kwaad omdat je te lang was weggebleven?'

Stilte.

'En het motief?' klonk Ellies stem uiteindelijk. 'Wat zou ik in godsnaam voor motief moeten hebben?'

'Vergelding misschien?' opperde Ruby. 'Je zei zelf tijdens ons gesprek dat Alexandra Palmer beter op haar baby's had moeten letten. Wilde je haar straffen door Tess mee te nemen? Door haar zelf te houden en een betere opvoeding te geven dan je dacht dat haar moeder haar kon geven? Dan haar moeder haar gáf?'

Ruby wist dat ze nu erg ver ging; er was niets wat ze kon bewijzen. Maar dit was misschien de enige manier om Ellie tot een bekentenis te dwingen.

'Dat is belachelijk,' protesteerde Ellie.

'Echt? Je had de middelen, de mogelijkheid en een motief.'

'Een motief?' Nu lachte Ellie kort. 'Ik was... ik bén rechercheur, Ruby. Ik zou zoiets toch nooit doen.'

'Daar ben ik nog niet van overtuigd,' zei Ruby. 'Werkte je wellicht samen met Ricardo? Nam hij Tess mee het park uit terwijl jij je meerderen ging vertellen dat je haar niet kon vinden?'

'Nee!' Het klonk bijna wanhopig. 'Dat heb ik niet gedaan. Je kunt dat ook helemaal niet bewijzen.'

'Ik misschien niet,' zei Ruby. 'Maar de politie heeft betere middelen. Zoals een DNA-onderzoek. Ik weet zeker dat dat duidelijkheid kan geven over wie de werkelijke ouders van Joyce zijn.'

'Dat kun je niet doen!' riep Ellie. 'Joyce is mijn dochter! Van mij en Felix. Ze is het enige nog wat ik...' Haar stem brak. '... wat ik nog van hem heb.'

Ruby klemde haar kiezen op elkaar. Diep vanbinnen voelde ze medelijden, maar dat mocht de waarheid niet in de weg staan.

'Ik ga hiermee naar de politie, Ellie. Het spijt me.' En zonder nog op een reactie te wachten, verbrak Ruby de verbinding.

Ze meende wat ze had gezegd: ze ging hier echt mee naar de politie. Het liefst had ze zelf geprobeerd de nodige bewijzen te vinden, maar ze was reëel genoeg om te beseffen dat dat buiten haar mogelijkheid lag – hoe zou zij DNA-onderzoek moeten laten doen? Nee, dat moest ze aan de politie overlaten. Of Ellie nog aangehouden kon worden voor wat ze gedaan had wist ze niet, maar als de zaak uiteindelijk rond was en er aangetoond was dat Joyce inderdaad Tess was, zou ze alles op haar vlog zetten. Het heette niet voor niets Pathway to justice, haar volgers hadden recht op de ontknoping.

Maar eerst wilde ze met Matthias praten voordat ze naar de politie ging. Ze haalde haar autosleutels tevoorschijn en op het moment dat ze de portieren van haar Mini wilde ontgrendelen zag ze hem. Hij leunde tegen haar auto, zijn armen over elkaar geslagen.

Dat was… dat was die man weer!

Ruby bleef met een ruk stilstaan, verstijfd. Haar instinct zei haar dat ze beter kon vluchten, terug naar Alexandra, maar iets weerhield haar daarvan. Nieuwsgierigheid? Tenslotte was hij een puzzelstukje dat ze over het hoofd had gezien. Hij paste niet in de puzzel die ze zojuist gelegd had.

Wie was hij?

Ook de man ging er deze keer niet vandoor. Toen hij zag dat Ruby niet dichterbij kwam, duwde hij zichzelf van haar auto af en liep op haar af. Even had ze de neiging om achteruit te lopen, maar een combinatie van angst, achterdocht en toch echt nieuwsgierigheid lieten haar staan waar ze stond.

'Hallo Ruby,' zei de man.

Ze zei niets terug, nam hem alleen maar op. Zijn stem klonk vaag bekend, maar ook zijn uiterlijk leek bij haar een belletje te doen rinkelen. Er kwam alleen geen herinnering bij haar op waar hij in thuishoorde.

'Je bent amper veranderd,' zei de man. 'En je bent nog net zo eigenwijs.'

Zijn woorden maakten haar ineens kwaad. Waarom wist hij

wel wie zij was en zij niet wie hij was? 'Dat zei je al eerder,' merkte ze koeltjes op. 'Dat was jij toch, die me op mijn kop sloeg?'

'Ik kon niet anders,' zei hij. 'Je maakte het ernaar.'

Ze bestudeerde nogmaals zijn gezicht: doorgroefde huid, rimpeltjes naast de ogen en de mondhoeken, een paar ouderdomsvlekken, helderblauwe ogen en grijs, kort, dunner wordend haar. 'Wie ben jij?' vroeg ze.

Hij glimlachte. 'Aan de ene kant doet het me pijn dat je me niet meer herkent, maar aan de andere kant is het logisch. Je zag me voor het laatst zo'n achtentwintig jaar geleden. Je was toen net vijf geworden.'

Ze keek hem aan en toen kwam het langzaam bij haar terug. 'Oom Rik,' fluisterde ze.

'Heel goed,' zei hij.

'M-maar wat...' begon ze, maar kwam verder niet uit haar woorden. Oom Rik. De vader van Annika. Wat deed hij hier? Waarom volgde hij haar? En waarom had hij haar bedreigd?

'Ik zie de vragen in je ogen,' zei hij. 'En ik zal ze allemaal beantwoorden. Maar niet hier.' Hij liep naar de witte Kangoo die naast hem geparkeerd stond en schoof de zijdeur open. 'Stap in,' zei hij.

'Waarom?' vroeg ze.

Hij lachte. 'Je denkt toch niet dat ik je laat gaan? De hele wereld zou morgen weten waar Tess is. Dat kan ik niet laten gebeuren.'

Tess? Hij wist ook waar Tess was?

En ineens begon het haar te dagen. Hij had in de horeca gewerkt, vertelde Annika altijd. Had hij... was hij... Ricardo?

Rik.

Ricardo.

De foto met Wiebe en zijn moeder.

'U was de kok,' zei ze toen. 'In het restaurant van Taylor Palmer.'

'Chef-kok,' verbeterde hij. 'Ik was het die Taylor op het idee bracht om een vegetarisch restaurant te beginnen.'

'Jullie waren vrienden,' zei Ruby.

'Ach, vrienden. We konden het goed met elkaar vinden. Nee, mijn beste vriend was Jurre. Jouw vader.'

Dat wist ze nog wel. Haar ouders en die van Annika kwamen veel bij elkaar over de vloer. Ruby's vader was de eerste die wegviel door zijn zelfdoding. En daarna vertrok hij, Ricardo. Had hij geweten van de schulden van Taylor? Ging hij daarom weg? *Had hij te maken met de ontvoering van Tess?*

Ze keek hem recht aan. 'U ging weg vanwege Tess, hè? U kwam erachter dat ze werd ontvoerd vanwege schulden die Taylor Palmer bij de verkeerde personen had. Ze namen haar mee om hem te dwingen te betalen. Werkte u soms met hen samen?'

De lach verdween van zijn gezicht. 'Doe niet alsof je alles weet,' zei hij ijzig. En daarna, nogmaals: 'Stap in.'

Echt niet.

'En Ellie van Niehoff?' ging Ruby verder. 'Haar hebt u wel geholpen, daar is een getuige van.'

Te laat zag ze de woede in zijn ogen oplichten en voordat ze het wist had hij haar mobiel te pakken en richtte hij vervolgens een pistool op haar borst.

Van schrik deed Ruby een stapje achteruit, maar het wapen in zijn hand deed haar direct weer blijven staan. Haar blik schoot rond, maar er was niemand in de buurt; de straat was verlaten.

'Instappen,' gromde hij. 'Anders help ik je een handje.'

Nog steeds bleef Ruby staan. Toen vanuit het niets sloeg hij het wapen tegen haar hoofd, zodat ze op haar rug in de laadruimte viel. Sterretjes dansten voor haar ogen en heel even was ze het noorden kwijt.

'Denk niet dat ik je geen pijn zal doen,' fluisterde hij, terwijl hij haar tas van haar schouder trok. 'Want dan vergis je je lelijk.'

Met een knal werd de zijdeur dichtgeschoven. Donkerte omsloot Ruby; er zaten geen ramen in het bestelwagentje, waardoor ze geen hand voor ogen zag. Ze hoorde hoe de motor werd gestart en voelde dat de wagen wegreed. Ze zat op haar knieën, maar werd opzij geworpen door het gehobbel en nadat ze zich aan de vloer probeerde vast te houden viel ze nogmaals om toen de bestelwagen een bocht door reed.

'Au,' mompelde ze. Ze voelde aan haar hoofd, maar meer dan een lichte zwelling zat er niet. Geen bloed, vermoedde ze. Ze dacht aan haar mobiel die Ricardo haar had afgepakt en besefte dat hij om de dooie dood niet achterlijk was. Hij was op alles voorbereid en juist dat beangstigde haar.

Na nog een paar bochten reed de auto nu gestaag in een rechte lijn en voorzichtig krabbelde Ruby overeind. Ze bevoelde de dozen en ging met haar rug tegen een ervan zitten. Zo voorkwam ze dat ze opnieuw omkukelde. Ze was duizelig en misselijkheid welde op. Ze had er nooit goed tegen gekund om anders dan op een stoel voorin in een auto te rijden. Als de rit lang duurde, zou haar hele maaginhoud naar boven komen.

Ze sloot haar ogen en probeerde haar gedachten op iets anders te richten. Oom Rik. Annika's vader. En ook degene die haar al die tijd gevolgd was. Daarom was hij haar zo bekend voorgekomen. In haar vroege jeugd had ze hem vaak gezien, al was hij meestal niet thuis. Logisch ook, bedacht ze nu; hij was kok geweest in het restaurant van Matthias' vader en was dus vrijwel altijd 's middags en 's avonds weg. En toen Ruby vijf was en Annika zes verliet hij het gezin om nooit meer terug te komen. Hoewel Annika van tijd tot tijd nog over hem praatte, verdween Ricardo van der Meren, oom Rik, uit Ruby's geheugen. Maar niet zo ver dat ze uiteindelijk niet toch iets bekends in hem zag. En hoorde.

Godnondeju.

Dat zei hij vroeger altijd als iets niet lukte. Ze wist het ineens weer. Maar wat was er met hem gebeurd dat hij geworden was wie hij nu was? En had hij werkelijk met de ontvoering van Tess te maken gehad? Het schoot ineens door haar heen. Had híj geld aan Taylor Palmer geleend? Ontvoerde híj Tess omdat hij zijn geld niet terugkreeg?

Ze schudde langzaam haar hoofd. Kon niet. Zoveel geld hadden Annika's ouders niet gehad. Tenminste... dat kon ze zich niet herinneren. Annika's moeder was altijd in het huis blijven wonen waar ze ook met Annika's vader had gewoond – een vrijstaande woning, aan de overkant van Ruby's huis. Maar het was klein en oud en zeker geen miljoenen waard en het was al helemaal geen huis van iemand die een vette bankrekening had.

Maar hoe stak het dan in elkaar? Niet zoals zij dacht, blijkbaar. Zijn opmerking dat ze niet moest doen alsof ze alles wist had hij met overtuiging gezegd – zo was het dus niet gegaan. Hij was sowieso samen met Ellie van Niehoff gezien, en een baby. Haar hand ging naar haar buik en angst overspoelde haar. Ze moest ervoor zorgen dat het veilig bleef. Er mocht haar niets overkomen. Haar niet en de baby niet. Ze dacht ineens aan Matthias. Hij wist nog van niets. Ze had het hem vandaag willen vertellen. Goed nieuws in tijden van rouw, nu zijn vader dood was.

De bestelwagen maakte een bocht en reed, aan het optredende gehobbel te voelen, een niet verharde weg op. Niet veel later stopte hij en dat was zo abrupt dat Ruby opzijviel. Ze hoorde het portier opengaan, gevolgd door voetstappen. Het volgende moment werd de zijdeur opengeschoven en viel een felle streep zonlicht naar binnen die haar met haar ogen deed knipperen.

'Uitstappen,' zei Ricardo.

Deze keer deed ze wel wat hij zei en ze schoof op haar kont de wagen uit. Ze stonden op een smal weggetje met alleen maar zand, struiken en duinen rondom. Het waaide stevig – de lucht was dichtgetrokken met grijze wolken die zwaar waren van de regen. Het zou niet lang meer duren voordat hij losbarstte, de zuidwesterstorm die ze voorspeld hadden.

'Lopen.' Ricardo gebaarde met het pistool en langzaam liep ze voor hem uit, om de bestelwagen heen. En pas toen zag ze het:

een huis. Niet al te groot, met rechthoekige ramen en een rood pannendak. In het midden zat een klein bordes dat naar de voordeur leidde. Van een tuin was amper sprake: wat helmgras hier en daar, en een paar struiken die blijkbaar opgewassen waren tegen het zout dat vanaf zee landinwaarts werd geblazen.

Ze voelde een duw in haar rug en ze besefte dat ze onbewust was blijven staan toen ze het huis zag. Ze kende het niet – ze waren dus niet in de duinen vlak bij haar huis. Verder weg. Wellicht dichter naar IJmuiden toe. Santpoort?

Zwijgend liep ze in de richting van het huis, met Ricardo vlak achter zich; ze voelde zijn blik in haar rug branden. De wind blies haar haren rond haar hoofd en sloeg ze in haar gezicht. Wat kwamen ze hier doen? Woonde hij hier? In deze uithoek? Van God en alles verlaten? En bij die gedachte voelde ze paniek oplaaien. Youri Stegeman sloop haar gedachten weer in en deed haar naar adem happen.

Niet weer!

Ze moest dat huis niet in gaan. Zodra ze binnen was, kon ze geen kant meer op en kon hij met haar doen wat hij wilde. Net als toen! Hij had haar pijn gedaan. Heel erg veel pijn. Met dat mes, maar ook daarvoor, toen hij... toen hij...

Er trok een waas voor haar ogen. Ze moest hier weg! Zo snel mogelijk. En zonder nog aan Ricardo en het wapen te denken zette ze het op een lopen.

'Godnondeju,' hoorde ze achter zich.

Ze keek om en zag dat Ricardo de achtervolging inzette.

Harder! Ze moest harder!

Met haar kiezen op elkaar geklemd maakte ze nog wat meer snelheid. Voor de tweede keer keek ze over haar schouder, maar dat was nu juist wat ze niet had moeten doen: haar voet bleef steken achter een pol helmgras en met een luide schreeuw smakte ze languit voorover in het zand. De klap benam haar de adem en heel even kreeg ze geen lucht meer.

Maar voor Ricardo was het lang genoeg, hij stond al naast haar, greep haar bij haar shirt en hees haar met een ruk overeind. 'Je was altijd al koppig en hardleers,' beet hij haar toe. 'Maar deze keer neem ik geen risico meer.'

Ze zag zijn blik, nijdig en geïrriteerd, en toen zijn geheven vuist. Het volgende moment kwam de klap. Heel even was er een felle pijn, toen niets meer.

-50-

Het was aardedonker om haar heen toen ze weer wakker werd. Haar hoofd bonkte en voelde alsof er met duizend naalden tegelijk in werd gestoken. Ze wilde haar hand omhoogdoen maar op de een of andere manier kon ze zich niet bewegen. Ze wriemelde met haar vingers, die dik aanvoelden, en besefte toen dat haar polsen waren samengebonden.

What the...

Ze bewoog haar voeten, maar haar enkels zaten eveneens dicht tegen elkaar aan en ze kon ze met geen mogelijkheid loskrijgen. Die klootzak had haar vastgebonden!

Paniek overspoelde haar. Wat had hij met haar gedaan? Had hij net als Stegeman zijn lusten op haar botgevierd toen ze buiten westen was? Nee. Nee, dat kon niet. Dat mocht niet. Hij was de vader van haar beste vriendin!

Ze bewoog nogmaals haar handen, voelde de stof van haar jeans. Dat luchtte op – ze had haar kleren nog aan.

Maar wat wilde hij dan? Wat wilde hij bereiken door haar hier vast te houden? Hij wist dus net als zij waar Tess was. Maar wat was precies zijn rol geweest in dat ontvoeringsdrama? En wat had hij op de begraafplaats gedaan? Was hij daar alleen geweest omdat hij haar in de gaten hield? Of had hij anjers neergezet bij de urn van haar vader, toevallig op hetzelfde moment dat zij ernaartoe was gegaan? Maar waarom dan? En waarom pas nu? In al die jaren had ze nog nooit anjers of welke bloemen dan ook bij haar vader gezien, behalve die haar moeder er neerlegde. Dat was ook nog zoiets: de roos van haar moeder. Ook van hem?

Het duizelde haar. Alles wat ze tot nu toe had gehoord en ontdekt buitelde door haar hoofd. Ze had gedacht de zaak min of meer te hebben opgelost met haar theorie. Ellie van Niehoff was de enige die Tess kon hebben gestolen. Joyce was daar het levende bewijs van. Ze moest haar aan oom Rik hebben meegegeven.

Doe niet alsof je alles weet!

Ze wrikte met haar armen maar ze zaten te strak vast, met tiewraps vermoedde ze; ze voelde de plastic binders in haar vel snijden. Haar enkels deden minder pijn, waarschijnlijk omdat ze sokken droeg. Maar toch voelde ze hoe strak de wraps waren aangetrokken. Hij nam geen risico meer, had ze hem horen zeggen. Dat was haar pijnlijk duidelijk.

Voorzichtig draaide ze zich een beetje, zodat ze boven op haar handen lag. Ze voelde een betonnen vloer, ongelijkmatig en vochtig. Haar armen protesteerden door haar eigen gewicht en pijn schoot door haar schouders. Ze ademde diep in en met behulp van haar handen lukte het haar om overeind te komen. Zo, nu was ze net even wat minder weerloos.

Geconcentreerd keek ze rond. De donkerte leek iets minder intens nu haar ogen aan het duister gewend waren. Ze zag schaduwen van iets wat op een tafel leek die tegen een muur was geschoven. Of was het een werkbank? Erboven ontwaarde ze gereedschap. Ja, het moest een werkbank zijn. In een kelder? Dat zou de vochtige vloer verklaren.

Verbeten trok ze haar benen op, liet zich wat opzijvallen zodat ze haar voeten onder haar kont kon schuiven en boog toen naar voren, zodat ze op haar knieën kwam te zitten.

Oké, en nu?

Ze moest bij die werkbank zien te komen. Misschien kon ze met een stuk gereedschap de tiewraps doorsnijden. Ze deed haar knieën iets uit elkaar zodat ze wat stabieler was en probeerde al waggelend vooruit te komen. Het lukte stukje bij beetje. Een paar keer viel ze bijna om, maar wist zich toch overeind te houden. Langzaam kwam ze steeds dichter bij de werkbank. Ze hijgde. Haar knieën begonnen te schrijnen, steken schoten door haar bovenbenen, en bijna gaf ze het op toen de pijn haast niet meer te harden was.

Doorzetten!

Ze had geen flauw idee wat Ricardo's plannen met haar waren, maar ze had absoluut geen zin om erop te wachten. Ze moest hier weg. De politie bellen. Matthias waarschuwen.

Matthias.

Haar keel kneep zich dicht toen ze aan hem dacht. Had ze hem nou maar kunnen zeggen dat ze een baby kregen. Dat hun liefde was samengekomen in het kind dat ze in zich droeg. Zou hij het ooit te weten komen?

Ze probeerde op adem te komen. En toch kon ze zich niet voorstellen dat Ricardo, de vader van haar beste vriendin, oom Rik, een moordenaar was. Het was al moeilijk te geloven dat hij een baby had gestolen.

Haar gedachten stopten. Daar wrong het. En niet zo zuinig ook. Want als Ricardo en Ellie Tess hadden meegenomen omdat ze Taylor en Alexandra slechte ouders vonden, hoe zat het dan met Sanne de Vos? Ricardo was daar geweest, bij het huis waar Sanne gewoond had. Weliswaar niet rond de tijd dat ze verdween, maar iets moest hem daar gebracht hebben.

En dan haar eigen visioenen. Was ze ooit in dat restaurant geweest?

Haar ademhaling versnelde. Ze moest hier weg. Zichzelf in veiligheid brengen en naar de politie gaan. Ze ademde diep in en waggelde verder, op knieën die nu brandden van de pijn. Maar het ging lukken. Echt, het ging lukken!

Vijf minuten later liet ze zich tegen de houten werkbank vallen. Ze had het goed gezien, het was een smalle houten tafel, met daaronder een aantal laden. Boven de werkbank hing aan de muur divers gereedschap, waaronder een paar beitels. Als ze er daar een van te pakken kon krijgen...

Maar dat was makkelijker gezegd dan gedaan. Ze kon niet opstaan, haar handen zaten op haar rug, hoe zou ze zo'n ding van de muur moeten krijgen?

Verdomme.

Ze wilde dat ze ergens tegenaan kon schoppen om haar woede te uiten, maar dat ging niet. In plaats daarvan uitte ze een harde schreeuw van nijd. Meteen daarna hoorde ze hoe een deur werd opengegooid. Het volgende moment ging er een felle lamp aan die haar verblindde en meteen kneep ze haar ogen dicht. Er klonken voetstappen die dichterbij kwamen en toen ze haar ogen weer opende stond Ricardo voor haar.

'Wat ben jij in godsnaam van plan?' vroeg hij.

Ze antwoordde niet, keek hem alleen maar nijdig aan.

'Ik dacht dat dit wel een veilige plek was, maar ik denk toch dat ik die mening moet herzien.'

'Waarom?' snauwde ze. 'Je ziet toch zo dat ik nergens bij kan?'

Ricardo glimlachte. 'Het feit dat je vanaf de andere kant van de kelder naar hier bent gekomen is al een verrassing op zich. Ik wil geen risico lopen.'

Dat had hij al eerder gezegd. 'Risico lopen op wat?' vroeg ik.

'Dat je ontsnapt. Je begrijpt toch wel dat dat geen optie meer is?'

'Wat wil je dan met me doen?' beet ze hem toe. 'Me hier tot sint-juttemis vasthouden?'

'Dat is een mogelijkheid. Maar niet reëel. Mensen zouden je kunnen vinden. Zoals die ex van je.'

Ze staarde hem aan. 'Casper?' vroeg ze. 'Hoezo?'

Hij glimlachte. 'Ik heb jou lang genoeg geobserveerd om te weten dat hij je constant opzoekt. En dat kunnen we niet hebben. Ik moet dus iets anders verzinnen.' Hij liet zijn blik nadenkend op haar rusten.

Het wakkerde angst bij Ruby aan. Zijn kalmte, zijn beheerste bewegingen, alles wees op een gevaarlijk man. Zou hij haar werkelijk kunnen doden? Dat geloofde ze niet. Ze had op zijn schouders gezeten, hij had paardje met hen gespeeld, zij samen met Annika op zijn rug. Ze keek naar hem op, zag zijn ogen. Dezelfde als die van dertig jaar geleden, alleen nu zag ze niet de vrolijke schittering van toen. Ze waren dof en leeg. Net als vlak na de dood van haar vader, zijn beste vriend Jurre. Ze herinnerde het zich weer. Flarden. Het verdriet dat op zijn gezicht te lezen was geweest. Dat haar vader eruit was gestapt had hem onnoemelijk veel pijn gedaan.

Waarom?

Ja, ze waren heel goede vrienden geweest, maar toch leek het of er meer had gespeeld dan vriendschap. Ze zag het allemaal niet zo heel helder voor zich, eerder als laaghangende mist, maar toch wist ze dat heel zeker: Ricardo's verdriet was té heftig geweest.

Ze schrok op toen Ricardo zich vooroverboog en de tiewrap rond haar enkels lossneed.

'Opstaan,' zei hij.

De toon in zijn stem maakte haar alert en ze kwam overeind. Haar knieën deden pijn en haar voeten voelden dood aan. Ze leunde tegen de werkbank om haar bloedstroom weer wat op gang te krijgen, maar Ricardo had daar geen geduld voor. Hij pakte haar bij een bovenarm en trok haar met zich mee de kelder uit.

'Wat gaan we doen?' vroeg ze, toen hij haar een trap op duwde.

'Wat denk je zelf?'

Daar wilde ze niet aan denken. Liever probeerde ze een manier te vinden om te ontsnappen. Of hem tot rede te brengen. Ze moest op hem inpraten.

'Wat zal Annika hiervan denken?' begon ze.

Er kwam geen antwoord, behalve dat zijn greep om haar arm zich iets verstevigde.

'Ik ben haar beste vriendin,' ging Ruby verder.

'Ze komt er wel overheen,' zei Ricardo nu.

'Ze zal kapot zijn,' verbeterde Ruby. 'We kennen elkaar al sinds we klein zijn.'

'En hoe denk je dat dat komt?' snauwde Ricardo.

Ze staarde hem aan. Ergens in haar achterhoofd probeerde haar brein zijn woorden te analyseren. Wat bedoelde hij?

Ricardo duwde haar een gang en een woonkamer door, tot twee openslaande tuindeuren. Hij opende er eentje van en leidde haar naar buiten. Het was donker; wolken joegen door de donkere lucht en verduisterden de maan waardoor ze amper een hand voor ogen zag. De harde wind liet het zand rond haar hoofd wervelen. Hoelang had ze in die kelder gezeten? De hele dag? Haar ogen pasten zich aan en algauw zag ze de duinen voor zich. In de verte hoorde ze de zee, golven die stuksloegen op waarschijnlijk de golfbreker bij IJmuiden.

Een nieuwe duw in haar rug richting de duinen deed haar die kant op lopen. Hij was vastbesloten. En dat maakte haar angstig. Ze zou hem nooit kunnen tegenhouden, niet zolang haar handen op haar rug gebonden zaten. Maar haar voeten waren vrij. Ze had nog weinig tijd. Ze moest hem laten praten. Hem afleiden. En er dan op het juiste moment vandoor gaan. Het was donker, dat was in haar voordeel. Daarnaast was ze het gewend in de duinen te lopen. Het was dan wel niet haar eigen stukje waar ze altijd met Pip liep, maar duinen waren duinen – en voor haar was dat bekend terrein.

'Leg het me uit,' zei ze.

Hij lachte kort. 'Ik dacht dat jij zo slim was. Met je vlog en je onderzoeken naar cold cases. Op het moment dat ik het filmpje zag waarin je voor het eerst Tess' naam noemde, wist ik al dat je problemen ging opleveren. Waarom luisterde je niet toen ik je zei ermee te stoppen?'

'Ik laat me niet zo gauw de wet voorschrijven,' antwoordde ze.

'En als je me werkelijk kent, dan moet je dat weten.'

'Kennen?' Hij snoof. 'Ik ken de Ruby van vroeger. Een dreumes met wild rood haar en sproeten, een durfal, een brutaaltje. Maar je was in toom te houden. Door je vader. Als hij nog had geleefd, had hij je gezegd ermee te kappen toen het nog kon.'

Met een ruk bleef ze staan en draaide zich om. 'Waag het niet om mijn vader hierbij te betrekken,' beet ze hem toe. 'Hij staat hier volledig buiten.'

'Denk je dat?' vroeg Ricardo vermaakt. 'Lieve Ruby, laat ik je nou eens vertellen dat het strikt genomen allemaal zijn idee was.'

-51-

'W-wat?' stamelde Ruby.

'Het was jouw vader die me op het idee bracht om Tess uit het park te halen nadat ze daar was achtergelaten. Taylor Palmer verdiende zijn dochter niet, daar waren je vader en ik het onbetwist over eens. Niet na wat hij gedaan had.'

'Schulden gemaakt,' zei Ruby. 'Hij had geld geleend bij de verkeerde mensen.'

'Heel goed,' zei Ricardo. 'Het ging slecht met de zaak, dat wist ik. Maar hij nam me nooit in vertrouwen, hield alles voor zichzelf. Dat vond ik niet erg, het waren tenslotte mijn zaken niet.'

'Maar toen wilden die verkeerde mensen hun geld terug,' stelde Ruby. 'Alleen dat had Taylor niet. En dus ontvoerden ze Tess, om hem te dwingen te betalen.'

'Niet helemaal,' zei Ricardo. 'Ja, ze wilden hun geld terug. Maar zij waren het niet die Tess ontvoerden om het te krijgen.'

Niet?

'Wie dan wel?' vroeg ze.

'Je hebt het nog steeds niet door, hè?' was Ricardo's reactie.

Ruby gaf geen antwoord. Ze begreep er niets meer van. Er waren schulden geweest, Taylor moest die aflossen maar had het geld niet.

Maar zijn schoonvader wel...

Ze hoorde het Alexandra weer zeggen, dat Taylor ineens zo'n interesse had in het werk van Victor van Rede, vooral in zijn jaaromzetten. En ineens viel het muntje. 'Hij... hij was het zelf?'

vroeg ze vol ongeloof. 'Taylor liet zijn eigen dochter ontvoeren om zijn schoonvader te laten betalen?'

'Precies. En van het betaalde losgeld kon hij zijn schulden aflossen.'

Ruby knipperde met haar ogen. Hoorde de wanhopige stem van Taylor Palmer weer toen hij vertelde over zijn dochter. Hij was niet radeloos geweest door haar ontvoering, maar door haar verdwijning daarna. Hij had dus tóch geweten wie haar ontvoerde, maar toen ze niet in het park werd gevonden, werd hij bang. Hij wist niet wie haar had meegenomen, was de controle volledig kwijt. Geen wonder dat hij wekenlang in het park was gaan lopen zoeken.

'Maar Ellie van Niehoff dan?' vroeg ze toen. 'Wat deed zij dan met jou daar in het park? Ik dacht dat zij degene was die Tess aan jou meegaf. En de baby later bij jou ophaalde en zelf grootbracht.'

Aan Ricardo's ademhaling hoorde ze dat hij moe werd. Hij was tenslotte ook niet meer een van de jongsten; het lopen door los zand moest zwaar voor hem zijn. Dat kon straks in haar voordeel werken en ongemerkt vertraagde ze haar pas tot een langzaam gesjok.

'Nee,' zei Ricardo. 'Zo is het niet gegaan. Bij de hertenkamp vond Ellie de tas waar ik net de baby uit had gehaald. Ze keek naar me op en heel even stond ik in tweestrijd wat ik moest doen. Zeggen dat ik een baby had gevonden? Dan zou ik haar kwijt zijn – ze zou terug naar haar ouders gaan. Maar gewoon weglopen met de baby kon ook niet. Dus bleef ik staan. Ze kwam dichterbij en toen zag ik haar blik. En wist ik dat ze zou zwijgen.'

'Bedoel je nou dat Ellie van Niehoff wist dat jij Tess had meegenomen en daarover heeft gezwegen? M-maar...'

'Het was je vaders idee, Ruby,' zei Ricardo weer.

Met een ruk bleef Ruby weer stilstaan en draaide zich naar hem om. 'Nee,' zei ze fel. 'Dat geloof ik niet. Waarom zou mijn vader zoiets voorstellen?'

Ricardo maakte geen aanstalten om haar weer voor zich uit te duwen. Wind en waterdruppels wervelden om hen heen, de lucht boven hen was inktzwart. 'Jouw ouders hadden een baby verloren,' zei hij toen, 'en je moeder was nog steeds in de rouw.'

Lauri.

Ruby wist dat haar moeder het moeilijk had gehad met het verlies van haar eerste kind. Daar had ze het vaak over gehad. Maar ook over de vreugde die ze had gevoeld toen Marta werd geboren en dat dat de pijn van het verlies van Lauri draaglijk had gemaakt.

Marta. Zo anders dan Quinten en zij. In alles, uiterlijk, gedrag. Zij was nu ongeveer net zo oud als Tess geweest zou zijn. Ruby voelde het bloed uit haar hoofd wegtrekken. 'Zeg je nou dat… dat Marta niet mijn echte zus is? Dat zij… dat zij Téss is?'

Hij antwoordde niet meteen, leek zwaarder te ademen. Zijn hand waarmee hij het wapen vasthield trilde. Hij schudde zijn hoofd. 'Nee. Maar je vader begreep ónze pijn.' Hij slikte. 'Annika's moeder…' fluisterde hij toen. 'Ze kreeg een heftige miskraam die tot een hysterectomie leidde. Ze zou nooit meer kinderen kunnen krijgen. Ik zette me eroverheen en accepteerde dat we kinderloos zouden blijven maar Sandra zakte steeds dieper weg in een depressie. Het was toeval dat ik een gesprek hoorde tussen Taylor en twee mannen die ik niet kende. Ik was wat vergeten in de keuken van het restaurant en ging terug om het te halen. Taylor en die mannen stonden bij de achteruitgang en ik hoorde woord voor woord wat zijn plan was. De ontvoering, het briefje, het bericht waar Tess nadien kon worden opgehaald, alles werd daar besproken. Toen ik het aan je vader vertelde zei hij dat het een geschikte straf voor Taylor zou zijn als zijn dochter écht zou verdwijnen. Dat mijn vrouw en ik betere ouders voor haar konden zijn. Je vader was niet helemaal nuchter toen hij dat zei en of hij het werkelijk meende, weet ik niet. Maar bij mij was het zaadje geplant.'

'En toen besloot je dat je Tess…' Ruby stopte ineens toen de woorden van Ricardo ten volle tot haar doordrong. 'Jullie... jullie zouden kinderloos blijven. En toch hebben jullie een dochter. Annika. Maar dan... dan is zij...?'

Het begon te suizen in haar oren. Annika... haar beste vriendin. Was zíj Tess? En ineens zag ze het beertje voor zich. De teddybeer op het hoofdbord van Annika's logeerbed. Ze had er nooit aandacht aan geschonken, had er gisteravond zelfs troost bij gezocht. Het was Tess' beertje!

'Het was je vader die met het idee kwam,' zei Ricardo weer. 'Bewust of onbewust was zijn plan de redding van mijn huwelijk.'

'Jullie huwelijk?' herhaalde Ruby. 'En dat van Taylor en Alexandra dan?'

'Taylor was een schoft. Welke vader laat zijn eigen kind ontvoeren? Hij heeft tenminste de les van zijn leven geleerd.'

'Hij misschien wel. Maar Alexandra? Zij was haar dochter kwijt, heb je daar weleens aan gedacht?'

'In het begin wel,' gaf hij toe. 'Maar ze had nog vijf kinderen, wij hadden er geen. Jouw moeder was in die periode pas bevallen van Marta en ook dat feit deed Sandra geen goed. Elke keer werd ze met haar neus op de feiten gedrukt dat zij nooit moeder zou worden.'

Ruby was te verbijsterd om iets te zeggen. Het was een complot. Gewoon een fucking complot waar ze al die jaren met haar neus bovenop had gezeten zonder er iets van te merken.

'Ik wist door dat gesprek dat ik gehoord had precies waar en wanneer Tess in het park zou worden neergelegd. Zodra de ontvoerders haar hadden achtergelaten, pikte ik haar op. Ik nam haar mee naar huis en Sandra ontfermde zich vol liefde over onze baby.'

'Maar ze was jullie baby niet,' snibde Ruby. 'Het was de baby van iemand anders! Jullie konden je toch niet zomaar iemands baby toe-eigenen? Dat is... dat is...' Ze kwam niet meer uit haar woorden.

'Ik wist wel dat je het niet zou begrijpen,' beet Ricardo haar toe. 'Daarom hebben we het altijd stilgehouden, voor iedereen. Maar jij moest zo nodig je neus erin steken. Waarom ben je in godsnaam aan dat onderzoek begonnen?'

Ja, waarom eigenlijk? Omdat iemand haar die e-mail had gestuurd. Maar wie, dat wist ze nog steeds niet.

'En welke rol speelde Wiebe eigenlijk in dit… dit treurspel?' vroeg Ruby sarcastisch.

'De grootste,' zei Ricardo. 'Hij nam de schuld op zich.'

'Hij nam de schuld op zich? Júllie hebben hem de schuld in de schoenen geschoven!'

Ricardo keek haar aan. 'Je bent bij hem geweest,' zei hij toen. 'En ook jij hebt je door hem laten inpakken.'

'Het is een man met het geestelijke vermogen van een kind van tien.'

'Maar daardoor niet minder gevaarlijk.'

Ze keek hem aan, bevreemd. 'Hoe bedoel je dat? Wiebe was toch niet gevaarlijk?'

'Die andere baby,' zei hij. 'Sanne. Ik weet dat je daarvan op de hoogte bent – ik heb je aantekeningen bekeken.' En bij het zien van haar blik: 'Ja, ik was degene die bij je binnen is geweest. Ik heb er nog een flinke beet van die rothond van je aan overgehouden.'

Ze negeerde zijn sneer in de richting van Pip. 'Bedoel je te zeggen dat Wiebe iets met de dood van Sanne te maken heeft? En dat jij vond dat hij daarvoor straf verdiende en hem dus maar liet veroordelen voor iets wat hij niet had gedaan?'

'Wat denk je zelf?' vroeg hij weer.

'Ik denk dat jij jezelf probeert schoon te praten,' zei ze ijzig. 'Mijn vader was degene die het idee opperde, je vrouw was zo ver heen dat het je je huwelijk zou kosten als er niks gebeurde. En nu zou Wiebe Verkerk die dode baby op zijn geweten hebben waarvoor hij moest boeten?'

'Wiebe was nou niet bepaald zachtzinnig met de baby's die hij uit de kinderwagens haalde,' kaatste hij terug. Hij ademde even diep in en vervolgde zachter: 'Ik was heel vaak in het park. Soms wilde ik gewoon het gevoel krijgen dat ik vader was, dat ik met mijn kind naar de speeltuin ging. Dat gevoel kon ik alleen in het park ervaren, als ik op een van de bankjes zat en naar de spelende kinderen keek. Daar heb ik Wiebe gezien. Regelmatig, en elke keer flikte hij het om een baby uit een kinderwagen te halen. Het was een kwestie van tijd voordat het een keer zou misgaan.'

'Jij denkt dat hij Sanne vermoord heeft?'

Hij haalde zijn schouders op. 'Ik heb er geen bewijzen voor. Maar ondenkbaar is het niet. En in die tijd was sporenonderzoek lang niet zo geavanceerd als tegenwoordig.'

'Maar als je dat vermoeden had, waarom ben je daar dan niet mee naar de politie gegaan?' wilde Ruby weten.

'Zoals ik zei had ik geen bewijzen. Maar toen ik een jaar later een stuk in de krant las dat hij was opgepakt met een baby die hij uit de kinderwagen had gehaald, heb ik de Utrechtse politie anoniem gebeld en verteld wat ik van Wiebe wist, dat ik hem regelmatig in de buurt van kinderwagens had gezien en regelmatig die baby's uit de wagen nam.'

'En je wees hen natuurlijk ook subtiel op de verdwenen Tess?'

'Het kwam goed uit,' zei Ricardo. 'Ik liep al een jaar lang op eieren. Er was natuurlijk nooit een dader gevonden, en ze waren nog steeds op zoek, al was het dan met beperkte middelen. Doordat Wiebe werd veroordeeld, hoefde ik niet bang meer te zijn. Al voelde ik me af en toe schuldig – als ik eerder aan de bel had getrokken, had Sanne misschien nog geleefd.'

'Ging je daarom naar hun huis, nadat Wiebe was veroordeeld?' vroeg Ruby. 'Om je geweten te sussen?'

Ricardo lachte bitter. 'Misschien wel,' zei hij. 'Misschien had ik alles wel aan Sannes ouders verteld, als ze er nog hadden gewoond. Maar dat was niet zo. En dat was maar goed ook. Sanne was toch al dood en mijn geheim moest geheim blijven om Annika te kunnen houden.'

Ruby werd misselijk. Nooit had ze kunnen vermoeden dat de goedlachse man van vroeger zo'n monster kon zijn geworden. Hoe moest ze dit ooit aan Annika uitleggen?

'Lopen,' zei Ricardo en hij gebaarde met het wapen. Zijn hand trilde niet meer en ook zijn ademhaling leek genormaliseerd. Ze was stom geweest. Ze had ervandoor moeten gaan toen hij nog niet op adem was. Maar dan had ze niet geweten wat ze nu wist. Dat hij een kinderdief was. Een manipulator. Iemand die anderen aan het kruis nagelde om zelf buiten schot te blijven.

Langzaam liep ze voor hem uit in de richting van de zee. Ze kon het zilte water al ruiken – het was niet ver meer. Ze wist nog steeds niet wat hij van plan was. Als hij haar wilde vermoorden, kon hij toch simpelweg een kogel door haar hoofd schieten? Maar dat kon niet! En helemaal niet nu er een tweede leven in haar groeide. Het was nog maar klein, maar toch vertelde elke vezel in haar lichaam haar dat ze het moest beschermen. Op wat voor manier dan ook.

'Wat ga je met me doen?' vroeg ze. 'Ga je me vermoorden?'

'Dat zal niet nodig zijn,' antwoordde hij. 'Je gaat dat namelijk zelf doen. Net als je vader. Je kon het gewoon allemaal niet meer aan.'

Haar adem stokte en prompt bleef ze staan, maar deze keer duwde hij haar weer naar voren, zodat ze gedwongen werd door te lopen.

'Heb je mijn vader...' begon ze, maar ze kon niet verder uit haar woorden komen.

'Natuurlijk niet!' klonk zijn stem verontwaardigd. 'Jurre was mijn beste vriend. Mijn maat. We deden alles voor elkaar.' Hij zweeg even en vervolgde toen zacht: 'Jurre ontdekte wat ik had gedaan en was geschokt. Hij was er dan wel niet actief bij betrokken geweest, maar het feit dat hij in beschonken toestand het idee geopperd had, en dus indirect de bedenker van het plan was, drukte zwaar op hem. Ik heb altijd gedacht dat hij het meende. Dat plan. Maar na zijn dood besefte ik dat dat niet zo was. Het moet hels geweest zijn voor hem om bijna elke dag het kind te zien dat ergens anders thuishoorde, maar ons verraden deed hij niet. En hoe ik hem er ook van probeerde te overtuigen dat het misschien niet goed te praten was wat ik gedaan had, maar dat het wel rechtvaardig was, het hielp niet. Hij stuurde me een afscheidsbrief en stapte eruit. Zomaar.'

'En jij vertrok een jaar later,' zei Ruby.

'Omdat Jurre me had opgezadeld met een dochter die me bij elke aanblik deed denken aan de vriend die ik moest missen. Ik besefte dat ik het beter niet had kunnen doen, maar hoe moest ik het terugdraaien? Simpelweg aanbellen bij de Palmers en zeggen: hier is je dochter? Nee. Het was beter dat ze bij Sandra bleef en dat ik uit hun leven verdween. Zodat niemand ooit de waarheid zou achterhalen.'

'Maar je vrouw wist toch ook dat Annika niet haar eigen kind was,' stelde Ruby.

Het bleef even stil achter haar. Toen klonk zijn stem weer: 'Ik weet niet of Sandra dat wel besefte. Ze was ver heen toen we haar Annika gaven, het kan best zijn dat ze het haar hele leven verdrongen heeft.'

'En Annika? Weet zij het?'

'Nee!' Het klonk zo scherp dat Ruby ervan schrok. 'Nee, en dat moet zo blijven. Ik heb haar al die jaren in de gaten gehouden. Van een afstand beschermd. Nu Sandra er niet meer is, en Annika niet meer voor haar hoeft te zorgen, heeft ze recht op haar eigen leven zonder te weten dat haar hele bestaan gebaseerd is op een leugen.'

'Een leugen die je zelf hebt gecreëerd,' zei Ruby. 'Heeft ze er niet méér recht op te weten wie ze werkelijk is en waar ze vandaan komt? Pas dan kan ze haar ware zelf zijn.'

Hij lachte. 'Ik wist dat je er zo over zou denken,' zei hij. 'En daarom moet jij uit haar leven verdwijnen.'

Het geluid van brekende golven was nu zo dichtbij dat Ruby's oren begonnen te suizen. Ze bleef staan en keek naar het water, dat door de aanwakkerende wind werd opgezweept waardoor de golven met hoge snelheid het strand op rolden. Normaal hield ze ervan en ging ze met Pip naar het strand. Behalve als het regende; dan weigerde die stijfkoppige terriër mee te gaan en wilde hij het liefst zo snel mogelijk naar huis.

Op dit moment voelde ze zich meer dan ooit als Pip en wilde ze dat ze zich net zoals hij altijd deed kon omdraaien en naar huis rennen. Maar in plaats daarvan weerhield een man met een wapen in zijn hand haar ervan om wat dan ook te doen.

Ze voelde hoe Ricardo de tiewraps rond haar polsen doorsneed en vervolgens de loop in haar rug duwde. 'Lopen,' zei hij. Het geluid van zijn stem was amper hoorbaar door het geraas van de golven en de wind die om haar hoofd suisde.

'Waarnaartoe?' riep ze.

Hij duwde haar naar voren. 'Het water in, waar anders?'

Ze keek naar de golven die op het strand sloegen. In de verte zag ze het licht van de vuurtoren op het eind van de Zuidpier. Ze was er nog nooit geweest, terwijl ze hem graag eens van dichtbij had willen zien.

Opnieuw voelde ze een duw in haar rug. 'Waar wacht je op!' hoorde ze Ricardo roepen.

Met een ruk draaide ze zich naar hem om. 'En wat als ik niet toegeef?' schreeuwde ze. 'Schiet je me dan dood? Houdt je zelf-moordtheorie dan nog stand?'

Hij deed een stap naar voren en duwde het pistool tegen haar buik. 'Ga. Het. Water. In.' Hij schreeuwde met overslaande stem.

Aan de blik in zijn ogen zag ze dat hij het meende. Als ze niet ging, schoot hij. Als ze wel ging, riskeerde ze dat ze verdronk. Of haar vrienden zouden denken dat het zelfdoding was, viel te bezien, alleen daar had ze weinig aan. Maar ondanks dat, had ze de meeste kans op overleven als ze het water koos. Ze was wel wat gewend, zwom zowat het hele jaar door in zee. Het gaf haar bovendien een kans om te ontsnappen.

Maar voordat ze goed en wel een beslissing had genomen, greep Ricardo haar met een woedende brul bij haar haren en sleepte haar naar voren, tot ze beiden tot aan hun knieën in het water stonden. De golven sloegen tegen haar rug, terwijl ze zich probeerde los te wringen uit zijn greep, maar hij had haar te stevig vast. Ze schreeuwde het uit van de pijn toen hij haar hoofd achterover trok en haar vervolgens ruggelings tot op de bodem van de zee duwde. Zout water vulde haar mond, drong in haar luchtpijp. Ze kon geen lucht meer krijgen en hoestte, wat haar benauwdheid alleen maar erger maakte; het voelde alsof ze stikte. Ze klauwde omhoog, klemde haar handen om Ricardo's arm en wist zichzelf met een paar stevige rukken los te krijgen. Meteen daarna trapte ze van zich af en raakte hem hard in zijn maag. Hij klapte dubbel, happend naar adem, terwijl Ruby proestend overeind kwam. Ze hoestte, zout water welde op in haar keel en stroomde door haar neus naar buiten. Weer hoestte ze zout water op, en ze kokhalsde. Ricardo was nog niet bekomen van haar trap in zijn maag en stond nog steeds voorovergebogen met zijn armen rond zijn lichaam geslagen.

Weg! Ze moest hier weg!

Zonder nadenken waadde ze zo snel ze kon bij Ricardo vandaan. Vlak voordat ze uit het water was viel ze voorover op haar knieën en kroop het strand op, hijgend.

Opschieten!

Ze duwde zichzelf omhoog, maar net toen ze overeind krabbelde, werd ze nog een keer vastgegrepen en terug de zee in getrokken, verder dan eerst, tot ze amper nog grond onder haar voeten voelde.

'Jij gaat niet verpesten wat ik al die jaren zorgvuldig heb beschermd,' hoorde ze Ricardo in haar oor schreeuwen. Het geraas van de golven ging onverminderd voort, de wind blies door haar haren en deed haar rillen. Het volgende moment legde hij zijn hand om haar keel en kneep, hard. Haar oren begonnen te suizen en ze kon nog net een hap lucht nemen voordat hij haar terug onder water duwde.

De ernst van haar situatie drong nu in volle omvang tot haar door. Het was echt! Hij wilde haar vermoorden en als ze niets deed dan slaagde hij daar ook nog in. Ze greep opnieuw zijn arm beet, maar in plaats van te proberen zichzelf te bevrijden, trok ze Ricardo met zo'n ruk naar zich toe dat hij voorover in het water viel, boven op haar. Blijkbaar was het zo onverwacht, dat zijn hand haar keel losliet en daar maakte ze gebruik van, door zich onder hem vandaan te wurmen. Happend naar adem kwam ze boven water en zocht met haar voeten de bodem. In de verte zag ze het strand, de lichtjes van IJmuiden achter de duinen.

Als ze weer naar het strand zwom, zou hij haar alsnog te pakken krijgen!

Ze moest via het water zien weg te komen. Het was haar enige kans. Ze draaide zich om en zwom met krachtige slagen verder de zee in. Of Ricardo haar volgde wist ze niet, het water was te wild. Het enige wat ze deed was zwemmen, zonder precies te weten waarheen. In de verte zag ze het licht van de vuurtoren op de Zuidpier. Dichterbij dan eerst. Ze moest oppassen; met dit weer was de stroming sterker en kon ze met gemak op de stenen langs de strekdam worden gesmeten. Ze stopte even, werd heen en weer geslingerd door het onstuimige water en keek rond. Water, alleen maar water, overal rondom haar.

Bijna raakte ze in paniek. Ze wreef wat haren uit haar gezicht, draaide al watertrappend rond en rond.

Daar! Een donkere streep, met erboven vage schaduwen! Dat moest het strand zijn! Het leek verder weg dan eerst, de golven hoger dan ooit. Ze ging het niet redden. Ze voelde dat ze uitgeput raakte. En ze had het koud. Zo vreselijk koud.

Streng riep ze zichzelf tot de orde. Normaal gesproken zwom ze bij redelijk weer óók in november, en soms was het water dan zelfs een stuk kouder dan nu. Het was gewoon de shock van wat er gebeurd was die haar deed verkleumen in combinatie met de zuidwesterstorm. Ze moest ertegen vechten. Ze keek om, maar Ricardo zag ze niet, de golven waren te ruw. Misschien was hij wel verdronken – het kon haar niet schelen. Zijzelf was belangrijker. Zij en haar baby.

Ze begon weer te zwemmen, met het licht van de vuurtoren als een soort baken links van haar. Als ze deze koers aanhield, kwam ze op het strand. Haar schouders en rug deden pijn van het constant anticiperen op de golven, om maar niet naar beneden getrokken te worden. De spieren in haar armen en benen protesteerden.

Ze ging het niet redden. Echt niet. Zwemmen in zee was één ding, zwemmen in zee tijdens een storm was van een heel ander kaliber. Toch weigerde ze op te geven. Ze moest… het strand… bereiken.

Toen ze haar ogen opende was het nog steeds donker. Maar anders dan eerst. Het geraas van de golven was verder weg, de wind was wat getemperd, alsof de storm eindelijk had besloten dat het genoeg was geweest. Ze probeerde te focussen en zag toen het gezicht van Matthias. Hij keek bezorgd op haar neer.

'M-Matthias?' fluisterde ze. 'W-wat doe jij hier?' Ze probeerde te bewegen, maar iets – een jas? – was zo stevig om haar lichaam gewikkeld dat ze geen vin kon verroeren. Toch had ze het ijskoud.

Matthias trok haar tegen zich aan en sloot zijn armen om haar heen. Ze voelde zijn warmte tegen haar koude lijf en rilde hevig.

'Annika,' fluisterde hij in haar oor. 'Jullie koppeling via de Zoek mijn iPhone-app.'

'Maar hij had me mijn mobiel afgepakt,' zei ze klappertandend. 'Hoe...'

'Hij lag in zijn auto die bij het strandhuis stond. We troffen niemand aan. Annika besloot de politie te bellen en ik ging alvast zoeken. Je kroop net het water uit toen ik hier aankwam.'

Was dat zo? Ze kon het zich niet meer herinneren.

'Ik heb je meteen in mijn jas gewikkeld,' ging Matthias verder. 'Er is een ambulance onderweg. Denk je dat je naar de weg kunt lopen?'

Ze knikte.

Matthias stond op en hielp haar overeind. 'Gaat het?' vroeg hij, toen ze wankelde.

Weer knikte ze. 'Ik heb het g-gewoon z-zo ontzettend k-koud,' zei ze bibberend.

Hij trok zijn jas nog wat dichter om haar heen. 'Wat is er gebeurd?' vroeg hij.

Ruby rilde onophoudelijk; haar tanden klapperden, wat haar verhinderde om antwoord te geven. 'H-hij wilde me vermoorden,' zei ze uiteindelijk. 'H-hij wilde iedereen l-laten denken d-dat ik... dat ik mezelf had ver-verdronken. O-omdat mijn vader ook...' Ze rilde nu zo hard dat ze niet meer uit haar woorden kwam.

'Wie?' vroeg Matthias. 'En waarom dan?'

'O-omdat ik…' begon Ruby, maar ze zweeg toen er ineens een schim vlak naast hen opdook.

Ricardo!

In een reflex greep ze Matthias vast en drukte zich tegen hem aan.

'Dacht je nou echt dat ik je ermee liet wegkomen?' schreeuwde Ricardo. Hij zag eruit als een wild beest. Met het wapen recht voor zich uit gericht kwam hij op hen aflopen; water droop uit zijn kleding, zijn haar, van zijn hand, het pistool.

Kan hij schieten met een nat wapen?

Gek genoeg was dat het eerste wat door haar heen ging en waarschijnlijk wist Matthias het antwoord: hij duwde haar onmiddellijk achter zich en rechtte zijn rug, zodat hij groter leek dan hij eigenlijk was.

'Wie ben jij?' vroeg Matthias, zijn hand nog steeds achter zich om Ruby te beletten naar voren te komen.

'Ricardo,' fluisterde Ruby.

Matthias verstijfde, alsof hij zijn oren niet kon geloven.

'Je was een heerlijk ventje,' zei Ricardo tegen Matthias. Het had lief kunnen klinken als zijn stem niet schor van woede was geweest. 'En ik wist toen al dat je een eigen wil had. Net zoals je zusje.'

'Mijn… mijn zusje?' Matthias kromp ineen. 'Wat weet jij van Tess?'

'Alles,' gromde Ricardo. 'En Annika heeft geen behoefte aan een broer.'

'A-Annika?' herhaalde Matthias. Hij leek volledig uit het veld geslagen door die naam en keek opzij naar Ruby. 'Annika? Jouw vriendin? Is… is zij mijn zus?'

'Natuurlijk niet!' schreeuwde Ricardo. 'Niet meer! Niet sinds je vader haar besloot in te zetten voor zijn smerige spelletjes!'

Matthias zei niets, staarde Ricardo alleen maar aan. De wind, die wel iets geluwd maar nog steeds vrij sterk was, waaide door zijn korte haar, het geluid van de zee leek luider te worden. Het begon te regenen, grote druppels die in het zand sloegen als kiezelsteentjes.

Toen was het of Matthias ontplofte. Met een langgerekte schreeuw dook hij naar voren, met zijn volle gewicht tegen Ricardo aan. Die was te verbaasd om te reageren en viel achterover, met Matthias boven op zich. Matthias greep naar het wapen, drukte Ricardo's pols met beide handen boven zijn hoofd tegen de grond; de nu stromende regen doorweekte zijn shirt.

Ricardo brulde woorden die Ruby niet kon verstaan; hij worstelde om vrij te komen.

Had Ruby eerder gedacht dat Ricardo's leeftijd in zijn nadeel werkte, nu besefte ze dat zijn razernij dat ruimschoots compenseerde. Hij haalde uit met zijn vrije hand en sloeg met gesloten vuist tegen Matthias' hoofd. En nog een keer. Zijn klappen verplaatsten zich naar Matthias' gezicht en Ricardo beukte net zo lang tot Matthias opzijviel. Ricardo nam nu de overhand, dook boven op hem en sloeg hem deze keer met het pistool. De klap was hard; Matthias' hoofd knalde in het zand en kreunend bleef hij liggen; regen vermengd met bloed liep in straaltjes van zijn gezicht.

'Matthias!' schreeuwde Ruby. Ze stoof op hem af, haar eigen pijn vergetend, maar Ricardo kwam met een ruk overeind, richtte zijn pistool op haar en haalde zonder nog iets te zeggen de trekker over.

-53-

Ruby voelde de terugslag in haar borst en verbijsterd staarde ze naar Ricardo. Een tweede knal deed haar achteroverslaan en ruggelings in het natte zand belanden. De pijn was overweldigend en meteen besefte ze dat ze geraakt was. Ze wist niet waar, maar haar hele lichaam brandde.

Hij wilde haar écht vermoorden!

Kreunend probeerde ze zich op te richten. Waar was hij? Door een waas zag ze hem op haar afkomen. Ze kon niet goed focussen en moest een paar keer met haar ogen knipperen om het dubbele beeld weer scherp te krijgen.

'Dit had zo gemakkelijk opgelost kunnen worden,' gromde Ricardo. Zijn armen hingen langs zijn lichaam; in zijn rechterhand had hij het wapen vast dat nu op de grond gericht was. 'Maar zelfs nu moest je weer dwarsliggen.'

'J-je plan om het op… op zelfdoding te laten l-lijken g-gaat een b-beetje in rook op,' stamelde Ruby. Ze probeerde achteruit te schuiven, maar het lukte niet, de pijn had haar lijf in zijn greep en ze liet zich weer op haar rug vallen. 'G-ga je ons nu alle twee ver-vermoorden? Zoals je al eerder probeerde?'

Ricardo antwoordde niet; hij bleef naast haar staan, het pistool stevig in zijn vuist. Zijn gezicht was strak en in zijn ogen sluimerde iets wat Ruby niet kon benoemen. Misschien was het ook wel haar eigen interpretatie – ze kon niet goed meer nadenken en het was donker. De regen die nog steeds gestaag op hen neerdaalde, doorweekte haar kleren en haar haren hingen in natte slierten langs haar gezicht.

'Het is niet anders,' zei hij zacht. Hij keek haar aan, hief zijn arm en richtte het pistool op haar hoofd. 'Dag Ruby.'

Ze sloot haar ogen. Haar gedachten gingen terug naar vroeger, naar haar kindertijd. Oom Rik die grapjes maakt, die spelletjes met haar en Annika doet. Die hen meeneemt naar het strand, hen in de gaten houdt als ze in het water spelen. Die hun veters strikt en een boterham met pindakaas voor hen smeert. Of die dingen allemaal werkelijk gebeurd waren of dat haar brein in die laatste minuten fantasieën vormde die haar blij maakten, wist ze niet. Wel wist ze dat er een soort vrede binnen in haar heerste, alsof ze besefte dat het allemaal nutteloos was.

Maar in plaats van een knal, volgde een harde brul. Het volgende moment plofte er iets naast haar en haar ogen schoten open. Ricardo lag op de grond met boven op hem iemand anders. Ze waren zo hevig aan het vechten dat ze niet zag wie het was, behalve dat het een man was.

'Geef… dat… kutpistool hier!' klonk het.

Casper?

De twee mannen rolden over elkaar, armen haakten in elkaar, benen schopten alle kanten op. Er klonken klappen, gekreun, een vloek. En uiteindelijk was er een knal, gevolgd door het plotseling staken van het gevecht. En Casper die met het wapen op Ricardo gericht overeind kwam.

Ricardo zelf had zijn hand tegen zijn schouder gedrukt, bloed liep tussen zijn vingers door.

'Opstaan,' beet Casper hem toe, terwijl hij met zijn hand bloed onder zijn neus vandaan veegde. En tegen haar: 'Gaat het?'

Ze kon geen antwoord meer geven. De pijn werd heviger. Ze werd licht in haar hoofd en het laatste wat ze zag was dat Matthias zich over haar heen boog, voordat ze wegzonk in een diepe duisternis.

Vage geluiden omringden haar, stemmen die ze niet herkende. Gepiep in haar oor, getik. Er klapperde iets, toen gesuis. Ze probeerde haar ogen te openen, maar het lukte niet goed. Door de kleine spleetjes zag ze witte strepen voorbijschieten, afgewisseld met bruine blokken. Opnieuw stemmen, iemand vroeg wat. Gehobbel. Ze wiegde heen en weer alsof ze in een bootje lag. Weer die stemmen. Het gepiep. Toen niets meer.

De stilte was opvallend. Er was niets te horen. Of wel. Daar. Een zacht getik. Nee, gebliep. Ze kende het geluid. Waarvan?

Ziekenhuis! Machines.

Langzaam opende ze haar ogen. Machines, slangen. Een pompend geluid. Ze had het eerder gehoord. Toen, die keer. Youri Stegeman!

Paniek trok door haar heen. Ze probeerde overeind te komen, maar iemand legde zacht een hand op haar schouder.

'Het is goed,' klonk het fluisterend. 'Je bent veilig.'

Ze focuste op de stem, het gezicht boven haar.

'Matthias?' Haar stem klonk schor.

'Ik ben hier,' zei hij.

Haar zicht werd beter. Ze zag hem, duidelijk. Zwart haar, donkere ogen, lichtgetinte huid. Een witte pleister naast zijn linkeroog. Zijn neus was licht gezwollen en had de kleuren blauw, geel en groen. Ze moest ervan lachen, maar stopte daar al snel mee, toen een pijnscheut door haar lichaam trok.

'Doe dat nog maar even niet,' raadde Matthias haar aan. 'Al doet het me goed dat je tenminste lacht.'

Een onbekende vrouw in een witte jas verscheen aan de andere kant van het bed en controleerde de apparatuur die rondom haar stond.

'Je hebt geluk gehad,' zei ze uiteindelijk tegen Ruby. Ze glimlachte en verdween toen weer.

Geluk gehad? Ruby wist niet zo goed meer wat er gebeurd was.

De zaak. Oom Rik. Het water. Baby Tess.

Baby Tess.

Baby...

Haar hand schoot omhoog en greep Matthias bij zijn pols. 'De baby!' bracht ze uit. Ze likte haar droge lippen. 'Ik heb... I-ik ben...'

'Ik weet ervan,' zei Matthias zacht.

'Is hij in orde?' vroeg ze.

Matthias zweeg, maar zijn blik zei genoeg.

Tranen welden op toen ze het besefte. Het was over. Er zou geen baby komen.

'Ze konden niets meer doen,' ging Matthias verder. Hij legde teder zijn hand tegen haar wang. 'Maar jij leeft tenminste nog,' fluisterde hij erachteraan.

Dat kon haar niet schelen. Haar baby. Zo kort. Zo kort maar had ze zich diep vanbinnen een moeder gevoeld, de wens die ze al zo lang koesterde.

'Probeer wat te slapen,' hoorde ze Matthias zeggen. Maar ze wist niet of ze dat nog zou kunnen.

- EINDSPEL – VLOG #3075 -

2,8 mln. weergaven · 13 uur geleden

Hallo beste volgers en abonnees, welkom bij de nieuwe en wellicht laatste aflevering van Pathway to justice. Mijn naam is Ruby van Wageningen met de afsluitende update in de zaak van de verdwenen baby Tess.

Tess is gevonden. Ze leeft nog en was al die jaren dichter bij me dan ik ooit kon vermoeden. Of degene die me die allereerste e-mail stuurde dat wist, blijft gissen, maar het heeft me wel aan het denken gezet. Was het toeval dat de schrijver ervan mij koos om de zaak te onderzoeken, of was het een vakkundig geregisseerde zet en wist hij van de link die er was tussen mij en de ontvoerder? Tot nu toe is dat de enige vraag waarop ik geen antwoord heb. Of ik dat nog ga krijgen is een tweede. Voor de laatste puntjes op de i hoop ik dat Ellie van Niehoff mij tot hulp zal zijn – ik heb vanmiddag een gesprek met haar. Maar die laatste puntjes zijn geen belemmering om jullie uitgebreid verslag te doen van hoe de zaak zich ontwikkeld heeft.

Zoals ik eerder meldde, is dit naar alle waarschijnlijkheid mijn allerlaatste vlog. In ieder geval wel onder de naam Pathway to justice. En ik hoor het jullie vragen: waarom? Dat, beste volgers, is moeilijk uit te leggen. Deze zaak heeft me diep, heel diep geraakt, wat alles te maken heeft met de persoonlijke betrokkenheid van zowel mensen waar ik om geef als mezelf. Er zullen dus ook geen afsluitende gesprekken worden uitgezonden, geen gesprek met Tess, geen gesprek met de familie. Het is te pijnlijk voor alle betrokkenen. En voor mij. Want dit onderzoek heeft me meer gekost dan me lief is. Om twee redenen. De eerste, belangrijkste, hou ik voor mezelf; het is al moeilijk genoeg om me door het verdriet heen te worstelen, het delen ervan zou me alleen maar nog meer pijn doen. De tweede reden is dat het me opnieuw bijna mijn leven gekost heeft. Opnieuw? Ja. Want wat jullie niet weten is dat het niet de eerste keer is. Ook in de zaak hiervoor was het bijna gedaan met me, ik heb dat alleen nooit openbaar gemaakt. Ik vond het niet nodig – ook dat was privé. Maar ik besef heel goed dat ik jullie een verklaring schuldig ben om het feit dat ik ermee stop. Het komt er dus kortweg op neer dat ik deze keer niet het enige slachtoffer was. En voor mij was dat voldoende om de keus te maken. Ik moet om mezelf denken, lieve volgers. En misschien kom ik ooit terug met een ander vlog. Wie weet.

Voor de laatste keer: bedankt voor het kijken en vergeet niet toch nog één keer dat duimpje omhoog te doen.

-54-

'Je ziet er goed uit voor iemand die beschoten is,' zei Tristan, toen hij de woonkamer binnenkwam.

Na enkele dagen op de intensive care en aansluitend bijna een week op een gewone afdeling, was Ruby weer thuis. Een van de kogels was net boven haar middenrif binnengedrongen en was afgeketst op een rib waarna hij haar maag en milt had doorboord. De tweede was via haar buik dwars door haar heen gegaan. Een spoedoperatie waarbij haar milt was verwijderd en de rest van de schade was hersteld, had haar het leven gered.

Fysiek voelde ze zich prima, maar mentaal had ze het nog erg moeilijk met alles wat er gebeurd was. Matthias was constant in de buurt en liet haar praten, maar ook zwijgen wanneer ze wilde. En aan zwijgen had ze op dit moment de meeste behoefte. Althans, zwijgen over bepaalde dingen. Het verlies van de baby, de poging van Ricardo van der Meren om haar te doden. Af en toe kon ze het nog steeds niet geloven.

Oom Rik.

De man die bloemen bij de urn van haar vader had gelegd. Omdat hij zich nog steeds schuldig voelde. Omdat hij vond dat hij ervoor verantwoordelijk was dat haar vader uit het leven was gestapt. En dat was ook de reden dat hij Ruby's moeder een roos had gebracht. Omdat zij verder had gemoeten zonder haar man. Hij had ineens 'de behoefte gevoeld om hen op te zoeken', had hij de politie verteld. Ruby zelf noemde het zijn schuldgevoel dat na al die jaren opspeelde. Nadat zijn schotwond in zijn schouder was behandeld, had de politie hem aangehouden en in hechtenis genomen.

Waar hij blijkbaar geen spijt van had was het leed dat hij de familie van Matthias had aangedaan. Dat hij Annika had aangedaan. En ook het feit dat hij zowel Ruby als Matthias zonder te aarzelen zou hebben vermoord, als Casper niet tussenbeide was gekomen.

Het was zijn stalkergedrag dat haar had gered. Hij was haar en Annika gevolgd toen ze haar auto bij Alexandra gingen ophalen en had gezien hoe Ricardo haar in zijn auto meenam, maar was te laat om in te grijpen. En dus was hij hen naar de duinen gevolgd, maar voordat hij iets kon beginnen, had Ricardo hem betrapt en buiten westen geslagen. Ricardo had hem naar een toilethuisje een eind uit de buurt gesleept en daar neergelegd.

Casper was bijgekomen toen het al donker was. Zijn mobiel was weg, evenals zijn autosleutels. Hij was de duinen in gelopen en had gezien dat Ricardo op Ruby wilde schieten. Hij was de reden dat zij en Matthias nog leefden.

'Jij bent altijd zo heerlijk subtiel, hè?' snibde Annika tegen Tristan, terwijl ze opstond toen de deurbel ging. 'Nee, jij blijft zitten,' zei ze meteen daarna tegen Ruby, die aanstalten maakte om op te staan.

'Maar ik wil…' begon Ruby.

'Niks. Je wil niks,' onderbrak Annika haar. 'Behalve uitrusten.'

Met een ruk ging Ruby rechtop zitten. 'Ik voel me prima,' zei ze. 'En stop met dat gebemoeder, oké?'

'Ik ben alleen maar bezorgd,' wierp Annika tegen.

'Dat weet ik, en dat vind ik heel lief, maar je moet het niet overdrijven.'

Ruby wist best waardoor Annika's gedrag veroorzaakt werd. Haar hele leven bleek tot nu toe één grote leugen. Ze had familie die ze niet kende. Een moeder, broers. En een tweelingbroer. Over Ricardo van der Meren wilde ze niets meer horen. Op zijn verzoek dat hij haar wilde spreken had ze niet gereageerd. Ruby liet het maar zo. Als Annika wilde praten kwam ze vanzelf wel.

'Je hebt bezoek,' klonk Annika's stem. Ze kwam de kamer binnen, gevolgd door een enigszins aarzelende Ellie van Niehoff.

'Ellie,' zei Ruby verrast.

Ellie glimlachte en keek toen rond. 'Vinden jullie het erg om Ruby en mij alleen te laten?'

Zowel Tristan als Annika aarzelden, maar nadat Ruby hen had toegeknikt, verlieten ze de woonkamer.

'Ik kom om uitleg te geven,' zei Ellie, zodra de kamerdeur achter hen was dichtgevallen. 'Jouw telefoontje bracht alles weer naar boven. Dingen die ik diep had weggestopt. Maar ik begrijp nu dat ze niet langer meer verborgen kunnen blijven.' Ze ademde even diep in. 'Je weet inmiddels al dat Joyce niet Tess is. Maar het komt voor een deel wel door mij dat Tess nooit werd gevonden.'

Ruby zweeg. Er was weinig wat ze nu kon zeggen.

'Als eerste het politiedossier,' ging Ellie verder. 'Dat heb ik vernietigd. Vlak nadat Wiebe Verkerk was veroordeeld. Omdat ik wist wat er werkelijk gebeurd was. En dat Tess veilig was.'

'Je was erbij, in het park, toen Ricardo Tess meenam,' zei Ruby.

Ellie knikte. 'Het valt niet goed te praten, dat weet ik. Maar in de periode dat Tess verdween, was mijn dochter Joyce een halfjaar oud. Zeven maanden voor haar geboorte was mijn man overleden en ik denk dat je wel kunt stellen dat ik behoorlijk depressief was. Het had mijn man en mij heel veel moeite gekost om zwanger te worden en ik was gefixeerd op de veiligheid van mijn kind, ze was alles wat ik nog had. Het feit dat iemand Tess gewoon zomaar uit de kinderwagen had kunnen halen, ging mijn verstand te boven. Alexandra Palmer moest wel een in- en inslechte moeder zijn. Want welke moeder liet nou de kinderwagen met twee van haar kinderen onbeheerd achter? Dat zou ik nooit doen, dat wist ik zeker. Toen ik uiteindelijk het park in was gestuurd om Tess op te halen, vond ik een lege shopper, vlak bij de hertenkamp. Ik begreep het niet. De baby was nergens te bekennen, waar was ze dan?

Op dat moment zag ik hem: die man. Zijn geschokte blik is me al die jaren bijgebleven. Hij hield de baby in zijn armen, in een geel wollen dekentje. Ik weet het nog goed, omdat Joyce ook zo'n geel dekentje had. Het eerste wat ik dacht was dat hij Tess had gevonden en uit de shopper had gehaald, maar toen ik zijn ogen zag, zo vol liefde voor dat kind, wist ik het zeker: Alexandra en Taylor Palmer waren Tess niet waard. Anders hadden ze het nooit zover laten komen. Ik heb geen idee wat er op dat moment in me voer, ik kon gewoon niet meer helder denken, zag alleen maar een man, een váder, met zijn baby. En ik liet hem gaan. Zomaar. Schuldgevoel had ik niet. Niet echt, tenminste. Ik zag het verdriet van Alexandra, maar praatte het tegenover mezelf goed, dat ook zij Tess niet waard was. Dat ze nog vijf kinderen had en die ene maar moest vergeten.'

'Alsof dat het verlies van een kind kan compenseren,' merkte Ruby op. Ze was geschokt door de woorden van Ellie. Wat had haar bezield?

Ellie sloeg haar blik neer. 'Je bent terecht kwaad. En dat begrijp ik. Maar ik was in die tijd psychisch niet stabiel. Ik miste Felix, mijn man, zo verschrikkelijk. We waren soulmates. Hij zou een geweldige vader zijn geweest. En ook dat sterkte mij in mijn mening dat Taylor en Alexandra slechte ouders waren.' Ze zweeg even voordat ze verderging. 'Een jaar nadat Tess was verdwenen kwam Wiebe Verkerk in beeld. We kregen een anonieme tip als reactie op een artikel in de krant dat Wiebe was opgepakt nadat hij in Rotterdam een baby uit de kinderwagen had gehaald. De man had Wiebe in het Utrechtse Julianapark al eens eerder betrapt op het uit de wagen halen van baby's om ze mee te nemen. Het was dé ideale kans om het dossier-Tess te kunnen sluiten. Ik voelde me bezwaard dat die jongen moest opdraaien voor de ontvoering van Tess, maar ik was ervan overtuigd dat de strafmaat mild zou zijn, vanwege zijn geestelijke toestand.'

'Maar dat gebeurde niet,' zei Ruby. 'Hij kreeg het maximale aantal jaren.'

Ze knikte. 'Ik had niet voorzien dat ze hem de dood van Sanne ook in de schoenen zouden schuiven, maar ik kon niet meer terug. Om mijn geweten te sussen betaal ik al jaren anoniem, via een bevriende notaris, het verzorgingshuis van Wiebes oma. Geen idee waarom, maar ik heb haar vroeger een aantal keren gesproken en ze leek toen zo fragiel. Zo... zo broos. Het feit dat Wiebe de maximale strafeis kreeg opgelegd moet haar gebroken hebben. Ik wilde haar niet aan haar lot overlaten – het zwijgen was al erg genoeg, al moet ik bekennen dat ik geen moment overwogen heb om terug te draaien wat ik gedaan had. Het enige wat me dan nog enigszins verlichting schonk was de wetenschap dat Tess niet dood was.'

'En dat moet het goedmaken?' vroeg Ruby. 'Je hebt behoorlijk wat leed en ellende veroorzaakt.'

'Dat weet ik,' zei Ellie. 'Maar nogmaals, ik heb er geen spijt van.' Ze keek Ruby recht aan en vervolgde: 'En ik zal alles ontkennen als je dit openbaar maakt.'

Ruby dacht weer aan Ellies weigering om beeldopnames te maken. Ze had gedacht dat dat was uit angst om herkenning. Niet vanwege deze reden.

'Je zei net dat je wist dat Tess veilig was,' zei Ruby. 'Maar hoe kon je dat zeker weten? Want je kende degene niet die haar uit het park had meegenomen.'

'Ik zag hem,' zei Ellie. 'Later. Heel toevallig, toen ik met een vriendin uit eten ging voor mijn verjaardag. Het was kort na de veroordeling van Wiebe, en ik herkende hem direct. Ik weet niet waarom, maar die avond ben ik hem gevolgd en kwam erachter waar hij woonde. Ik zag hoe zijn vrouw en hij Tess met zo veel liefde omringden, dat ik, hoewel ik wist dat ik fout was geweest, zo blij was met wat ik gedaan had. Ik wist ook dat ik die fout nooit zou terugdraaien. Nooit kón terugdraaien zonder levens te vernietigen.'

'Heb je je nooit afgevraagd waaróm Ricardo van der Meren Tess uit het park meenam?'

'Natuurlijk wel,' zei Ellie. 'Maar ik was in het restaurant geweest. Ik wist dat Taylor Palmer zijn baas was. En met die kennis was het niet zo heel moeilijk om de toedracht te achterhalen.' Ze glimlachte even, al was het niet van harte. 'Waar ik me het meest het hoofd over brak waren de kluisjes. Hoe hij het geld had laten verdwijnen onder de neus van een dozijn rechercheurs.'

Ruby moest bekennen dat ze daar wel nieuwsgierig naar was.

'Twéé kluisjes,' zei Ellie. 'Taylor liet de zogenaamde ontvoerders in het briefje vermelden het geld in een kluisje met een bepaald nummer te stoppen. Maar in werkelijkheid stopte hij de tas in een andere kluis. Toen de politie later dus het opgegeven kluisje opende, was het leeg. En Taylor Palmer kon later zijn vrienden het geld laten ophalen uit het andere kluisje.'

Het was zo geniaal dat Ruby er bijna bewondering voor had. 'En Taylor Palmer betaalde zijn schulden ermee af,' concludeerde ze.

'Maar kreeg zijn dochter er niet mee terug,' zei Ellie.

Ruby zweeg. Ze kon er niets aan doen dat alles wat Ellie zojuist verteld had haar in- en intriest maakte. Zo veel pijn, zo veel verdriet. Zo veel slachtoffers. En dan haar eigen vader. Hij had dan misschien niet bewust geopperd dat ze Tess moesten stelen, maar hij had wel gezwegen toen hij ontdekte dat oom Rik het plan had uitgevoerd. Het sprak voor hem dat hij enorme spijt van zijn daden had, zich schuldig had gevoeld, en dat hij die schuld had ingelost met zijn eigen leven.

'En toen alles was bezonken, vernietigde je het dossier,' deduceerde Ruby met schorre stem.

Ellie knikte. 'Zodat niemand er ooit nog onderzoek naar zou kunnen doen.' Ze keek Ruby recht aan. 'Totdat jij besloot de zaak voor je vlog onder de loep te nemen.'

'Dat was nooit gebeurd als ik die e-mail niet had ontvangen,' zei Ruby. En toen met een scheef lachje: 'Je weet zeker dat die niet bij jou vandaan kwam?'

'Heel zeker,' reageerde Ellie. 'Ik zou mezelf daar toch alleen maar mee in de vingers snijden?' Ze dacht even na en vervolgde toen: 'Maar de reactie onder je vlog kwam wel bij mij vandaan. Ik weet niet waarom, maar ik zag al die reacties, iedereen die maar riep dat ze dood was. Ik moest gewoon laten weten dat ze nog leefde. Misschien had ik dat beter niet kunnen doen.'

'Het had niet uitgemaakt,' zei Ruby. 'Ik had toch al besloten om de zaak tot op de bodem uit te zoeken.'

Ze zwegen allebei.

Uiteindelijk keek Ellie weer op en vroeg: 'En nu?'

Ruby trok vragend haar wenkbrauwen op.

'Ga je dit openbaar maken? Bij mijn meerderen, op je vlog? Ik heb gezegd dat ik alles zal ontkennen, maar het zal hoe dan ook gevolgen voor me hebben. En voor Joyce.'

Ruby keek haar aan. Ze was inderdaad van plan geweest Ellies handelen niet te verzwijgen. Alles aan korpschef Van Wilgen te vertellen. Maar nu ze Ellie zo zag, begon ze te twijfelen. Was ze niet al genoeg gestraft? Het feit dat ze de melding onder Ruby's vlog had gezet, was al bewijs dat ze, diep vanbinnen, wist dat ze fout was geweest. En dat had ze zojuist ook toegegeven. Bovendien, welke wonden zouden er worden opengereten als alles in de openbaarheid kwam? Werd er door de bekentenis van Ricardo van der Meren al niet genoeg nieuw leed veroorzaakt? Alexandra lag na al die jaren opnieuw onder vuur, evenals Matthias en zijn broers. Om nog maar te zwijgen over Ruby's eigen familie. Haar moeder, haar vader.

Ruby sloeg haar blik neer en sloot haar ogen.

En tot slot Annika. Tess. De baby waar alles om draaide. *Lost and found.* Zij was degene die nu, voorál nu, uit de wind gehouden moest worden. Maar kon Ruby dat? Kon ze zwijgen over het aandeel dat Ellie had gehad in het drama? Of was het geen kwestie van kunnen, maar eerder van moeten?

Ze keek op en zag dat Ellie was verdwenen.

Stevig gearmd liepen Ruby en Matthias door het zand. Het was koud, maar de avondlucht was helder. Duizenden sterren fonkelden aan de hemel. Onwillekeurig dacht Ruby aan haar vader. Was ze na alles wat ze gehoord had anders over hem gaan denken? Had ze een ander beeld van hem gekregen dan de man aan wie ze alleen maar goede herinneringen had?

Ze besefte dat dat niet zo was. Die herinneringen aan hem waren zo verankerd in haar ziel, dat ze ze met geen mogelijkheid kon wijzigen. Ze vroeg zich ook af of het uitmaakte. Haar vader had nooit gewild dat oom Rik Tess ontvoerde, wat oom Rik ook beweerde. Haar vader was een kindervriend geweest, dat wist ze zich nog heel goed te herinneren. Waarom hij echter gezwegen had, zou voor altijd een mysterie blijven, al zou het vast zijn geweest omdat zijn vriend en diens vrouw in één klap gelukkig waren geworden. En dan haar moeder… was zij erbij betrokken geweest? Had zij het geweten?

'Waar denk je aan?' vroeg Matthias.

'Aan mijn vader,' zei ze. 'En mijn moeder. Zou zij geweten hebben waar mijn vader en Ricardo bij betrokken waren geraakt?'

Hij gaf niet meteen antwoord. 'Dat weet ik niet,' zei hij. 'Waren je ouders close genoeg dat je vader het haar zou vertellen?'

Ze haalde haar schouders op. 'Geen idee. Maar mijn moeder moet toch gezien hebben dat er ineens een nieuwe baby was? Ik kan me niet herinneren dat ze het er ooit over heeft gehad. Het enige wat ik me nog wel bij vlagen herinner is de tijd die we met elkaar doorbrachten: mijn ouders, Annika, haar ouders en Marta en ik. Quinten was nog te jong. Mijn vader stapte eruit toen hij net een jaar was.' Ze zuchtte. 'Het is maar goed dat mijn moeder hier allemaal geen weet van heeft,' zei ze toen zacht. 'Als ik zie wat voor effect het heeft op Annika. Die stopt het weg, met als gevolg dat ze overdreven probeert vast te houden wat er gewoon niet meer is.'

'En wat is dat dan?'

'Het verleden zoals het was,' zei Ruby. 'Alles is anders geworden. Voor haar, voor mij, voor jou en je familie.' Ze keek naar hem op. 'Het moet voor jou ook overweldigend zijn. Je hebt je zusje terug. Je tweelingzusje.'

'Overweldigend is misschien niet het juiste woord,' reageerde hij. 'Eerder... wonderlijk.'

'Wonderlijk?' herhaalde ze met een lachje.

'Ik heb nooit kunnen denken dat ik haar ooit weer zou zien,' zei hij. 'Ik denk dat ik diep vanbinnen altijd geloofd heb dat ze niet meer leefde.'

'Ook toen ik op de proppen kwam?' vroeg ze.

Hij keek haar aan. 'Toen jij op de proppen kwam, dacht ik alleen maar: met jou wil ik trouwen.'

Met een ruk bleef ze staan. 'Is dat een aanzoek?'

'Als jij dat zo wilt zien,' zei hij.

Zijn ogen fonkelden en om zijn lippen speelde het lachje dat hij die allereerste keer toen hij voor haar deur stond, ook had gehad.

'Ja,' zei ze.

'Ja dat je het zo ziet, of ja ik wil?'

'Allebei,' zei ze.

'Dat wist ik wel,' klonk het zelfverzekerd.

Ze wilde reageren maar hij drukte zijn lippen op die van haar en kuste haar lang. Daarna trok hij haar tegen zich aan en ze vervolgden hun weg over het strand.

'Heb je de brief van mijn vader al gelezen?' vroeg hij.

De brief die bij hem thuis op tafel had gelegen. De brief met haar naam op de envelop. Ze had hem van Matthias gekregen, zodra ze voldoende was hersteld van haar verwondingen. Maar geopend had ze hem nog niet.

'Nee,' zei ze. 'Ik wil dat samen met jou doen. Binnenkort.'

Hij glimlachte. 'Geen probleem,' zei hij. 'En Annika?'

Annika had niet één brief, maar honderden brieven van hem gekregen. In een doos, met bovenop in grote zwarte letters haar naam: TESS. Het waren de brieven die hij gedurende al die jaren aan haar had geschreven en die hij haar had nagelaten.

Ze schudde haar hoofd. 'Ik weet niet of ze die ooit gaat lezen.'

Matthias zweeg. 'Misschien zou ik het ook wel nooit doen, als ik de keus had,' zei hij.

'Wist jij dat hij ziek was?' vroeg ze.

'Niemand wist dat, behalve zijn behandelend arts.'

Ruby dacht aan Taylor Palmer. Hij was gestorven zonder dat er iemand bij hem was. Alleen. En hoewel ze verafschuwde wat hij had gedaan, kon ze er niets aan doen dat ze medelijden met hem had.

'En jij?' vroeg hij toen.

'Ik?'

'Hoe voel jij je nou?'

'Na je aanzoek van net? Wat denk je zelf?' Ze lachte.

Maar hij lachte niet. Hij zocht haar blik en vroeg: 'Wat heeft Youri Stegeman je aangedaan?'

De lach bevroor op haar gezicht.

'En dan bedoel ik niet die steekwond,' ging hij meteen verder. 'Er is iets wat je me niet vertelt.'

Blijkbaar kon ze voor hem geen dingen achterhouden. Dat had ze al eerder gemerkt. Maar Stegeman stopte ze het liefst zo diep mogelijk weg in de hoop nooit meer aan hem te hoeven denken. Natuurlijk ging dat niet. En ze wilde ook niet dat hij tussen haar en Matthias in bleef staan.

'Hij, eh...' begon ze. Ze wendde haar blik af en keek over het water van de zee, de kalme golven, zo anders dan die nacht met Ricardo. De storm, de regen, de woede van een man die haar het zwijgen op had willen leggen. Dat had Youri Stegeman ook gewild. Maar er was één verschil: Ricardo had niets anders gewild dan haar doden. Youri had meer gewild, hij had ervan genoten haar pijn te doen en in de anderhalf uur voordat Annika en Tristan binnenvielen, had hij dat veelvuldig gedaan, terwijl hij haar met bruut geweld verkrachtte. Hij had ervoor gezorgd dat ze al die tijd bij bewustzijn was gebleven en alles bewust meemaakte. Zelfs nu nog hoorde ze zijn stem in haar oor fluisteren: *Dit zijn de gevolgen van je bemoeienissen en die moet je aanvaarden.*

Ze huiverde ineens.

'Ruby?' zei Matthias zacht. 'Vertel het me.'

'Dat kan ik niet,' fluisterde ze. 'Nu nog niet.'

Hij wreef met zijn vingers over haar wang, veegde een traan weg die ongemerkt omlaag liep.

'Ik heb geduld,' zei hij in haar oor. 'En zoals ik al eerder zei: ik ben er voor je. Bij mij kun je alles kwijt.'

'Alles?'

'Alles.'

Ze dacht aan de woorden van de arts in het ziekenhuis. De woorden die maar langzaam tot haar waren doorgedrongen. De woorden die een einde maakten aan haar droom. Ze zou nooit meer kinderen kunnen krijgen. De tweede kogel was dan wel dwars door haar heen gegaan, maar had onderweg onherstelbare schade aangericht. Nog steeds kon ze het niet bevatten.

'Ook nu je weet dat als je met me trouwt, je geen vader meer zult worden?'

Hij glimlachte. 'Ik ben al vader,' zei hij zacht. 'En Yinte zal zich geen betere moeder kunnen wensen dan jou.'

Utrecht, 16 september 2021

Ruby,

Als je deze brief leest, betekent het dat ik niet lang genoeg heb geleefd om het je allemaal persoonlijk uit te leggen. Al had ik misschien de moed niet eens gehad om dat te doen. Ik heb een grote fout gemaakt, vierendertig jaar geleden. Mijn zaak liep redelijk, maar niet goed genoeg. Ik begon achter te lopen met betalingen aan leveranciers, de belasting en ik besefte dat ik op korte termijn geld bij elkaar moest zien te krijgen, wilde ik mijn zaak behouden. De bank wilde me geen lening meer geven en dus leende ik van een particulier. De meeste mensen zouden hem wegzetten als crimineel, en misschien was hij dat ook wel, maar het redde mijn onderneming. Ik kon al mijn schuldeisers afbetalen.

Einde problemen zou je denken. Dat deed ik ook. Maar waar ik geen rekening mee had gehouden was het feit dat mijn restaurant niet genoeg opbracht om de lening weer af te lossen en dus liepen ook toen mijn schulden op, veroorzaakt door de woekerrente die bij de lening hoorde. Toen mijn geldschieter – ik noem bewust geen naam – zijn geld terug wilde omdat het hem te lang ging duren, zat ik met mijn handen in het haar: ik had dat geld niet. En ik kon er ook niet op korte termijn aan komen.

Ik polste mijn vrouw Alexandra. Haar vader was steenrijk, maar ik merkte algauw dat ik van Vincent van Rede geen hulp hoefde te verwachten. De bedreigingen begonnen, en om de veiligheid van mijn gezin te waarborgen, moest ik betalen.

Het plan om Tess te laten ontvoeren kwam zomaar in me op, door een opmerking van Vincent. Ik weet niet meer precies wat hij zei, maar het kwam erop neer dat hij alles overhad voor zijn enige kleindochter.

Je zou denken dat ik er lang over heb nagedacht maar dat is niet zo. Ik zag de oplossing voor mijn probleem en niemand zou geschaad worden. Victor zou betalen en Tess zou ongedeerd worden teruggegeven.

Twee vrienden van mij die ik volledig vertrouwde hielpen me bij het uitvoeren van mijn plan. Ze haalden Tess uit de kinderwagen toen Alexandra niet oplette en namen haar mee. Er zou voor haar gezorgd worden door de vrouw van een van hen die ik zou betalen zodra ik het losgeld had ontvangen. Ze vergaten echter haar knuffel en Tess leek ontroostbaar. Ik haalde, dom genoeg, haar beertje uit de kinderwagen, wat voor een enorme emotionele reactie bij mijn vrouw zorgde. De politie wist ik ervan te overtuigen dat ze het zich verbeeld moest hebben, dat het beertje al weg was sinds de ontvoering van Tess. Dat geloofden ze.

En toen kwam het bericht dat Tess in het park zou worden achtergelaten en we haar daar konden ophalen. Ik wilde dat zelf doen, maar Jonathan Visser, de rechercheur die zoals je weet de leiding had over het onderzoek, besliste dat het een van zijn mensen moest zijn: Ellie van Niehoff. Maar zij kwam met lege handen terug. Tess werd niet gevonden.

Je begrijpt dat ik wanhopig was. Het was niet de afspraak geweest. Ik vermoedde dat er iets moest zijn misgegaan, maar toen ik contact zocht met mijn vrienden, wisten ze van niets. Tess was achtergelaten op de afgesproken plek. Ik was woedend, want waarom hadden ze niet voorkomen dat iemand mijn dochter meenam?

Tess werd niet meer gevonden. Mijn wereld stortte in. Mijn zaak liep steeds slechter, de aanblik van kinderen kon ik steeds minder goed verdragen, niet alleen die van mij,

maar ook die van anderen. En naar Matthias kon ik al he-
lemaal niet meer kijken zonder dat allesverslindende, al-
lesverterende schuldgevoel. En dus ging ik bij hen weg. Ik
sloot mijn zaak en nam een onbeduidend baantje aan bij
een tweederangsrestaurantje en leefde mijn leven.
Nooit was Tess uit mijn gedachten; nooit was er een dag
dat ik geen spijt had van wat ik had gedaan. En toen werd
ik ziek. Ongeneeslijk. Ik besefte dat ik zou sterven zonder
te weten wat er met mijn dochter was gebeurd. Of ze nog
leefde, of ze gelukkig was. Ik was al eerder jouw vlog tegen-
gekomen, maar had er weinig interesse in gehad. Maar op
het moment dat ik de eindstreep zag, wist ik dat jij de enige
was die Tess zou kunnen vinden. Of er wellicht achter zou
kunnen komen wat er met haar gebeurd was.
Ik schreef je een e-mail. Anoniem. En vertelde je over de
verdwijning van Tess. Ik gaf je minimale informatie, om-
dat ik wilde dat je blanco en onbevooroordeeld aan je on-
derzoek zou beginnen. Want ja, ik wist dat je het zou gaan
onderzoeken – ik heb je als kind gekend toen je weleens
meekwam naar mijn restaurant en wist hoe strijdlustig
en vasthoudend je was. Bovendien, wie zou niet gegre-
pen worden door een zaak waarbij een baby het slachtof-
fer was?

En nu kan ik alleen maar toekijken hoe je onderzoek
vordert. Nog steeds hoop ik lang genoeg te leven om de
uitkomst ervan te kunnen meemaken. Want dat zou be-
tekenen dat er eindelijk duidelijkheid zal zijn over het lot
van Tess, een lot dat volledig door mij werd veroorzaakt.
Omdat ik te blind was om de gevolgen te overzien van de
zwarte leugens die mijn eigen lot moesten verbeteren.

Rest mij nog drie woorden, niet alleen voor jou, maar ook voor Alexandra en Matthias. En voor Tess. Het spijt me.

Het spijt me.
Het spijt me.
Het spijt me.

De goede naam
van de familie
Van Foreest wordt
bedreigd door
de komst van een
jonge vrouw

VERLOS ONS VAN HET
KWADE

LINDA JANSMA

THRILLER

DE CRIME COMPAGNIE

Lees ook van Linda Jansma

Verlos ons van het kwade

De goede naam van de familie Van Foreest wordt bedreigd door
de komst van een jonge vrouw

Nadat de familie Van Foreest hun leven weer enigszins op orde
heeft na het noodlot dat hen trof, ontstaan er opnieuw problemen. Dat heeft alles te maken met de nieuwe bewoonster van
een al jaren leegstaand huis in Laren. De vrouw verliet twintig
jaar geleden 't Gooi na een dodelijk ongeval. Waarom is zij teruggekomen en waarom probeert zij op slinkse wijze het leven
van Renée en Francis van Foreest binnen te dringen?

ALS JE WAKKER WORDT,
BEGINT JE NACHTMERRIE

SLAAP
MAAR
ZACHT

Linda Jansma

DE CRIME COMPAGNIE

Slaap maar zacht

Als je wakker wordt begint je nachtmerrie

Op de IC-afdeling waar verpleegkundige Maud werkt, ligt een man in coma. Niemand weet wie hij is. De rechercheur die belast is met het onderzoek, regelt een item over de onbekende man in Opsporing Verzocht, waarna een getuige zich meldt. Maar voor deze vrouw gehoord kan worden, overlijdt ze.

Als er dan ook nog eens onverklaarbare dingen op de IC-afdeling gebeuren, begint Maud te vermoeden dat iemand haar patiënt dood wil. Maar wie? En waarom?

Genoten van dit boek? Dan vind je vast de andere boeken van De Crime Compagnie ook leuk! Onze boeken zijn te herkennen aan de kleine doodskopjes op de achterkant, onze e-books aan de roze balk op de voorkant. Enkele van onze titels zijn:

Loes den Hollander – *Geloof mij nooit*
Marelle Boersma – *De engel van Sevilla*
Angelique Haak – *Het verkeerde meisje*
Nadine Barroso – *Verraderlijk spel*
Marion van de Coolwijk – *Mama liegt*
Inge van Prooijen – *Zonder angst*
Machteld van Zalingen – *Bloedlijn*
Tamara Geraeds – *Woede*
Sophie Wester – *Een lege plek*
Eva Nagelkerke – *Niet mijn droom*
Marja West & Anna Bontekoe – *Het zal nooit meer kaviaar zijn*

Kijk voor meer informatie ook op www.crimecompagnie.nl.